文化企业版权资产的发掘、运营与保护

陈震　汪忠◎著

南方日报出版社
NANFANG DAILY PRESS
中国·广州

图书在版编目（CIP）数据

文化企业版权资产的发掘、运营与保护 / 陈震，汪忠著. -- 广州 ：南方日报出版社，2018.7

ISBN 978-7-5491-1829-8

Ⅰ. ①文… Ⅱ. ①陈… ②汪… Ⅲ. ①文化产业－企业－版权－保护－研究－中国 Ⅳ. ①D923.414

中国版本图书馆CIP数据核字（2018）第129812号

WENHUA QIYE BANQUAN ZICHAN DE FAJUE YUNYING YU BAOHU

文化企业版权资产的发掘、运营与保护

著　　者：陈震　汪忠

出版发行：南方日报出版社

地　　址：广州市广州大道中289号

出 版 人：周洪威

出版统筹：周山丹

责任编辑：谢晓萌

装帧设计：劳华义

责任技编：王　兰

责任校对：裴晓倩

经　　销：全国新华书店

印　　刷：广州市尚铭印刷有限公司

开　　本：787mm×1092mm　1/16

印　　张：20

字　　数：360千字

版　　次：2018年7月第1版

印　　次：2018年7月第1次印刷

定　　价：46.00元

投稿热线：（020）87373998-8503　读者热线：（020）87373998-8502

网址：http://www.nanfangdaily.com.cn/press　http://www.southcn.com/ebook

前　言

当你放松地进入影院欣赏一部好莱坞电影的时候，当你闲暇时在网上快乐地浏览、冲浪的时候，当你醉心于《哈利·波特》系列小说营造的魔幻世界的时候……不知不觉间已经多次与版权悄然相遇。可以说，各个国家和民族的文化影响力以及软实力均搭乘版权之舟，在国际间鱼贯往来。没有版权的庇佑，文化产品安能如此顺畅地在世界各地自由流传？

技术是版权制度产生和发展的推动者。活字印刷术在世界范围内的传播与推广，使得印刷业成为一个产业，催生了版权保护的需求，工业化的快速推进，又丰富了版权的内涵。1710 年，英国颁布《安娜法》，宣告版权保护制度正式诞生。此后，版权观念伴随着全球间的贸易往来，扩散到世界各国，1886 年 9 月 9 日，多国代表齐聚瑞士伯尔尼，共同签订了《伯尔尼公约》，为世界各国奉为圭臬，成为版权国际保护的准则。

尽管中华民族创造了无比灿烂的文化，文艺创作历史悠远，名家辈出，文艺作品浩若烟海……但是创作向来以“文以载道”为其旨归，又云“诗言志、歌咏言”，尤其重视文学创作的外在功能，没有发展出立足于作者人格保护和产权保护的思想和制度。西方国家自觉地通过版权保护这一符合制度经济学的设计，繁荣了文学艺术创作，而中国从自己的文化中并没有自然生长出版权制度。直到整整 200 年之后，在西方列强的枪口下，晚清政府移植西方版权法律，才颁布第一部《著作权法》，但是不久就随着清王朝的灭亡而被扫进历史的故纸堆。

1990 年，《中华人民共和国著作权法》正式颁行，以此为契机，中国开始逐步建立完备的版权法律体系，经过近 30 年的发展，版权保护和版权运营观念逐渐深入人心，版权法律保障制度的不断发展与完善，不断地塑造着中国文化产业的面貌。版权产业也成为国民经济中的支柱产业，截止到 2015 年，版权产业对我国 GDP 的贡献已经达到 7.30%，尽管比起美国尚有差距，但已经超越许多西方国家的水平。

伴随着数字网络技术的迅猛发展，版权产品以数字化形式无国界、高速度地在网络环境中传播，版权保护已完全与一国的法律体系、企业自主创新水平紧密联系在一起，并日益显示出保护范围扩大化，保护标准国际化的趋势。全球知识产权保护协调统一的趋势日益明显，1994 年，世贸组织各成员共同缔结了《与贸易有关的知识产权协定》，把知识产权列为世界贸易体系的三大支柱之一。因此，如果文化企业对版权给予了足够的重视，可以说在全球化时代就拥有更多的话语权，这个企业也就拥有更强的自主创新的核心竞争力。

“在文化领域，是以版权为中心，版权是文化创造的成果，也是文化创造的重要杠杆，没有版权保护就没有文化创新。我们强调的文化发展是创造新的版权，它代表着我们的创新水平。”① 文化领域的创新主要体现为版权的创新。版权资产的发掘、运营和保护的水平与文化企业的创新水平息息相关。

“保护知识产权实际上是保护创新的火种，是激发创新的热情。”（李克强语）国家制定的创新驱动发展战略，为版权产业的发展注入了强大的动力。

有人预言：“20 世纪是专利的时代，21 世纪是版权的时代。”版权兴则企业兴，版权强则企业强。必须认识到，版权作为一种资产，是文化企业的核心的生产要素。只有将版权资产的运营作为文化企业基本的生产经营方式，最大化地挖掘版权的价值，释放版权所蕴藏的巨大能量，企业才能获得发展和腾飞。

与西方发达国家建立知识产权保护体系的历史相比，我们对版权的认知水平和对版权资产的运营能力还处在蹒跚学步的孩童阶段，尽管举止笨拙但依然充满希望。无论如何，对于版权资产的发掘、运营和保护，是传统的文化企业当下不得不面对的迫切任务，也是传统版权资产企业寻求战略转型的重要抓手。

本书分为三个部分，上编为版权资产的发掘，从历史角度考察版权制

---

① 柳斌杰：《文化的创新与发展》，载中国版权协会编：《版权的力量》，北京大学出版社，2015 年 4 月。

度的正当性，并从资产角度对版权的内涵和新时代版权呈现出的新特征加以阐释；重点考察了我国版权产业的现状和文化企业目前面临的困境，主要是版权经营意识的缺乏和版权管理人才的匮乏，致使数量巨大的版权资产处于沉没状态，难以发挥版权所蕴含的巨大力量；提出了对版权价值的再发现，对沉默中的资产进行发掘的具体方法。中编为版权资产的运营，从企业版权运营的战略的制定和企业版权资产获取的策略出发，引入了“全版权运营”的概念，对目前的出版、新闻传媒、电视媒体、动漫、互联网、演艺、影视等企业具体实践中可以采取的版权运营方式做了分析，对于这些以版权为核心的文化企业，应该尽可能地拓展版权的产业链条，尤其是在信息网络时代出现的版权的新型内容，应该成为文化企业版权运营的核心；同时举例介绍了版权资产运营的多种模式。下编为版权资产的保护，如果离开法律的保护，版权资产就成了镜中之花、水中之月；版权资产权利人在版权受到侵害或者有被侵害之虞时，可以获得行政、刑事等公法方式的保护，版权资产的权利人也可以在权利受到侵害时依法向人民法院提起民事诉讼，权利人还可凭借自己的力量进行私力救济；数字技术的高速发展，既给版权保护带来挑战，也给版权保护提供了新的技术手段，利用数字版权管理技术，可以将版权的管理、运营、保护融为一体。

CONTENTS 目　录

上编

版权资产的发掘

第一章　历史维度下的版权[①]

根据《伯尔尼公约》的规定，版权是指“作者就其文学与艺术作品享有的权利”。版权概念的形成经过了一个漫长的历史过程。我们透过历史的维度，去考察版权的发展，会发现一个很有意思的现象。在诞生之初，版权犹如一个躺在襁褓中的婴儿，其生母无力抚养，不得不寄养在养母的身边，此后很长的时间里，婴儿与母亲的血脉联系被人为地割断了。孩子最终能够回到生母的怀抱，依靠的是技术的进步，昭示着作者人格权利的觉醒。

站在历史的高度看过去，技术的发展与进步是现代版权制度的催生婆，印刷术的使用直接引发了版权保护的需求。很难想象，没有遍及全球便捷的互联网通信技术，如何产生类似于“信息网络传播权”这样的新型权利：技术是走在版权前方的引路者，技术发展的速度和方向塑造了现代版权制度的面貌。

第一节　技术的扩张与版权保护的历史

“技术的发展是版权扩张的直接原因。”[②] 复制技术催生了版权保护的社会需求，也催生了版权本身；复制、传播[③]技术的发展又进一步地丰富了版权内容。

大多数知识产权专家均同意，版权发展可以大致分为四个阶段：1710

---

① 版权（copyright）与著作权（right in the work）在法理上可以做稍微不同理解，前者原意为抄录、复制的权利，主要强调权利的经济属性，这一概念源于英国，主要为英美法系国家如英国、美国澳大利亚等国所采用；后者强调权利的人身属性，源于1865年巴伐利亚《关于保护文学艺术作品作者权法》，日本将这个词译为“著作权”，我国也借用这一概念。这两种概念显示出两种不同立法模式所追求的不同意趣。但在我国的《著作权法》中，对二者不作区分，本书从之。

② 冯晓青：《知识产权法利益平衡理论》，中国政法大学出版社，2006年8月，第236页。

③ 所谓的“无传播即无权利”，传播是版权的核心内容，复制是手段，传播才是目的。

年《安娜法》之前的前版权时代，1710 年的《安娜法》至 1886 年的《伯尔尼公约》时期的传统版权时代，全球化版权时代和现代版权时代。

一、前版权时代

主要是口头文学时代，文学作品大多是游吟诗人和演奏者即兴创作完成的口头作品，此时复制的介质仅限于人的大脑，复制的方式是记忆，但是基于人脑的特点，每一次复述通常都是对作品一次新的演绎，无数次的复述与无数次的演绎成为文化传播的主要特征。迄今为止，许多少数民族的史诗，比如藏族的《格萨尔王传》，依然是采取这样的方式传播。从这些没有被有形的介质固定下来的作品中，很难发展出版权和版权保护的观念。

读写时代早期，作者创作的作品也主要是被抄写在竹简和绢帛上，所有的复制只能靠手工誊抄、刻石拓印，过程缓慢而艰难，复制成本与原始创作付出的成本相差无几，于此状况下，盗版复制品的成本优势几乎为零，图书贸易非常有限，保护版权完全没有必要：书商只要能将书籍卖掉，他就能马上收回复制的成本。这是一个没有书籍库存的时代，没有保护长期投资的经济动因。而且在这个时代，社会的识字率很低，所谓的“作品”概念并未有效形成，手稿被赠送给他人，也就意味着作品脱离了作者，所以，版权保护既没有存在的必要，也没有生存的土壤。

随着中国人发明的造纸术和印刷术的传播①，情况开始变得不一样了：作品的复制变得相对容易，复制作品的成本极大地降低。有了更便宜的复制件，就意味着有更多的读者，社会的文化水平包括识字率也因此得以提高。此时，对作品复制件的获得已经成为现实的需求，随之而来的对作品的复制行为具有带来大量经济收益的可能性，于是，一个新的即专门从事书籍出版的行业出现了，书商或出版商成为这个行业的中坚力量。

---

① 世界公认中国是印刷术的发明国。早在隋唐时期，中国就已经有了世界上最早的印刷品。西方一些学者却认为中国只是雕版印刷的发明者，活字印刷是由德国人古登堡发明的，也因此将古登堡视为“现代印刷术之父”。李约瑟博士认为：“直到今天，没有人认为古登堡曾看到过中国的印刷书籍，可是不能排除他听到人们谈论过这件事的可能性。不过，这种发明（古登堡的活字印刷）是一种再发明，而不是很有独创性的发明。”（见于李约瑟：《中国科学技术史》，第七章第 12 节。）

早期作品的出版权利并不属于作者而是属于出版者。作品对于整个出版产业链而言，与纸张或者劳动力等成本因素基本处于同等地位，作者也因此一直不受重视。可以引以为例的是，中国的古典四大名著《三国演义》、《西游记》、《水浒传》和《红楼梦》，尽管名满天下，但其作者是谁一直存在争议。由此可知："写作者在图书贸易中的地位并不显著，因为在出版商看来，写作者与印刷工、装订工等并无不同。"① 所以，早期垄断性的出版权利是授予出版商而并非作者的。1469 年，威尼斯印刷商吉奥尼·戴·施德拉得到了为期 5 年的出版许可证，这个权利是威尼斯共和国授予印刷商的第一个专有权。英国是由王室授予出版商公会以特许的印刷专利，出版商公会则垄断着整个出版界，没有他们的允许，任何人不得出版任何作品，出版商公会还有权检查、没收与销毁违禁品。实际上，早期的专用权授予的目的，完全是为了保护出版商在印制图书过程中的大量投资，而不是保护作者的创造性劳动。

随着印刷成本的不断降低，作品的复制变得越来越容易，这使得每一个作品复制件所承载的文学内容的相对价值无形中提高了，创作者的价值逐渐超过复制者单纯的体力劳动的成本，作品的独创性价值由此凸现。此时，以作者为中心的版权控制需求终于产生了：传统的保护出版商权利而不保护作者权利的制度为越来越多的作者所反对，英国出版商公会在失去了王室特许的印刷权之后，为了能够获得更加长期与稳定的利益，转而提出支持作者权利的诉求，并开始了密集的政治游说，终于在 1710 年，英国通过了《安娜法》②，这一事件标志着版权时代的真正开始。

---

① 黄海峰：《知识产权的话语与现实——版权、专利与商标史论》，华中科技大学出版社，2011 年 2 月。

② 该法的原名是《为鼓励知识创作而授予作者及购买者就其已经印刷成册的图书在一定时期内之权利的法》，颁布该法的目的是防止印刷者不经作者同意就擅自印刷、翻印或出版作者的作品，鼓励有学问、有知识的人编辑或写作有益的作品。在 17 世纪后期到 18 世纪初的英国，出版商公会得到英国王室的授权对在英国印刷和出版的作品享有垄断权利，但随着王室权力的衰落，该垄断权随着《经营许可法》的失效而丧失，出版商公会为了维持其垄断权便希望英国的立法机关通过一部法律来授予作者或者手稿的所有者以印刷或重印其作品复制件的权利，然后只要这些出版商能够说服作者将其权利转让给他们，他们就可以继续享有垄断权，结果他们成功地说服了立法机关通过这部《安娜法》，《安娜法》也被译为《安妮法》。

二、传统版权时代

从1710年的《安娜法》到1886年《伯尔尼公约》签订之前，这一时期属于传统的版权制度时代。

在《安娜法》实施之初，印刷图书的专用权尽管名义上授予了作者但是实际上还是属于书商公会成员。但是情况已然开始发生变化，一方面因为作品的复制和传播技术取得长足进步，复制的成本大幅度降低，盗版的成本优势大大提高，复制他人作品进行销售成为有利可图的事情；另一方面，随着商业社会的发展，市场规模逐渐扩大，作品的快速传播有了现实而迫切的需求，盗版现象不可避免地发生了，书商的垄断地位慢慢被削弱。

1735年，以郝伽斯（William Hogarth）为首的艺术家向下议院请愿，要求保护作者的权利，促使议会通过了《雕工法》，此法具有标志性的意义，作者从此不再是匍匐在书商特权之下的附庸，而有机会站起来成为权利的真正主角。从此，版权制度不再无视作者的存在，版权变成了作者的专有权利：主要的西方资本主义国家纷纷建立了版权保护制度，承认作者对智力作品拥有的私人权利，版权从专门保护出版者的权利转化为保护作者的权利，这一规则被广泛接受，成为现代版权制度的基石。

在当时的技术条件下，作者一开始享有的版权仅是“专用印刷、出版的权利”，其基础就是专有印刷权，也就是今天版权法所谓的“专有复制权”。1791年，出于对戏剧作品的保护，法国通过《表演权法》，赋予戏剧作家以“公开表演权”，他人公开表演剧作家的作品都需要经过剧作家的同意并支付报酬；1883年英国也通过了《戏剧版权法》，明确“表演权”是不同于复制权的一种崭新的权利类型；进入19世纪之后，随着国际贸易的增多，为了保护本国作者的权利，英法两国经过艰苦的外交斡旋，双方达成最后妥协：作者在其作品首次出版之日起5年以内享有“翻译权”，于是“翻译权”作为一种新的内容出现在版权体系中。

随着社会的发展，国际性的文化交往增多，在越过翻译权的障碍之后，英国与法国于1851年达成了互惠性的版权保护双边协议，此后，英国与普鲁士、西班牙、比利时也达成了类似的双边协议；在不长的时间里，欧洲大陆各国之间达成了一系列的双边协议，一张庞杂而又繁琐的版权互惠保护网络不经意间覆盖了欧洲的大部分地区。为了解决各国版权保护水平不一的矛盾，迫切需要建立一种国际条约，使得版权保护具有全球化的影响力。

三、全球化版权时代

1879 年，由法国作者主导成立了国际文学艺术协会，著名作家维克多·雨果担任该协会的主席。1886 年，在该协会的推动下，英国、法国、德国、比利时、西班牙、意大利、瑞士、海地、突尼斯、利比里亚在瑞士伯尔尼共同签署了《伯尔尼公约》①，1887 年 12 月 5 日，《伯尔尼公约》生效，版权保护开始进入到全球化的版权制度时期。

这一时期，技术取得了长足的进步，先是平板印刷术，然后是摄影技术、胶片技术、声音机械复制技术、平板胶印复制技术、静电复制技术等，颠覆了传统的复制理念，作品载体和作品本身都出现了新的形态，产生了电影作品、摄影作品等新的作品形式。从传播上看，除了传统的作品以印刷副本作为分发方式外，还出现了电影放映、广播电视传播等形式。可以说，每一次新技术的出现都促进了版权制度的发展。文化本身成为了商品，开发文化产品成为了一个产业。此时，技术的发展使得“盗版”变得越来越容易，这样就增加了文化产业投资的风险，所以必须对版权的保护范围进行扩张，以保护传播者或投资者的利益。《伯尔尼公约》先后确认了对电影、广播、录像等新的传播方式的控制权，其后又不断地通过修订，确认了许多新型的权利。

《伯尔尼公约》还确定了三大基本原则：第一是国民待遇原则，各成员国依据本国国内法为享受国民待遇的外国国民（或无国籍人）提供版权保护，任何成员国提供的保护不能低于公约所特别规定的最低要求；第二是自动保护原则，规定享有及行使依国民待遇所提供的有关权利时，不需要履行任何手续；第三是版权独立性原则，享有国民待遇的作者在公约的

---

① 《伯尔尼公约》全称为《保护文学和艺术作品伯尔尼公约》，后来经过多次修订，分别产生出柏林文本（1908 年 11 月 13 日）、罗马文本（1928 年 6 月 2 日）、布鲁塞尔文本（1948 年 6 月 26 日）、斯德哥尔摩文本（1967 年 7 月 14 日）和巴黎文本（1971 年 7 月 24 日）。

任何成员国得到的版权保护，不依赖其作品在来源国受到的保护。

由于欧美文化和气质的差异，二者在版权立法时体现出不一样的哲学视角：美国版权法对立法目的的阐释流露出基于激励的经济学工具主义，而欧洲版权法则承认不可剥夺的精神权利概念，且认为这种权利源于作者的内在人格[①]。美国早期的版权立法是在大幅度借鉴《安娜法》的基础上，于1790年颁布了自己的第一部《联邦版权法》。该法规定在履行必要的登记手续后，法律赋予一切书籍、地图、图表14年的版权保护期，该期限可以延长一次，保护期内的作品不受任何未经授权而非法印刷、复制、出版和销售行为的侵害。直到1989年美国加入《伯尔尼公约》才取消了关于作品必须经登记程序才受保护的规定。

由于美洲各国的版权保护水平与《伯尔尼公约》的规定相差较大，基于其自身的利益考量均没有加入《伯尔尼公约》，反而结成了一个比较宽松的“泛美版权体系”。为了协调欧美两大版权保护体系的矛盾，同时也考虑亚非等经济和出版不发达国家的实际情况，1948年联合国教科文组织筹备并制定了低于《伯尔尼公约》保护水平但具有世界影响力的《世界版权公约》。前者的保护水平较高，后者规定的原则比较笼统和灵活但保护水平较低。《世界版权公约》专门规定，《世界版权公约》绝不影响《伯尔尼公约》的条款，已参加《伯尔尼公约》的国家，仍然可以加入《世界版权公约》，但不得因加入《世界版权公约》而退出《伯尔尼公约》，否则其作品将不受《世界版权公约》的保护。

四、现代版权时代

现代版权时代与传统版权时代之间没有明显的分野。

如前所述，在整个版权的发展史上，权利的产生和丰富都来源于技术的滋养。现代版权制度受到的最大冲击就是互联网和数字技术，数字技术的出现和发展给作品的创作、传播、保护和管理都带来一系列的冲击：几乎所有的作品都可以以数字化方式呈现和传播，而计算机软件这一数字式作品也出现了。在传统的版权制度里，复制只能靠手工誊写、有限的机器

---

① ［美］艾因霍恩：《媒体、技术和版权：经济与法律的融合》，北京大学出版社，2012年3月。

印刷，版权人对于复制的控制很容易，控制了复制，也就控制了作品的传播。现代技术的进步极大地改变了社会公众获得作品的方式，互联网使得大量数字化作品可以在全球范围内被用户任意访问和下载，权利人难以控制：几乎所有的互联网用户在任何一个地方都可以近乎零成本的代价复制一个作品，这一“私人复制”行为变得司空见惯，这样虽然极大地促进了文化的发展和作品的传播，但是版权人却不得不面临两难的抉择，一方面，作者不希望自己的作品数字化，因为这样的话，作品很容易脱离版权人的控制，增加被盗版或者侵权的风险。另一方面，版权人又不得不将自己的作品数字化，以最大化地实现自己的经济利益。

在新的技术条件下，通过复制权已经很难控制作品的非法使用。信息在网络传播中不得不面对种种的复制手段。在这种条件下，复制本身已经成为互联网的基本技术需求，如果计算机中的临时复制为版权法的复制权所涵盖，将会给教育科研、社会生活带来沉重的负担——与版权人联系、支付许可费用等均需要耗费大量的时间。版权制度转而通过赋予权利人传播权以控制作品的传播，继而保护作者的经济性权利免于盗版的侵害，出现了从以复制权为中心的版权体系转向以信息网络传播权为核心的版权体系的转变。

1996 年 12 月 20 日，由世界知识产权组织主持的《世界知识产权组织版权条约》（简称《WIPO 版权条约》），在瑞士日内瓦由 120 多个国家代表缔结，该条约主要为解决国际互联网络环境下应用数字技术而产生的版权保护新问题，加强对计算机软件、数据库、电影、摄影等作品的保护，为顺应数字时代的发展，增加了“向公众传播权”、增加技术措施和权利管理信息的义务等。2006 年 3 月 6 日，我国宣布加入该条约。

在数字、互联网技术时代，版权人也获得了版权保护的新武器，即技术保护措施。版权人可以首先利用技术措施来阻止他人对作品的非法使用，再利用法律遏制他人对技术措施的规避。但这一做法实际上与崇尚自由的互联网世界格格不入，限制了诸如合理使用等基于公共利益的使用行为，带来新的社会问题。这是现代版权制度的一个重要特点。

现代版权制度的另一个特点是版权与国际贸易愈加密不可分。随着经济全球化的高速发展，知识产权与国际贸易日益紧密地联系在一起，各个国家的知识产权保护水平不一，所参加的国际公约对于国际贸易中的知识产权保护不够完善和充分，缺乏国际贸易中的知识产权争端和监督管理知识产权的国际保护机制。于是，在美国推动之下，1994 年 4 月 15 日，“关贸总协定乌拉圭回合谈判”达成的最后文件之一，《与贸易有关的知识产权协议》（Agreement on Trade-Related Aspects of Intellectual Property Rights，即 TRIPS，又称《知识产权协定》），由参加该谈判的 111 个国家和单独关税区共同签署，中国是签约国之一。这个协议将《关贸总协定》关于有形商品贸易的一些具体规定、基本原则引入知识产权保护领域，强化了执行措施和争端解决措施，并且各成员国不得有所保留。这个协议对于版权的保护水平比《伯尔尼公约》和《世界版权公约》更高，而且签署的国家（地区）更多。

第二节　中国版权的历史与现状

中国在历史上创造了众多璀璨的文化，文艺创作历史悠久，留下了浩如烟海的文学艺术作品，还是造纸术和印刷术的发源地。在古人的文化典籍中，散见着对著作的重视和对剽窃行为的谴责，可以看成是对著作精神权利的觉醒。但是在中国并没有发展出现代版权制度，其原因复杂。近代以来的中国版权法律制度其实是在西方列强的枪口下，采用法律移植的方式逐渐形成的。

一、古代版权保护意识的觉醒

具有版权保护意义的历史事件发端于宋代。清代的大藏书家叶德辉说：“翻版有例禁，始于宋人。”宋代图书出版业非常发达，文化市场空前繁荣，官府刻书、私家刻书、坊间刻书、书院刻书、寺院刻书，刻书事业异常兴盛。大量图书作为商品进入市场，产生金钱利益，竞争激烈。出版者为了保护自己的经济利益，借助官府颁布榜文，限制和禁止那些不法书商出版自己享有出版权的图书。根据郑成思先生的考证，很多文献记载了这样的史实：早在五代后唐长兴二年（932 年），经宰相冯道、李愚等建议，朝廷命田敏在国子监主持校正《九经》，并“刻板印卖”。自此之后，

“天下书籍遂广”。刻书业的兴旺，“在客观上打破了皇室对知识的垄断，促进了知识自上而下的流动，也动摇了帝国的意识形态。管制是一种不可避免的维持方式”[①]。到了北宋，神宗继位以后，政府为保护《九经》监本的专有出版权，朝廷下令禁止一般人随便刻印，任何刊行必须先请求国子监批准[②]。宋代刻印的书籍，往往在著作之前或之后印上牌记，记载相关的信息，《东京事略》牌记：“眉山程舍人宅刊行，已申上司，不许覆板。”宋代的版权保护主要采取官方的告示、文牒等方式公示不得侵权，如果发生了翻刻盗版行为，则可以由受害人陈告官府，对盗版者进行追究，“毁版施行”，“追人毁版，断治施行”。中国的私人营业主通过在政府进行作品登记来主张禁止他人复制，而且将其声明标注在出版物上，这与现在刊登在图书版权页上的“版权声明”并无二致。

但是在中国古代对于版权的保护[③]也基本上止步于此，没有发展成以作者权为中心的版权法律制度，版权保护含义颇不完整，是“保护思想之意多，保护财产之意少”[④]。究其原因，中国没有发展起完善的商品经济，如侯家驹所言：“西欧自中世纪到现代所经历的经济制度的演变，中国于公元前既已经历过，即自西周至汉武帝初年，中国就次第出现过封建社会、重商主义、重农或农本期间以及资本主义的萌芽。但是自从汉武帝采取国营政策，对经济活动严加干预，扼杀了萌芽不久的资本主义。”[⑤] 中国漫长的历史中，主要实行封建专制主义，国家对经济严格控制，重农抑商，以及出于思想钳制的目的，对于出版的控制更多的是出于政治工具主义的考量，对作品的内容和出版施以严格的限制，使得作品交易市场难以形成。

---

① 李雨峰：《枪口下的法律——中国版权史研究》，知识产权出版社，2006 年 8 月，第 19 页。

② 李明山主编：《中国古代版权史》，社会科学文献出版社，2012 年 11 月，第 132 页。

③ 也有学者认为，宋代的“翻版盗印”仅仅属于一种帝国的思想控制的方式，认为那时候不存在版权保护，只是产生了版权保护的要求。参见刘茂林：《知识产权法的经济分析》，法律出版社，1996 年。

④ 陶保霖：《论著作权法出版法急宜编订颁行》，《教育杂志》，1910 年第 2 卷第 2 期。

⑤ 转引自吴伟光：《著作权法研究——国际条约、中国立法与司法实践》，清华大学出版社，2013 年 9 月，第 3 页。

二、近现代的版权立法

中国现代意义上的版权立法是在西方强权枪口下逐步得到发展的。近代以来，西方列强依靠坚船利炮打开了中华帝国的大门，为此清帝国不得不满足西方列强的贪婪要求。正如相关学者所言："在斗争中获得了胜利的社会力量，会通过创造法律命题的方式来强制保护自己利益的规范的实现。"[①] 列强为了巩固其侵略成果，借其优势地位，不断根据其政治经济需要，提出新的条约或者增订新的条款，要求清政府予以认可，具体到法律领域，就是列强要求中国增订版权保护的条款和要求中国加入国际版权保护公约组织[②]。

随着鸦片战争爆发，中国进入了半殖民地半封建社会，统治者对于民众思想的控制有所削弱，西学东渐，蔚然成风。1865 年之后，洋务运动兴起，一批西学教育机构应运而生，北京同文馆、上海同文馆、广州同文馆就是在这一时期诞生的。这些机构编译了许多西方科学法律方面的书籍，在国内产生了较大的影响。后来，商务印书馆、文明书局等中国民营的出版机构也相继成立，他们编译了较多的西学书籍，成为西学东渐的重要平台。在这一背景下，民间关于版权保护的声音逐渐响起，许多名家纷纷建言要求建立版权保护制度，比如严复、梁启超等。而在出版界对版权保护的要求更加迫切，商务印书馆的张元济组织编译《版权考》一书，资深编辑陶保霖专门撰写了《论著作权法出版法急宜编订颁行》一文，颇有见地[③]。由于很多有识之士的大力呼吁，晚清政府商部最终拟定了一个版权

---

① ［日］川岛武宜：《现代化与法》，转引自王天娇《晚晴版权制度的历史考察》，西南政法大学硕士学位论文。

② 光绪二十九年（1903 年）签订的《中美续议通商行船条约》第十一款规定，"无论何国若以所给本国人民版权之利益施诸美国人民者，美国政府亦允将美国版权律例之利益给与该国之人民"。要求中国政府按照"保护商标之办法及章程"保护美国人的著作 10 年。同年签订的《中日通商行船条约》第五款对于日本臣民的著作"印书之权"，"亦允由中国国家定一章程一律保护，以免利益受亏"。

③ 陶保霖将著作权的发展划分为三个历史阶段。第一时期为著作权特许时期，主要是印刷术发明之后，著作权来源于皇家特许；第二阶段是权利主义时期，这一阶段是随著作者著作产生的事实而产生的当然权利；第三阶段是世界权利阶段，著作权的保护不再仅限于一国。他还区分了《出版法》与《著作权法》规制对象的不同之处。

法律的草案，但迟迟未能颁行。

中国的第一部版权法是处在风雨飘摇中的晚清政府于1910年颁布的《大清著作权律》，这已经比英国颁行的《安娜法》整整晚了200年，而且随着清政府的迅速灭亡，这部法律并未得到有效实施。1915年，北洋政府亦制定了《北洋政府著作权法》。1928年，中华民国南京政府又在《大清著作权律》的基础上颁布了一部版权法，随着国民党政府在大陆的溃败，这部法律被带到台湾地区，经过多次修订，一直在实施。

三、中华人民共和国版权保护体制的逐步建立

中华人民共和国成立以来，虽然政府有关部门负责人也曾为建立版权制度做过努力，但在政府实施的法规中涉及版权问题的主要是使用作品支付报酬的规定，而且屡遭中断，尤其是"文化大革命"时期，版权的保护完全停滞。直到1990年9月7日，全国人大常委会通过《中华人民共和国著作权法》，这不仅是中华人民共和国第一部关于版权的法律，而且是近代以来中国颁布的与国际版权基本原理相符合又比较完备的版权法律。

改革开放以来，随着我国与世界各国的经济、科技、文化交流越来越多，各国的优秀作品涌入国内，国内的大量图书也逐步走向世界，版权呈现出国际化趋势，在此过程中，国际规则的重要性日益凸显出来：没有加入国际性的版权公约，在引进外国优秀的书籍、信息和科技知识时，往往被别国另眼相待，有时需要付出巨额的代价给对方用作补偿；相反，国内的优秀作品却被各国出版商肆意翻印、盗版而束手无策。况且，国际版权保护已经不再局限于文化、科技领域，逐渐渗透到经济、服务等其他众多领域，与国际贸易的融合得到加强，没有版权保护就会影响中国产品参加国际贸易；随着科技的发展，计算机软件、音像制品、人工智能、数据库的保护都依赖于《伯尔尼公约》等国际性的版权条约。中国加入《伯尔尼公约》等国际公约不得不提到议事日程上来。

值得注意的是，与美国的一系列贸易谈判是促成中国版权立法的直接诱因。1979年1月，时任国务院副总理的邓小平率领中国政府高级代表团访问美国，在中美签订《中华人民共和国国家科学技术委员会和美利坚合众国能源部在高能物理领域进行合作的执行协议》的谈判中，美国坚持要

求中国政府按照《世界版权公约》的标准对美国人的版权进行保护，但因当时中国没有版权法，更未加入《世界版权公约》，无法实施对外版权保护。结果双方在签订协定时增加了一个保留条款，即如何保护版权，需要双方专家再行谈判，签订具体的执行协议。半年之后，美国商务部长飞抵北京，与中方签订《中美贸易关系协定》，按照美方的要求，在该协定的第六条第1款、第5款规定："缔约双方承认在其贸易关系中有效保护专利、商标和版权的重要性"，"缔约双方同意应采取适当措施，以保证根据各自的法律和规章并适当考虑国际做法，给予对方法人或自然人的版权保护，应与对方给予自己的此类保护相适应"。1991年2月，中美知识产权谈判正式进行，中方由时任外经贸部副部长的吴仪担任团长，与美方交涉。在有关版权等谈判中，美方要求中国：1. 给予美国人以国民待遇，即其作品一经产生即在中国受保护；2. 把计算机软件保护期延长到50年；3. 中国限期加入《伯尔尼公约》和《保护录音制品制作者防止未经许可复制其录音制品公约》。此前，中国对于计算机软件提供的保护期为25年，且必须履行登记手续，为此双方争议激烈，最后达成了《中国政府与美国政府关于保护知识产权的谅解备忘录》，我国《著作权法》及有关规定对美国作品的版权实施保护的日期被规定为1992年3月17日，或自"3月17日之后美国政府做出同样宣布之日起"。此后，按照《谅解备忘录》的精神，中国决定提前加入两大公约。

1992年7月10日和7月30日，我国分别向联合国世界知识产权组织总干事和教科文组织总干事递交了加入《伯尔尼公约》和《世界版权公约》的申请书。1992年10月15日，《伯尔尼公约》在中国生效；1992年10月30日，《世界版权公约》在中国生效。1993年1月4日，中国政府向世界知识产权组织递交加入《保护录音制品制作者防止未经许可复制其录音制品公约》（简称《日内瓦公约》、《录音制品公约》），1993年4月30日，该公约在中国生效。

我国现行的《著作权法》与所加入的国际公约在原则和主要条款上基本上是一致的，对于个别不一致之处，国务院还于1992年9月25日专门颁布了《实施国际著作权条约的规定》，做了进一步的规定，以保证外国作品在中国得到保护。

1994 年 4 月 15 日，我国参与签署了 TRIPS 协议，此后，TRIPS 给我国的版权产品的进出口和版权贸易等领域带来了广泛而深远的影响，改变了中国人的文化生活习惯。到目前为止，以《著作权法》为核心，辅以一系列的行政法规，我国已经建立起体系完备的版权保护体制，加入了多个知识产权国际公约，版权保护的立法和司法水平达到了一个新高度。

第三节　版权保护的必要性

为什么要保护版权？为什么要建立版权保护制度？制度经济学给出了自己的回答：不保护版权将会阻碍社会进步，最终影响社会总体福利。

版权产品与其他的所有知识产品一样，天然具有公共物品的属性。萨缪尔森在《公共支出的纯理论》一文中给所谓的“公共产品”下了一个经典的定义：纯粹的公共物品是每个人消费这种物品不会导致他人对该物品消费的减少。现代经济学家从竞争性和排他性两个方面来考察公共物品的属性，一般具有非排他性和非竞争性的物品为公共物品。

所谓“非排他性”，涉及的是生产者与消费者之间的关系，具体而言，无法将没有支付费用的消费者排除在消费的范围之外，或者虽然能够排除非经许可的消费者使用，但排除的成本高于其所带来的收益，因而从经济上看是不可行的。比如，路灯作为一个公共物品，就具有非排他性，对于未经许可使用其光照的消费者，无法排除或者排除代价太高。

所谓“非竞争性”，是指消费者之间的可同步关系，即在给定的生产水平下，向一个额外消费者提供商品或服务的边际成本为零。也就是说，一个商品可供多数人同时或者不同时消费、使用，一个人的消费并不能够降低他人可以消费的产品数量。一个路灯，多一个消费者使用，并不影响既有消费者的使用。

版权产品具有公共物品的属性，可以同时供多人使用而相互之间不受影响，同时版权产品还具有很强的扩散性。实物产品扩散必须要追加投入，而版权产品一旦被生产出来，其数量的增加主要不是依靠更多的投入，而是以极其低廉的甚至接近于零的成本加以不断地复制，其传播的费用极低。所以，知识产品一旦被公开，其所有者就很难控制它被复制和传播。

如果版权是一种公共产权，那么公众在使用作品时的成本为零，因为产权是公共的，每一个社会成员都有同样的权利来使用它而不必付出任何代价。按照经济学的需求理论，如果需求曲线反映的价格与需求量之间呈反比关系，则我们可推知在价格为零时，对公共产品的需求将尽可能地扩大，这就是国庆黄金周期间高速公路免费带来的“堵车效应”。此时，公共产权的资源就被过度使用和破坏，造成著名的“公地的悲剧”。尽管版权天生就具有公共物品的属性，但为了避免所谓的“公地的悲剧”，就必须确认版权私权的属性。

版权从“非排他性”的角度看，作品一经发表，便不能阻止那些没有支付费用的消费者获得作品，尤其在数字技术的背景之下，信息的复制与传播简单便捷，而且没有损耗，更不会降低质量，所谓的“私人复制”变得轻而易举。从“非竞争性”的角度看，一部作品的创作完成，需要付出一个成本，但是对原始作品的复制以及制作副本的边际成本接近于零，这样的直接结果是，如果纯粹按照边际成本对产品进行定价，作品的交易价格将被制定为接近于零：生产者将无法从最终产品的交易中获得收益，以弥补其作品创作中付出的巨大人力和经济成本，而且因为复制品比起原作更具成本优势，当然会赢得市场优势，必然让作品的生产者血本无归。

为了解决这一问题，制定版权法以保护作品的创作者、投资者的权益时不得不采取制度设计：作者将自己的作品发表出来，让社会公众能够看到和使用；而公众则承认作者（版权人）在一定时期内享有垄断性的专有权利。这种安排，就让创作者有机会从自己的创作中收回投资、获得收益。如果不让农夫在秋天拥有收获的机会，那么还有谁会在春天播下种子呢？

所以说，版权保护属于在制度层面上的一种产权激励制度。经济学有个基本假设：人的一切行为决策都是出于利益最大化的权衡。假设所有的市场主体均是“经济人”或“理性人”，他们是基于私人成本和私人收益的权衡比较而做出行动的决策，故此只有当一项行为所获得的私人收益大于付出的私人成本的时候，有关行动的决策才是有效益的，也才被“经济人”认为是值得实施的。由此出发，对人的行为进行调控的方法就在于相应的减少或增加与行为相关的成本和收益，或者是改变两者的权重关系，从而促进或阻止该行为的发生。

美国历史学家杜兰在其著作中谈到，在1709年前的欧洲，法国是欧洲文学艺术的中心，但英国率先颁布了保护版权的《安娜法》。两年以后，英国文学、艺术作品的数量和质量都超过了法国，由此可见版权保护制度的巨大力量①。

版权保护就是这样的一种制度设计，借助法律手段确定信息产品的排他性，使得信息产品的产权归属相对清晰，从而避免因其先天的特性造成的大量无偿使用，最终导致智力劳动成果产出效率低下。版权制度的设立使得权利人在一定的时间内拥有了垄断性的专有权利，这样的结果是，作品生产因此具有了先天的稀缺性：任何人为了获得稀缺性的资源，都不得不付出相应的成本，这就使得被权利人垄断的稀缺价值具有了变现的可能。版权所有人，可以通过许可复制、许可使用甚至是权利转让等方式，收回自己的生产成本进而获得收益。作为“理性人”的版权生产者，可以通过对成本和未来收益的权衡确立他的行为选择，在尚未进行作品创作时即考虑是否值得投入一定的人力、物力、财力和智力成本进行创作。

随着版权商品化、国际化的发展，版权具有了“跨界性”的特点。权利持有人已经不再仅仅是单个自然人，许多投资类的公司和组织纷纷成为了版权持有人，而且电影、电视剧、电视综艺节目、动漫作品、软件作品、数据库等复合型的作品形态，需要较大的投资成本，需要更为专业的创作团队，还要面临着市场失败的风险②，个体作者既很难完成创作也难以承担失败的风险，最后往往以市场投资、分散风险的方式解决这一矛盾。所以版权制度对创作者、投资者均给予激励，当作品的版权在作者与投资者之间流转时，相应权利应一体得到保护。

---

① 石村：《中央电视台的版权管理实践》，载中国版权协会主编《版权的力量》，北京大学出版社，2015年4月，第232页。

② 比如每年的国产电影有数百部，但是大约只有五分之一可以获得市场回报。

第二章　作为资产的版权

将版权视为一种资产，是为了突出版权的市场属性，重视其交换价值，使之成为企业的一种重要的甚至是核心的生产要素，这一角度对文化企业的发展具有重要的意义。从单纯的资产角度上看，版权资产与其他的有形资产并无二致，均是具有价值和交换价值的财产权利。在资产运营的框架下，文化企业可以根据自身行业特点，有效地组织版权生产和版权运营，在市场上更多地获取经济利益。

第一节　版权资产的内涵

资产，这原本是一个会计学的名词，指的是“由企业过去经营交易或各项事项形成的，由企业拥有或控制的，预期会给企业带来经济利益的资源”。而版权资产①是指版权企业通过投资开发、版权贸易或置换等经营手段获得版权对象所具有的账面价值，版权对象具有财务属性，可以进入企业的资产登记表，构成版权资产。所以，版权资产就是企业版权对象的资产形态。

版权资产，作为企业的核心资产，是版权企业无形资产的重要组成部分，具有可交易性、易转化性和可增值性等特征，在生产和经营中与其他有形资产相结合，能够对企业的经济效益产生较强的叠加和放大效应，是版权企业的核心资产。

在目前的会计制度下，尽管版权资产是企业的核心资产，是企业创造价值和收益的关键，但是由于版权本身具有价值评估难、确定版权归属难

---

① 王家新、刘萍等《文化企业资产评估研究》中对文化企业的版权资产定义为，“文化企业所拥有或者控制的、能够持续发挥作用并且预期能带来经济利益的著作权的财产权利和与著作权有关的财产权利”。主要从法律角度界定资产的性质和内涵。（见该书第77页，中国财政经济出版社，2013年9月）。

等特征，在实践中，版权资产经常难以进入企业的会计报表中，或者是资产报表所记载的价值无法与版权资产的实际价值相匹配。

总体上看，作为资产的版权具有如下特点：

1. 无形性

版权属于知识产权的范畴，版权资产属于无形资产。无形资产不同于其他的有形财产权，比如动产和不动产，其物的本身就具有使用价值和交换价值，而且其价值与物本身不可须臾脱离。而版权资产的内涵是权利①，只有这些权利附丽于某些载体或者传播工具上的时候，才可以见到，其价值通常不依赖于载体甚至不依赖于其创作者，有时创作者死亡了，其版权价值因为其稀缺性反而会更高。

作品的载体，比如图书、绘画、唱片等，均不属于版权资产，而属于实物资产，即使该原作（如某名家的画作）在市场上具有极高的价值，也只是该绘画实物本身的价值，尚不属于版权：版权资产是隐藏在该绘画作品之下，是使用该作品或利用该作品的权利；而画作的原始版权归属于画家，其复制、发行、传播等权利未经转让或授权均由画家本人所有，不能成为原件持有人的版权资产②。

2. 专有性

版权原则上专属于作品的创作者，利用他人作品创作产生的新作品仅享有有限的权利。其他主体非经法律特别规定③或因版权的贸易等方式不能成为版权资产的权利人。有些欧洲国家比如德国强调版权的精神属性，明确规定版权只能属于自然人，且不得转让或者“一次性买断”，其他人获得版权资产只能通过许可使用的方式。

---

① 其实从某种意义上看，所有的权利本身均具有无形性，比如对于物本身的使用权，其权利本身也是无形的，物本身是使用权行使的对象，那么承租权可以看做是无形财产；债权，尤其是给付为目的的债权通常会表现为一种请求权，这也是无形的财产权。对物与债的无形权利与物与债本身结合得很紧，有时难以区分。而知识产权的无形性与其他权利相比具有更为突出的特点。比如，无论是债权请求权一经行使均归于消灭，物一旦灭失则附着于其上的权利同时归于消失（或转化为其他权利），而知识产权的无形权利并不因某一权利载体的灭失而消失，而且可以同时由多人共同行使，所以是一种最为典型的无形财产。

② 绘画作品唯一的例外是其原件展览权归于原件持有人，原件持有人可以许可他人对原件的展览。

③ 比如《著作权法》对电影作品、软件作品、地图作品等归属做了特别的规定。

版权的“专有性”特征主要来自于其作为一种人类的智力成果权所包含的“人”的属性，就是所谓人身权，不能转让，其经济性的权利可以有限度地向他人转让或许可他人使用，即使是已经转让给他人的作品版权，在使用过程中也不得损害作者的人身权利。这与货物贸易迥然相异。

3. 期限性

与其他有形财产权不同，版权的经济性权利都有一定的期限，我国《著作权法》规定，一般性作品的权利为作者有生之年再加上死后50年；法人作品和摄影作品、视听作品的权利期限是50年。超出期限的作品的人身性权利继续受到保护，而经济性权利不再受到保护。这种制度设计源于版权本质上是国家法律授予权利人的一种有期限的垄断权，权利人可以利用这一权利获取经济性收益，以此鼓励创新；如果对这一权利不设置期限或期限太长，均有损于公共利益。法律不再保护的作品，其权利回归全社会所有，成为公共财富。

4. 地域性

由于版权来源于法律的授权，所以具有地域性特征，某一项权利只会在某一法域才可以受到保护。大多数国家因为共同加入了《伯尔尼公约》《世界版权公约》等国际公约，因而各国也会依据公约对域外版权给予保护。那些经过版权贸易或者许可使用而获得的版权资产，尤其需要注意其地域性的限制。

版权地域性的特点，经常会对与版权相关产品的国际贸易有所影响。在一个法域合法生产的产品（作品的副本或演绎作品），到了另一个法域中将有可能会侵犯版权。这里面主要涉及两个问题，一是“权利用尽”①，

---

① 所谓的“权利用尽”，是指版权所有人或许可使用人一旦将知识产品合法置于流通以后，原版权权利人所有的一些或全部排他权因此而用尽，也称“发行权一次用尽”“权利穷竭”，是对版权等知识产权的一种限制。但是版权权利人在一国投放其版权产品并不会导致其产品在其他国家的权利穷竭，因此权利人仍然有权禁止他人未经许可进口其享有版权的产品的行为。如奥地利《版权法》规定：“如果作者只同意过在某一特定领域销售其作品，则他对于进一步销售的专有权仅在该领域内丧失。”我国的《著作权法》对此并未作规定。

一是“平行进口”[①]。

5. **商品性**

版权的经济性内容具有商品属性，亦即具有交换价值和使用价值，可基于交换的目的进行版权生产。版权既可以作为贸易的对象，也可以作为融资的担保物，还可以作为资本注入到公司中。也正是因为版权具有商品属性，对于版权的运营可以为文化企业带来经济性收益。

6. **复合性**

同一作品基于不同的使用方式会产生不同的权利，版权资产既可能是包含所有权利的“权利束”，也可以是其中的某一种或者是某几种版权利益价值构成的资产。复合性还表现在版权资产中既有对版权支配性的、类似于物权的各种“专有权”，还有具有债权性质的“获得报酬权”。

在中国的会计实务中，经常将资产分为流动资产、长期投资、固定资产、无形资产、递延资产等类别，版权资产属于无形资产，与其他资产相比，具有下列特征：

1. **构成复杂**

没有哪一种知识产权能像版权这样充满着迷惑性。从作品的形式到权利的构成，大到一部电影的全部权利，小到一幅摄影作品、一首小诗单纯的信息网络传播权，版权资产中还应该包括邻接权性质的各种权利，如果再加上权利的多次流转过程、法律规定的模糊性因素，寻找到权利的边界已然相当困难，更遑论精确的认定。所以，版权资产也许是永远需要发掘、永远在发现过程中。

2. **价值确定困难**

无形资产在账面的价值经常等同于其取得的资产所支付的成本，但这种方法不能够反映版权资产的实际价值。由于版权所对应的作品和作者的情况不同、门类众多、使用方式不同、期限长短不一等，采取的各种评估策略均有利弊，即使是同样的作品其市场价值也难以精确估定，所以，版

---

① 所谓“平行进口”，是指未经相关版权权利人授权的进口商，将由权利人自己或经其同意在其他国家或地区投放市场的版权产品，向版权人或独占被许可人所在国或地区的进口。这是一个国际贸易与知识产权领域古老话题，各国至今没有一个统一的对策，TRIPS 协议对此也是采取回避的态度，留交各国国内法解决。

权资产在账面上的价值不易准确计量。

3. 运营难度大

由于版权资产获取和生产的特殊性，使得版权资产的挖掘与确定均存在难度，不同的作品具有不同的版权价值，也因此需要采取不同的运营策略。由于文化企业对于版权的认识参差不一，版权的管理水平高低不一，版权资源的占有程度不一，致使版权运营的难度加大。

第二节　版权资产的内容

作为一种典型的无形资产，版权资产表现为一系列的权利，来源于国家法律的明确规定，既有准物权性质的版权的各项权利、传播他人作品而添附的新权利，也有在版权贸易过程中依据合同享有债权，这些权利从理论上均可以进行价值估定，属于可以为企业带来经济效益的资源。

一、版权

版权资产的核心是版权本身。针对所有的作品形态，《著作权法》规定了一系列的权利，对这些权利的使用和利用，形成了具有价值的版权资产。企业只有持有一定数量的作品权利，才可以在经营过程中展开对这些权利的有效运营，使得纸面上的权利转变成账面上的资产。

版权实际上是一个总称，是由一系列的权利内容组成的，可以分成两个大类，一是人身权利，一是经济权利。这两类权利互相独立，在经济权利消失以后，作者还可以保有对作品的人身权利。

版权资产最主要的组成部分是保护版权人在利用作品方面的经济利益的权利。版权人可以自己行使利用作品的权利，以谋求经济利益，也可以许可他人行使使用和利用作品的权利，并依照合同和法律获得报酬。我国《著作权法》将该类权利规定为“财产权”。财产权具有排他性属性，权利人可以按照自己的意愿使用作品，也可以排除他人不经其许可而利用该作品，属于一种专有权；即使在法律规定法定许可或强制许可的情况下，权利人也可以享有获得报酬权。目前《著作权法》规定了 13 种著作财产权。大致可以分成三大类，复制权、传播权、使用权。

第一大类是复制权，这是作品使用和利用的前提。

《著作权法》规定，“复制权，即以印刷、复印、拓印、录音、录像、翻录、翻拍等方式将作品制作一份或者多份的权利”①。复制权，实际上是作品财产权利的核心，是所有财产权利中较早出现、最常用也是最基本的权利，具有现代意义的版权法就是在印刷技术所带来的复制便利下催生出来的。概而言之，所谓的复制，实际是运用某种物质的方式、在某种介质上重现作品的过程。《伯尔尼公约》上说“复制”就是“依任何方法或者形式复制作品”，包括打样、雕版印刷、石印、胶印和其他所有的印刷过程，还包括打字、照相复制（摄影胶片、缩微胶片等）、静电复印、机械录制或者磁性录制（唱片、盒带式、磁带等），也包括今后因技术发展所能利用的任何新的复制方法在内②，所以，目前以数字的方式存储受保护的作品，也属于复制；复制的数量不论，无论是一份还是多份均为复制。

“临摹”在1990年的《著作权法》中也被认为是复制的方式之一，但2001年的《著作权法》修订时将其删除了。临摹是否构成复制一直存有争议，临摹一份美术作品，很难与原作完全一致，不可避免地会带上临摹者的个人特点（独创性），临摹并不仅仅是再现作品的方式。另外值得关注的是，临摹基本上都属于私人复制范畴，一般不会对原作者的利益存在不合理的损害。但是如果临摹者利用临摹获得的新作品进行公开传播，则可能会对权利人造成损害，权利人可以侵犯复制权或者改编权为由提出控告。

对于平面到立体的复制即所谓的“异体复制”行为，1990年的《著作权法》曾经明确予以排除，该法第五十二条第二款规定，“按照工程设计、产品设计图纸及其说明进行施工、生产工业品，不属于本法所称的复制”。这使得许多动漫形象被未经授权的企业以工业化的方式制成模型售卖，却无法维权。2001年的《著作权法》删除了这一规定，但是在司法实践中还是莫衷一是，异体复制究竟是否给予保护，各地的司法判决并不一致。但近来，出于对动漫形象、艺术形象等保护的目的，大部分法院开始

---

① 《著作权法》第十条第五项。

② 《伯尔尼公约（1971年巴黎文本）指南》，中国人民大学出版社，2002年1月。

将“平面到立体的复制”归入作品复制权所控制的范围。这样就使得“角色商品化权”有了立足之所。

计算机网络技术的发展带来了“临时复制”问题。“临时复制”主要是指在利用计算机访问作品或使用数字作品时，不可避免地在计算机内存或缓存中临时性地对作品进行复制，如何界定这一行为？对于其性质是否应该由复制权加以法律规制？目前各国法院的基本态度是认为传播过程中的短暂与临时性的复制不应单独认为是侵犯复制权的行为。

第二大类是传播权，是作者或其他版权人享有一系列传播作品的专有权利。

只有经过传播行为，作品才能为公众所获得，作者所期待的目的和利益才可能实现。

1. 发行权

根据《著作权法》的规定，是指以出售或者赠与的方式向公众提供作品原件或者复制件的权利。发行是消费者获得作品的重要途径，所以版权人有必要拥有对发行加以控制的权利，否则，从消费者那里获得回报的经济模式将会受到影响。发行权也是仅仅属于版权人的一项专有权利，既可以由自己行使，也可以许可他人行使以换取经济收益。如果未经版权人的许可，他人以出售或者赠与的方式向公众提供作品原件或者复制件，则侵犯了版权人的发行权。一般说来，发行常常是以复制为前提的，在出版界，发行是复制的目的，所以我国《著作权法》的定义说，出版指作品的复制、发行①。发行可以是有形物的分发，也可以是无形物的分发，比如现在比较流行的数字出版模式，即是基于互联网技术，用户在客户端下载数字作品，同样构成作品分发。

作品的发行权会因使用一次而告用尽，这就是所谓的“权利用尽”原则，主要是指作品的原件或者是复制件，因本国的发行权人的同意而销售或者分发的，其以后的销售和分发无须再得到许可。我国的法律并未明确承认“作品发行权一次用尽”，但在实践中显然是承认这一原则的：既然版权人已经在其许可复制和发行过程中获得足够的收益，就不能允许他对

---

① 《著作权法》第五十八条。

该复制件的再次销售加以控制，否则就会阻碍商品流通，不利于经济的发展。但是一次用尽是否能够适用于处理来自国外的复制品对我国国内权利人（包括独占性权利人、排他性权利人）可能造成的损害，尚存疑[①]。

2. 出租权

出租权是指版权人有偿许可他人临时使用作品的原件或者复制件的专有权。这一权利的产生是针对某些作品在行使过复制与发行权之后的具体使用过程中，可能会不合理地影响作者的经济利益，比如，一部电影的DVD光盘，一个人购买之后通过反复的出租、出借等方式，使得原权利人的复制件销路受到影响。所以，对于某些作品形式特别给予出租权的保护，以规制对这些作品的临时使用行为。这可以看做是发行权“权利用尽”原则的一种例外。

根据《著作权法》第十条第七项的规定，“出租权是有偿许可他人临时使用电影作品和以类似摄制电影的方式创作的作品、计算机软件的权利，计算机软件不是出租的主要标的的除外”。将出租权的对象仅仅限定在电影作品、录像制品和计算机软件作品上，其他作品形式不能获得出租权保护。

3. 展览权

《著作权法》规定，“展览权即公开陈列美术作品、摄影作品的原件或者复制件的权利”[②]。展览权属于版权人的一项专有权利：版权人有权许可他人公开陈列其美术作品或者摄影作品的原件或者复制件。展览权所适用的对象仅仅为美术作品（即绘画、书法、雕塑等）和摄影作品的原件和复制件。无论作品是否已经发表，展览未发表的作品时，同时也就行使了发表权。

作为一项专有权利，展览权可以由版权人自己行使或者授权他人行使，但是对于美术作品有一个特别的规定，美术作品原件的展览权由原件

---

① 依据1992年颁行，目前尚有效的《实施国际著作权条约的规定》第十五条，“外国作品的著作权人有权禁止进口其作品的下列复制品：……（二）来自对其作品不予保护的国家的复制品。”那么可以作出反对解释：如果是来自对于权利人的作品予以保护的国家的复制品，外国作品的著作权人则无权禁止进口。似乎是承认发行权的用尽，那么国内作品的权利人是否可以参照执行呢？

② 《著作权法》第十条第八项。

所有人享有[①]。还有另外一个问题，美术作品复制件的展览权归属版权人，但是合法复制件的所有人展览该作品是否还要受到版权人的控制，从法理上看，应该不需要。既然复制件已经受到权利人的复制权和发行权的控制，权利人的经济利益已经实现，此时再对已经失去控制的复制件施以控制，既不经济也不合理，况且，原件所有人的展览权已然可以让渡，此处当一以视之。

另外需要考虑的是，以数字技术直接创作的美术作品的原件表现为存储介质上的电磁信号，可以进行无损复制和传播，已经无所谓原件和复制件[②]了，此时的原件持有人是谁呢？

4. 表演权

“表演权即公开表演作品，以及用各种手段公开播送作品表演的权利。”表演权是版权人的一项专有权：版权人有许可他人公开表演其作品，或者用各种手段公开传送其作品的表演的权利。

版权人可以从两个角度出发行使表演权，一是授权他人现场公开表演其作品，“包括以任何手段和方法进行的公开表演”，包括演员或演奏者亲自在现场公开表演，当然也包括通过录制品如唱片、磁带、录像制品、DVD 光盘等进行的表演，后者就是所谓的“机械表演”。二是向公众播送其作品的表演，是指以广播或电视方式之外的其他方式公开传送表演，主要是有线方式，如在公共场所如商场，或者在飞机、轮船、火车上通过内部的有线广播系统传送表演，但不包括该系统转播广播电台或者电视台播送的作品，以与广播权相区别。

5. 放映权

《著作权法》规定，“放映权就是通过放映机、幻灯机等技术设备公开再现美术、摄影、电影和以类似摄制电影的方法创作的作品等的权利”[③]。放映权也是版权人的一项专有权利，版权人享有许可他人通过放映机、幻

---

① 《著作权法》第十八条。

② “电子数据一般记录在电子设备中，以数字化的行使存储，很难区分‘原件’（original）和‘副本’（copy）。联合国国际贸易法律委员会运用‘功能等同法’提出，只要能证明数据电文是计算机储存或接受的信息就能满足证据法对原件的要求。”（戴士剑、刘品新主编：《电子证据调查指南》，中国检察出版社，2014 年 7 月，第 11 页。）

③ 《著作权法》第十条第十项。

灯机等技术设备公开再现美术、摄影、视听作品等的权利。放映权专属于创作作品的权利人，利用他人作品改编成视听作品的同时应该获得放映权的许可，否则，摄制的视听作品将无权放映。

6. 广播权

根据《著作权法》的规定，“广播权即以无线方式公开广播或者传播作品，以有线传播或者转播的方式向公众传播广播的作品，以及通过扩音器或者其他传送符号、声音、图像的类似工具向公众传播广播的作品的权利”①。这也是一项专有权利，版权人可以自己行使，也可以许可他人行使。但是法律同时规定，广播组织播放他人已经发表的作品，可以不经版权人许可，但应该支付报酬，这属于法定许可，这一项权利因此被大大限制，只有未发表的作品才能真正享有完整的广播权，作品一旦发表，就只能寻求“获得报酬权”救济了。这是很多作者尤其是音乐词曲作者最为不满的地方。

细分之下，版权人的广播专有权包含三项权利：一是许可他人（比如广播组织）广播（包括以电视方式）其文字和艺术作品，或者通过无线的方式传播符号、声音或者图像的任何其他方式，向公众传送作品。二是许可他人通过有线方式或者转播方式向公众传送其他广播组织广播的作品。三是许可他人通过扩音器或者其他传送符号、声音、图像的类似工具向公众传送其他广播组织广播、电视台播出的作品。

广播的核心仅仅涉及到对作品的传送，至于是否有人接收在所不问；广播的接收方只能在广播组织安排的时间获得作品。广播权所控制的仅仅是广播组织以无线的方式传播作品，或者对该作品用有线或者无线、扩音器等方式转播的行为，其核心是作品传播的初始阶段应该是无线方式。目前的网络广播形式初始阶段并未采用无线方式，所以，目前的广播权不能规制所谓的网络广播行为，司法实践中似乎也没有必要对广播权进行扩张

① 《著作权法》第十条第十一项。

以适用于网播行为①。这里的转播或以无线、扩音器方式播放广播的行为，必须没有中介的录制环节，而是直接地使用信号，否则可能会构成对表演权的侵害。

7. 信息网络传播权

按照《著作权法》的规定，是指“以有线或者无线方式向公众提供作品，使公众可以在其选定的时间和地点获得作品的权利”②。这是随着网络技术的大规模应用而发展起来的新权利，目前，信息网络传播权已经取代复制权成为网络时代版权的核心财产权利。作为版权人的一项专有权利，具有排他性质，可以自己行使，也可以许可他人行使该权利。

2006 年我国专门颁布《信息网络传播权保护条例》，对该权利做了进一步的细化。根据定义，这一权利是以有线或者无线的方式向公众提供作品，但必须符合“使公众可以在其个人选定的时间和地点获得作品”的条件，易言之，就是要有交互性要求。信息网络传播权是一种向公众提供作品的权利，只有不特定的公众具有获得作品的机会，是否真正获得作品则在所不问，这也排除了个人之间发送的电子邮件、电话网络中个人用户之间的交流，等等。

第三大类是使用权，就是在作品基础上产生新的作品的权利，也可称为演绎权。

1. 摄制权

《著作权法》规定，“摄制权，即以摄制电影或者以类似摄制电影的方法将作品固定在载体上的权利”③。摄制权属于作者享有的专有性权利，既可以自己实施，也可以许可他人使用。

一般说来，将他人创作的作品摄制成电影，必须事先取得原作品版权

---

① 吴伟光先生认为，“我国著作权法规定了广播他人作品的法定许可制度，并且版权局颁布了相关的办法。如果将广播权加以扩张从而涵盖网播行为，则这一制度和规定将直接使用到网播的行为中，但是由于网播行为的国际性，其他国家的公众可以免费获得依据我国法定许可制度而网播的内容，则相当于在对他国公众进行免费补贴”。（《著作权法研究——国际条约、中国立法与司法实践》，清华大学出版社，2013 年 9 月。）

② 《著作权法》第十条第十二项。《信息网络传播权保护条例》将该权利的保护对象予以扩张，包括“作品、表演或者录音录像制品”。

③ 《著作权法》第十条第十三项。

人的许可，先由编剧将原作改编成电影作品的文学剧本，导演再根据文学剧本撰写分镜头剧本，并根据分镜头剧本安排电影的拍摄和制作，最后将拍摄的影片加以复制、发行和公开放映。本权利控制的是第二个步骤，即将作品固定在载体上（拍摄）的行为。第一步属于改编权所控制，第三步属于复制、发行、放映权利所控制。《著作权法》之所以专门设置这一权利，主要是因为电影作品一般投资巨大，花费的人力众多，中间要有电影剧本创作、分镜头剧本创作、拍摄、剪辑、合成等多道复杂工序，这使得从文字作品到最后的电影作品之间的艺术门类跨度之广，是一般的改编作品无法比拟的。国际上，有的国家专门规定了将音乐、对话或其他音响效果录制在电影音带上的权利，即所谓的配音权，我国实际上将其涵盖在摄制权的范围内。

拍摄一部电影，应该取得原作品的改编权、摄制权、复制权、发行权、放映权等才算是完整的权利，否则在任一环节均可能构成侵权，无法进行合法上映。

2. 改编权

《著作权法》规定，“改编权，即改变作品，创作出具有独创性的新作品的权利”①。改编权也是版权人的一项专有财产权利，版权人可以自己行使，也可以授权他人行使。

改编的方式大体有以下几种：一是改编后的作品形式完全不同于原来的形式。比如将小说改编成电影，将电影作品改编成舞台剧等，原来的作品形式与改编后的形式已经完全不同，但原作中受版权保护的独创性成分被改编后的作品采用了，改编作品的独创性表达部分不能掩盖原作品的独创性，因此仅仅是艺术形式的改变，而不是新创作的独立作品。二是改编后的作品形式没有改变，但是原作与改编后的作品的用途有所不同。比如将科学著作改编成科普读物，将比较晦涩的作品改写成通俗读物，形式上仍然是文字作品，但作品用途完全不同。三是根据美术作品、摄影作品进行改编，这是比较特殊的情况。比如将一副油画改成木版画，将一副摄影作品用绘画的方式表现出来，均属于视觉艺术形式，但是改变不了再创作

---

① 《著作权法》第十条第十四项。

与原作之间的先后和隶属关系。

根据改编作品进行第二次改编，不仅需要得到原作品版权人的许可，还需要得到第一次改编作品的作者的许可。

改编权是许可他人改编作品的专有权利，主要控制他人对作品未经许可的改编行为，但是他人改编作品没有后续的使用行为，比如将小说改编成连环画但没有复制和发行等行为，应该属于合理使用，并不能构成侵权。

3. 翻译权

按照《著作权法》的规定，“翻译权，即将作品从一种语言文字转换成另一种语言文字的权利”①。这也是版权人的一种专有的著作财产权，可以自己行使，也可以授权他人行使。翻译作品一般只涉及文字作品、口述作品、与文字或口述作品有关的作品（如电影作品），而美术作品、不带词的音乐作品、舞蹈作品、摄影作品、建筑作品等不涉及翻译权问题。

翻译权主要控制未经许可的翻译行为，这个权利是作者享有的第一个经济权利，比复制权还早 80 年出现在《伯尔尼公约》中。由于翻译本身属于一种再创作，译者需要谙熟两种语言文字，既要传达原作的内容，又要译文典雅，殊为不易。所以，译作本身也属于具有独创性的演绎作品。如果对译作进行第二次翻译（转译），不但要获得原作者的许可，还需要获得第一次翻译的译者的许可。

4. 汇编权

依据《著作权法》的规定，这是“将作品或者作品的片段通过选择或者编排，汇集成新作品的权利”②。使用版权人的作品进行汇编，应当得到其许可，也就是说，汇编权是版权人对其作品享有的专有的、排他性的财产权，可以自己行使，也可以授权他人将自己的作品或作品片段汇集成新作品。汇编权隶属于原作者而不是汇编者，独创性的汇编可以产生新的权利。

汇编行为离不开对已有作品的复制，但汇编不同于复制，前者可能体

① 《著作权法》第十条第十五项。

② 《著作权法》第十条第十六项。

现汇编人的独创性，而后者不体现任何独创性。比如将某人关于某种观点的作品汇编成一部新作品，既包含对原作品的复制，也包含选择、编排本身的独创性，与简单的复制还是有一定的区别。汇编作品的种类很多，常见的有词典、百科全书、教材、期刊、报纸、资料汇编、选集、文集、网页等，汇编权所控制的是汇编行为，如果汇编他人享有版权的作品，需要被汇编作品权利人的同意。

侵犯汇编权一定包含了侵犯复制权，两种权利具有包含的意味，尽管更加明确，但并未使权利人获得更多的保护。所以在新的《著作权法》送审稿中，已经删除了这一权利。

5. 其他权利

这是一项兜底性的条款，所有应该为作者享有的权利都可以归入“其他权利”的范畴，以此弥补列举式立法不周延的缺陷。原则上，对作品有多少种使用方式就会对应有多少种权利，作品的财产权是没有限制的。作为绝对的、排他性的版权，作者应该享有对作品以任何形式使用的专有权。例如：注释权，即作者自己或者授权他人对其作品做出注释的权利，注释通常是对作品中的引语出处、论点依据、词汇含义、有关事实做出的解释性说明，这种权利一般由作者自己行使，可以构成作品的一部分，但如果作者已经去世，为了方便读者更好地理解作品，有必要做出注释，但对于尚在保护期的作品注释应该获得权利人的许可。

二、作为版权邻接权的资产

邻接权本质上都是作品传播者的权利。有些作品无须经过中间人的参与，公众便可以直接接触，如绘画、雕塑等，而更多的作品必须经过中间传播人的参与才能为公众所接触，比如文字作品需要出版者，舞蹈作品需要表演者，等等，这些传播者在传播作品的过程中，由于独创性的劳动而获得类似于作品版权的邻接权，邻接权往往是版权资产企业更为重要的版权资产。

邻接权不能脱离原始作品而存在，所以其行使亦受到大量的限制，基本上属于一种禁止权而非完整的许可权，也就是说，可以自己行使和禁止他人行使，但无权单独许可他人行使，除非其传播的不包含受到版权保护的作品，或者传播的是已经超出版权法保护期的作品。实践中，大多数的传播者已经获得了作品版权人的授权，获得了相应作品复制、发行或信息网络传播的权利。

1. 表演者权

专属于表演者享有的权利，是指表演者因表演或者演奏文字、戏剧或者音乐作品而享有的权利。所谓的表演者，依据《罗马公约》规定，“表演者是指演员、歌唱家、音乐家、舞蹈家和表演、演唱、演说、朗诵、演奏或以别的方式表演文学或艺术作品的其他人员”。我国的《著作权法实施条例》规定，“表演者，是指演员、演出单位或者其他表演文学、艺术作品的人”①。这是从权利主体上定义了演出单位和个人作为表演者权享有人。表演者权主要保护的是表演者的表演活动而不是表演的对象——作品。

构成有效版权资产的表演者权，前提是不得侵害作品的版权，表演前应该获得版权人的许可并支付报酬，有时还需要获得改编者、翻译者、注释者、整理者等二次作品版权人的许可，否则，其可能由于侵犯在先权利而使得表演者权无法行使。

表演者权的内容分成两个部分，一类是表演者的人身权利，包括标明表演者的身份权，类似于版权中的署名权；保护表演完整权，因为表演者所塑造的艺术形象是其智力成果，关乎其艺术成就，表演者有权禁止他人歪曲、篡改，这个权利类似于版权中的保护作品完整权。另一类权利是表演者的财产权。这是一系列“许可权”②，如现场播放权，许可他人从现场直播和公开传播其现场表演，并获得报酬；录音录像权，许可他人对其表演进行录音录像，并获得报酬；复制权，许可他人复制有其表演的录音录像制品，并获得报酬；发行权③，许可他人发行录有其表演的录音录像制品，并获得报酬；信息网络传播权，许可他人通过信息网络向公众提供录

---

① 《著作权法实施条例》第五条第六项。

② 这种“许可权”与版权的“专有权”不太一样，仅仅是为了保护其表演而存在，是一种有限的许可，许可的仅仅针对表演本身，而不能延及原始作品，除非表演者同时是原始作品的版权人。

③ 此处的发行权与录音录像制作者的发行权可能会产生冲突，形成相互制衡的关系，表演者行使发行权的时候需要录音录像制作者的同意，反之亦然。

制其表演的录音录像制品，并获得报酬[①]。

2. 录音录像制作者的权利

“录音制品，是指任何对表演的声音和其他声音的录制品。”[②] 录音制品必须是单纯听觉性的，既可以是对表演的声音的录制，也可以是对自然界中其他声音的录制，存储的介质不论。“录音制品制作者”则是指录音制品的首次制作人，既可以是自然人也可以是法人、其他组织。“录像制品是指电影作品和以类似摄制电影的方法创作的作品以外的任何有伴音或无伴音的连续相关形象、图像所进行的录制品。”[③] 可见，只要不是电影作品的所有活动影像的载体均可以称为录像制品。而录像制作者也仅指录像制品的首次制作的自然人或者法人、其他组织。

录音和录像制作者的权利主要有：复制权，录音和录像制作者对其制作的录音制品和录像制品享有许可他人复制并获得报酬的权利，复制的方式和复制的形式均没有限制；发行权，录音和录像制作者对其制作的录音制品和录像制品享有许可他人进行发行并获得报酬的权利；出租权，录音和录像制作者对其制作的录音制品、录像制品的原件和复制件分别享有许可他人向公众进行商业性出租并获得报酬的权利，即使该原件或复制件已经合法地发行，出租权继续保留；信息网络传播权，录音和录像制作者分别对其制作的录音制品、录像制品享有许可他人通过信息网络向公众进行传播并获得报酬的权利。被许可人在获得复制、发行、信息网络传播权利向公众传播录音制品、录像制品的许可之后，还应当得到版权人、表演者的许可并支付报酬。除非录制的是不含有他人作品或表演的自然的声音或画面，录音和录像制作者无权单独许可他人复制、发行、通过信息网络传播其制作的录音录像制品。

3. 广播组织权

根据《著作权法》的规定，广播电视组织[④]播放他人的作品，应当遵

① 这个权利也会与录音录像制作者的权利相冲突，相互之间必须协调才能行使。

② 《著作权法实施条例》第五条第二项。

③ 《著作权法实施条例》第五条第三项。

④ 按照我国《广播电视管理条例》，广播组织应该仅指广播电台和电视台：“本条例所称的广播电台、电视台是指采编、制作并通过有线或者无线的方式播放广播电视节目的机构。”（第八条第二项）

守下列规定：a. 播放他人未发表的作品，应当取得著作权人的许可，并支付报酬；b. 播放他人已经发表的作品，可以不经著作权人的许可，当应当支付报酬；c. 播放已经出版的录音制品，可以不经著作权人的许可，但应当支付报酬；d. 电视台播放他人的电影作品和以类似摄制电影的方法创作的作品、录像制品，应当取得制片者或者录像制作者许可，并支付报酬；播放他人的录像制品，还应当取得著作权人许可，并支付报酬[①]。

广播电视组织对其播放行为享有邻接权，可以阻止未经其许可实施一定的行为，广播电视组织享有的邻接权的对象主要是其广播电视信号，对其信号的不正当利用，损害了广播电视组织的利益。广播电视组织主要享有下列财产权：

转播权。即转播其播放的广播、电视节目的权利。转播是指一个广播电视组织同时播放另一个广播电视组织的广播和电视节目。转播包括无线转播和有线转播，将一个广播电视节目录制下来以后再播放的，属于重播，而不是转播，转播必须是同步的。

录制权。即录制其广播电视节目的权利。广播电视组织的邻接权包括对其播放节目的一切录制，其他广播电视组织未经许可不得将其播放的广播电视节目录制在音像载体上，也就是不能利用其节目信号制作音像制品。这样其他广播组织对节目的重播或者放到网上供人点播就构成了侵权，因为这必然存在在先的录制行为。

复制音像载体的权利。广播电视组织的邻接权还包括对其一切播放节目录制后又加以复制。

4. 出版者的版式设计权

出版者主要指出版图书、期刊的出版社、杂志社，版式设计权属于出版者，而不是具体的设计版式的人。出版者的出版权（复制权和发行权）来自版权人的授予，对于其出版的图书、期刊的版式设计享有专有权：有权许可他人使用其版式设计，有权禁止未经其许可使用其版式设计的行为。

所谓的版式设计，通常包括版心、排式、用字、行距、标题、引文、

---

① 《著作权法》第四十三条至第四十六条。

标点符号等的确定。版式设计不是创作，不能构成作品，但也付出了一定的智力劳动，所以给予邻接权的保护。装帧设计属于版式设计的上位概念，包括封面、版面、插图、装订形式等设计，其中某些装帧设计比如封面设计可以作为美术作品获得版权的保护。

版式设计的使用，应该仅仅局限于在其他图书或期刊等印刷品上的使用，如果不是在印刷品上作为版式使用，比如单纯拍摄为图片、加以编辑出版就不需要获得出版者的许可，否则将会等同于版权了。

三、作为债权性质的版权资产

版权本身具有准物权的性质，版权人可以直接支配特定的作品而享受其利益，并享有排除他人干涉的权利；同时版权人也可以将其权利许可他人行使或者转让给他人，这样并非作者的其他主体就因此获得了版权的利益，这属于债权性质的版权资产。

1. 版权的被许可权

《著作权法》第十条规定，“著作权人可以许可他人行使前款第（五）项至第（十七）项规定的权利，并依照约定或者本法有关规定获得报酬”。这又被称为“许可证贸易”。基于版权人的许可，被许可人实际上获得对相应版权的使用权甚至是经营权，并且可以通过对版权的使用和经营获得相应的收益。许可权分为三种：独占性许可、排他性许可、一般性许可。所谓独占性许可，是指版权人一旦将某项权利授予他人，被许可人就有权排除包括原有版权人在内的一切他人再行使这项权利，在一定的时间内，被许可人就某项权利享有了类似版权人的权利，这也被称为专有使用权；排他性许可是版权人将某项权利授予他人后，只有被许可人和版权人有权行使该项权利，其他人不得行使；一般性许可是指版权人将某项权利许可他人使用，被许可人只有使用权而无权禁止版权人使用，也无权阻止其他人使用。

独占性许可权与排他性许可权实际上是一种依据合同取得的在合同期限内的垄断使用权，这一权利受到其他人的侵害，可以提起侵权之诉，以维护自己版权资产利益。一般性许可使用权，受许可人的主要利益在于作品本身的使用而获得利益，而无法在权利层面上进行经营。

2. 版权的受让权

《著作权法》第十条规定，“著作权人可以全部或者部分转让本法第十条第一款第（五）项至第（十七）项规定的权利，并依照约定或者本法有关规定获得报酬”。对于版权是否可以转让以及如何转让，各国做法不一，欧洲大陆各国一般将版权视为“作者权”，强调其人身属性，不承认版权可以转让；而英美国家的版权法，主要将著作权利视为“版权”，强调其经济属性，认为版权可以转让。我国最初的版权立法即 1990 年的《著作权法》回避了这一问题，后来在实践中为了适应版权贸易的现实需求，2001 年的《著作权法》明确规定，版权人可以部分或者全部转让著作财产权。

版权的受让可以在合同中约定具体的权利种类和权利的地域范围。受让人在约定的地域内就特定的权利种类取得与原始权利人相同的地位，可以充分地利用市场化手段加以运营，甚至将受让的权利再次转让给其他人，而不受原始版权人的限制。而因独占性的许可而获得的版权可以分许可（再许可）他人使用，但不可以转让给其他人。从权利的价值上讲，因转让获得的版权比起独占性被许可而获得的版权价值相对较高。

3. 获得报酬权①

版权人因法定许可或者强制许可他人行使其著作财产权，有权获得报酬。这主要是为了平衡版权人权利保护与公共利益之间的关系而专门规定的权利。主要适用两种情况：一是特定教科书的法定许可。《著作权法》第二十三条规定：“为实施九年制义务教育和国家教育规划而编写出版教科书，除作者事先声明不许使用的外，可以不经版权人许可，在教科书中汇编已经发表的作品片段或者短小的文字作品、音乐作品或者单幅的美术作品、摄影作品，但应当按照规定支付报酬，指明作者姓名、作品名称，并且不得侵犯著作权人依照本法享有的其他权利。”使用者如果不支付报

---

① 有人认为，获得报酬权是版权人的一项基本权利，还有人认为获得报酬权是版权的一项权能。但笔者认为，版权人依据自身享有的专有性权利，这是一种绝对权利，他人未经许可使用或利用作品，应该承担侵权责任，包括赔偿责任，这并非是获得报酬的权利。获得报酬权应该仅仅限于法定许可和强制许可等情况下，作品使用的行为不构成侵权，而授予版权人获得报酬权，这是一种相对的权利。

酬，版权人可以依据本条规定行使获得报酬权。第二种情况是，广播电台、电视台播放已经出版的录音录像制品，《著作权法》第四十三条规定，“广播电台、电视台播放已经出版的录音制品，可以不经著作权人许可，但应当支付报酬。当事人另有约定的除外。”音乐作品的版权人可以使用本条规定要求播放作品的广播电台、电视台支付合理的报酬。

获得报酬权的核心并非是一种侵权后的损害赔偿，适用法定许可时，使用人无须获得版权人的事先许可，依据法律这不属于侵权行为，只是使用人需要支付合理的报酬，这一“获得报酬权”源自法律的直接授予。

第三节 版权资产的有效期

版权源于作者的独创性劳动，凝结着作者的精神属性。由于版权具有非物质性特点，不能像传统财产权那样，通过登记、占有等公示方式来确认产权的归属，必须依赖于法律的特别保护而使其财产权属性得以成立。实际上，离开了法律的庇护，版权资产就成了无本之木和无源之水。

版权不同于物权，版权作品基于创作而产生，而作品的创作离不开社会提供的各种条件，比如历史事实、人类共用的文化遗产、作者周围的环境以及作者掌握的语言、词汇和表达技巧，等等，从来不存在完全凭空而来的创作，所有的创作均来源于社会公共文化财富。正是基于这一原因，作者对自己独创的智力成果的占有，就不能像物质财富的所有人对物质财富占有那样不设定限期，而必须在一定期限内让其回归到公共财富的状态。同时，为了平衡公共利益与个体利益的关系，既促进知识产品的生产，又促进知识的传播和利用，对于版权这一私有性的权利，不能给予永久性的保护，必须设定保护时限。而版权保护的有效期即是版权资产的有效期。

一、著作人身权的保护期

依据《伯尔尼公约》的规定，精神权利不受作者经济权利的影响，甚至在经济权利转让后，精神权利依然存在。我国《著作权法实施条例》规定：作者死后，其版权中的署名权、修改权和保护作品完整权由作者的继承人或者受遗赠人保护；著作权无人继承又无人受遗赠的，其署名权、修改权和保护作品完整权由版权行政管理部门保护[①]。

由于发表权与作品的财产权的关系十分密切，《著作权法》第二十一条规定其保护期同著作财产权的保护期一样长。

二、著作财产权的保护期

1. 一般作品的保护期

我国《著作权法》第二十一条规定：（a）公民作品，其著作权中各项财产权的保护期为作者终生加死亡后五十年，截止于作者死亡后第五十年的 12 月 31 日；如果是合作作品，截止于最后死亡的作者死亡后第五十年的 12 月 31 日；（b）法人或者其他组织的作品、著作权（署名权除外）由法人或者其他组织享有的职务作品，其著作财产权的保护期为五十年，截止于作品首次发表后第五十年的 12 月 31 日，但作品自创作完成后五十年未发表的，《著作权法》不再给予保护。

2. 视听作品和摄影作品的保护期

《著作权法》规定，电影作品、以类似摄制电影的方法创作的作品和摄影作品，其著作权中财产权的保护期为五十年，截止于作品首次发表后第五十年的 12 月 31 日，但作品创作完成后五十年未发表的，《著作权法》不再给予保护。

3. 作者身份不明的作品的保护期

作者身份不明的作品，往往是一些隐名作品，比如使用化名或笔名，即使是出版单位也不知道作者是谁。对于这些作品的保护期，《著作权法实施条例》第十八条规定，作者身份不明的作品，其著作财产权的保护期为五十年，自作品创作完成起产生。如果作品始终没有发表，保护期截止于创作完成后第五十年的 12 月 31 日；如果作品于创作完成后五十年内发表，保护期截止于作品首次发表后第五十年的 12 月 31 日。作者的身份一旦确定，则按照一般作品的保护期计算，即作者终身加死亡后五十年。根据《著作权法实施条例》第十三条规定，“作者身份不明的作品，由作品

---

① 见《著作权法实施条例》第十五条。

原件的所有人行使除署名权以外的版权，作者的身份确定后，由作者本人或者其继承人行使版权”。

4. 实用艺术品的保护期

实用艺术品我国《著作权法》未明确予以保护，但是依据1992年国务院颁发现行有效的《实施国际著作权条约的规定》第六条，“对外国实用艺术作品的保护期，为自该作品完成起二十五年。美术作品（包括动画形象设计）用于工业制品的，不适用前款规定”。目前，司法实践中对实用艺术品通常以美术作品加以保护，则可以获得与一般美术作品相同的保护期①，即截止于作者死后第五十年的12月31日。

三、著作邻接财产权的保护期

1. 表演者权的保护期。表演者的人身权利保护期不受限制；表演者的财产权的保护期为五十年，截止于该表演发生后第五十年的12月31日。

2. 录音录像制作者的权利的保护期为五十年，截止于录音录像制品首次制作完成后第五十年的12月31日。

3. 广播电视组织的权利保护期为五十年，截止于个广播、电视首次播放后第五十年的12月31日。

4. 出版者对其出版的图书、期刊的版式设计享有排他权的保护期为十年，截止于使用该版式设计的图书、期刊首次出版后第十年的12月31日。

---

① 依据《伯尔尼公约》国民待遇原则，给予国内作者实用艺术品以普通的美术作品相同的期限保护，就应该给其他的缔约成员的公民相同的保护期限，这需要今后立法的进一步协调。

第三章　版权资产对象与分类

版权资产的内容是各种版权中的经济性权利，权利的对象则是作品。只有首先成为受到法律保护的作品，才能进一步谈及各种权利，离开了作品本身，版权就成了空中楼阁、镜花水月。不同类型的作品拥有不同的权利组合，也会有不同的利用方式，最后呈现出不同的资产形态。

第一节　版权资产的对象——作品

创作成果要成为《著作权法》保护的对象，就必须具备一定的条件。我国的《著作权法实施条例》第二条规定，“著作权法所称作品，是指文学、艺术和科学领域具有独创性并能以某种有形形式复制的智力成果”。国内有学者认为：“所谓作品，一般是指文学、艺术和科学领域内具有独创性的智力创造成果。”[①] 所以一般认为，作品获得法律保护的条件一为独创，二为固定，以此作为某一对象是否具有“可版权性”的依据。也有学者提出了其他的一些条件，总体上而言，智力成果要成为版权法保护的对象必须具有下列特征：

一、作品必须能够反映一定的思想或感情

作品必须是人类[②]的智力成果，即人类通过创作活动产生出来的具有

---

① 吴汉东、胡开忠：《无形财产权制度研究》，法律出版社，2005 年 2 月，第 262 页。

② 作品的作者必须是人类，这一点似乎是无疑的，但是在人工智能技术不断发展的今天，该说法需要打上一个问号。现在使用的人工智能技术，可以让电脑创作出诗歌，将其与人类的作品放到一起，可以成功地骗过人类考官，通过“图灵测试”。对于这些使用电脑技术、由电脑自主创作的诗歌，其作者是谁？是程序设计者还是程序使用者，或者属于程序本身？对这些“作品”到底是否要给予“版权保护”？这都是无法解决的难题，对这些“作品”是否要给予保护、如何保护，这些问题在短时间内将很难有一个公允的答案。

文学、艺术或科学的智力劳动成果[①]。思想与感情为人所共有，不可能成为权利的对象，作品的价值不在于其表达的对象，即思想与情感，而在于对思想与情感的表达本身。作者通过创作行为将自己的思想或者是情感外化，呈现出一定的形态。如同黑格尔所言，“只有通过心灵而且由心灵的创造活动产生出来，艺术作品才成其为作品。”所以，不能体现创作意图的材料的单纯收集摘录，没有具体而完整地体现出创作意图或表现出思想感情的行为均不能认定为创作，不能形成受到版权法保护的作品。

二、作品必须具有独创性[②]

作品必须是作者独立创作的，无论作品的创作主体是一人还是多人，创作主体的创作行为必须独立完成，而不是抄袭或剽窃他人作品的。当然，依据“思想与表达”二分法，独立创作仅指在作品的表达上具有独创性，而思想上是否构成独创在所不问。原则上，只要是独立创作就可以认定作品具有独创性，因为作品的独创性主要是反映作者的个性，属于其人格的自然延伸。法律上的独创性与美学上的独创性完全不同，作品艺术价值的高低不是其能否获得保护的前提，只要表达中能够反映创作者特有的取舍、设计，即使从艺术角度看完全是庸俗之作，亦不乏版权法上的独创性。

应该看到，我们所有的创造都是在前人创造的基础上展开的，不存在纯粹的、绝对的独创。比如一个作者写了一首新诗，他也不可能完全离开对前人表达形式的借鉴，至少语汇、文字等就是前人的表达，他的独创性体现在对于词汇、句式、段落独特的组织上，表现了他独有的思想感情，因而具有了审美价值。所以只要在作品形式上体现出与其他作品的区别，原则上就应该认定具有独创性。但是问题的另一方面是，没有绝对相同的两个作品，即使是抄袭也可能有所出入，所以这种差异性必须能够体现出

---

① 秦莉莉：《作品构成要件之解读——以郑板桥画竹的境界为视角》，载《前沿》，2014 年第 25 期。

② 我国台湾地区“最高法院”81 年度第 3063 号判决书指出，“凡具有原创性之人类精神上创作，且达足以表现作者之个性或独特性之程度者，即享有著作权。而非抄袭或复制他人之著作，即便二著作相同或极相似，因二者均属创作，皆应受著作权法之保护。“（见中国台湾《司法院公报》，第 35 卷第 8 期，第 83 页。）

作者不同的构思，表现出不同的思想或情感才能被认定具有独创性。而且《著作权法》所保护的也仅限于表达的独创性部分。朱志强诉美国耐克公司侵犯其“火柴棍小人”形象的案件就体现了法院对作品独创性保护的价值取向①。

对于版权法而言，作品真正受到保护的部分应该是什么呢？其实这是一个很难回答的问题。版权学者均同意，版权法所保护的只是作品创作者的“expression”（表达），而不保护其通过作品所表达的“idea”（思想）。但是在作品中究竟何为“expression”，何为“idea”？一向是众说纷纭，莫衷一是：有人说，版权只保护形式而不保护内容；有人说，版权只保护表达而不保护思想；还有人说，版权只保护表达而不保护概念……依据学者孟祥娟对美国版权法和判例的研究，她认为，所谓的“expression”，就是作品创作者之“创作”的外在表现、表述或表达，或者更进一步说，“expression”就是作品本身；而“idea”就是创作者创作作品时的主观意图、思想或主意。在版权法领域，“法律所要保护的因素其实就是作品中所体现的‘创造性’（creativity）”②。版权法所保护的创造性是创作者体现在作品中的个性，是对某种思想、情感的独立表达。

当然，并非所有的独立表达都可以产生受到版权法保护的作品，独创性需要达到一定程度才会受到保护③。但这种独创性标准在各国尺度并不一致，在我国司法实践中有一种从宽的趋势。比如对于摄影作品的保护

---

① 原告朱志强在2000年4月至2001年9月创作了一系列主人公形象为“火柴棍小人”FLASH动画，小人外形为无五官黑色球形，身体躯干和四肢均为黑色柱状线条，身体各部分相连。2003年10月被告耐克公司使用了“黑棍小人”形象，小人的外形为头部滚圆黑色球体，四肢非正常比例拉长，头部和躯体分离。原告认为被告侵犯了其版权而将耐克公司广告的设计公司、推广公司告上法庭。被告辩称“火柴棍小人”形象并不具有独创性，类似形象早在古代壁画和岩画等作品中出现，应当属于公有领域。二审法院认为“火柴棍小人”独创性较低，“火柴棍小人”和“黑棍小人”的相同之处已经进入公有领域，无法得到保护。故此驳回了原告的诉讼请求。参见 http://www.cnipr.net/article_show.asp? article_id = 13211。

② 孟祥娟：《版权侵权认定》，法律出版社，2001年6月，第8页。

③ 英国将“独创性”解释为“独立完成”，采用一种“额头出汗”标准保护版权，“作者必须证明有足够的劳动、技巧和判断被投入到作品的创作中”；在当前欧盟的一系列文件中，要求“反映作者个性的智力创造”作为独创性的要求；而德国，则执行严格的创作标准，有了作品必须具有“一枚小硬币的厚度”的创造高度。而早期的美国的法院判例指出，只要作品符合法定的可版权作品种类，并且由权利主张者创作完成的，它就具有创作性，可以受到保护，后期的判例则要求至少“具有某种最低程度的创造性”。

中，创意性的摄影作品无疑独创性较强，但实际上创意摄影作品和普通的、随意拍摄的照片（通常也被视为作品），保护力度并无不同。

三、作品能够被固定于某种介质上

一个作品必须被固定于某种介质，并获得一个外在的形态，才能够为其他人所感知和利用；不能被固定就难以为他人感知、复制和使用，就不具有作品的基本形态——他人无从辨认和证明该作品的存在。

这里提出的被固定于某种介质是指一种可能性，而不是要求必须被固定于某种介质，有许多作品形式比如口头演讲、即兴表演等均可以通过一定的方式固定于某种介质上，故此可以满足作品的要求。相反，无法固定的仅存在于人脑中的思想，比如关于作品的构思，因尚未表达于外，没有固定的可能，故此不能被视为作品。最高人民法院在“再审申请人孙新争与被申请人马居奎侵害著作权纠纷案”裁定书①中进一步阐释了该问题：“著作权法保护那些凝结了作者智力劳动的成果归其所有，要求作者的智力劳动须借助于特定的形式予以传达，否则对该智力劳动他人无从知晓，智力成果也将是不确定的。这意味着，那些仅存在于头脑中而未借助于特定形式表达的，或者那些深藏于作品内部不同的人感知到不同结果的结论与观点，将因为缺乏确定的形式而不能也无法成为著作权法调整的对象。”

各个采用版权自动保护②的国家，均要求作品固定才能享受保护，著作权的保护也自作品的首次固定之日起开始③。《美国版权法》规定，“作品须以现在已知或以后发展的方法固定于其中的物体，通过该物体可直接地或借助于机器或装置感知、复制或用其他方式传播该作品”。美国还要求对作品进行登记，如果不登记，著作权遭受侵犯，著作权人不得提起诉讼，这种要求比起单纯的固定又严格了许多。

---

① 《中华人民共和国最高人民法院民事裁定书》，最高法民申（2016）2136 号。

② 自动保护是指作品的保护自创作完成之日起无须履行任何法律手续比如登记即自动产生。

③ 实际上，如果某作品从未被以任何方式固定过，则该作品的所谓“权利”也将是空中楼阁，无法落到实处。因为要证明自己的作品的存在，必须要以某种能够被他人所感知的证据才行，此时不得不借助于“固定”的技术。

四、作品必须具有可复制性

整个版权体系的建立就是基于作品的可复制性，作品一经创作出来，即成为整个社会文化系统的一部分，可以为他人自由利用，这就必然要求作品可以通过某种手段加以复制，因此《著作权法》所称的作品必然要具有可复制性。《著作权法实施条例》规定，作品是指能够以某种有形形式复制的智力成果[①]，所谓有形形式，或者称为物质形式，主要指书写、印刷、照相、录音、录像、雕塑、雕刻、建筑、绘画、制图等形式。这里的可复制性，仅仅是要求作品具有能被复制的现实可行性，并不要求实际上被复制。

从立法技术上看，符合《著作权法》保护对象的作品需要符合法定的形态，著作权法根据已经认识到的作品类型进行详细的列举，分类的主要标准是依据作品的表达媒介，即符号构成。例如，文字符号、声音符号、线条色彩符号或身体动作符号，分别构成文字作品、音乐作品、美术作品和舞蹈作品等[②]。《著作权法》从形式上将作品分成了九种形态[③]，但这些形态的艺术作品的内涵仍然存在争议，比如乐谱和舞谱是音乐和舞蹈所依托的底本，音乐舞蹈作品到底指乐谱和舞谱，还是指依托乐谱和舞谱的表演呢？

第二节　作品的分类

版权资产的对象必须是能够受到《著作权法》保护的作品，作为《著作权法》保护的客体，作品受保护的范围是逐步扩大的，在《安娜法》时期，主要保护的是可供印刷的文字作品，而后是戏剧作品、雕塑作品、地图、雕刻作品、口述作品、音乐作品等，截至目前，已经有了更多的可为

---

① 《著作权法实施条例》第二条。

② 李琛：《知识产权法关键词》，法律出版社，2006 年 6 月，第 22 页。

③ 主要是（一）文字作品；（二）口述作品；（三）音乐、戏剧、曲艺、舞蹈、杂技艺术作品；（四）美术、建筑作品；（五）摄影作品；（六）电影作品和以类似摄制电影的方法创作的作品；（七）工程设计图、产品设计图、地图、示意图等图形作品和模型作品；（八）计算机软件；（九）法律、行政法规规定的其他作品。

版权法保护的作品形态。《伯尔尼公约》规定保护文字和艺术作品，“文字和艺术作品”是指“文字、科学和艺术领域中的一切成果，不论其表达的方式或者形式如何”[①]。我国的《著作权法》所称的作品，包括“文学、艺术和自然科学、社会科学、工程技术等作品”[②]。

所以，从内容上看，作品不仅包含文学、艺术作品，也包含科学作品，一部物理学著作受到《著作权法》的保护，不是因为其内容是科学，而是因为它是文字作品，具有作品本质的独特性外在表达。

从版权法的角度，作品可以分成两个类别，一是原始作品，一是演绎作品。

一、原始作品

按照汤宗舜先生的分类，原始作品可以作出下列的分类：

1. 文字作品

可以分成书面作品和口述作品。

前者是以书面形式创作和存在的作品，也就是以中外文字、数字、符号、标记等来表达构思和情感的作品[③]。包括各种小说、诗词、散文、论文、故事、日记、书信、计算机程序等，不论其题材如何、内容是否为虚构、体裁作何变化以及是否有文化和艺术价值，也不论其篇幅、用途和外在形式怎样，均属于文字作品，是否正式出版，亦在所不论。

后者是指以口头形式创作的作品，主要是指以即兴、口头形式创作的作品，比如：讲课、演说、法庭辩论、说书、布道等，如果先有文字底稿，在某一场合做口头表述则不能说是口述作品[④]。对于口述作品的复制形式当然包括以文字的方式和以录音录像的方式。

2. 音乐作品

主要是指歌曲、交响乐等能够演唱或者演奏的带词或不带词的作品。这种作品包括用于演奏的各种音乐，带词的乐曲中的词句和乐曲本身一样

---

① 《伯尔尼公约》第二条第一项。

② 《著作权法》第三条。

③ 汤宗舜：《著作权法原理》，知识产权出版社，2005 年 7 月，第 32 页。

④ 此时的口头表述可以视为对文字作品的表演。

受到保护。音乐作品的载体可以是以书写形式出现的乐谱，也可以是固定在录音制品、录像制品上的表演，音乐作品的歌词部分，可以分开使用，也可以被看成是文字作品（诗词）。许多没有乐谱的即兴表演的音乐，尽管符合作品的内涵，但是如果没有被固定在某种载体上，实际上很难获得保护。

3. 戏剧作品、曲艺作品、舞蹈作品、杂技艺术作品

这一大类都是以表演作为主要呈现方式的作品类别。戏剧作品是指话剧、歌剧、地方戏等供舞台演出的作品。比如剧院上演或者伴有音乐的地方戏、话剧、京剧、歌剧的剧本。在舞台上的即兴演出也属于戏剧作品，但如果未经固定，也很难得到保护。

曲艺作品是指相声、快书、大鼓、评书等以说唱为主要形式的表演的作品，还有数来宝、弹词、坠子、快板、琴书等也属于曲艺作品。以文字形式出现的说唱的底本既属于曲艺作品也属于文字作品，即兴创作的曲艺作品可以录音、录像等形式固定下来。

舞蹈作品是指通过连续的动作、姿势、表情等表现思想情感的作品。这类作品的表现形式可以是书面的舞谱，也可以是其他的方式比如录像将动作固定下来，只要能够具有独创性并能以某种形式加以复制，就能获得《著作权法》的保护。

杂技作品包括杂技、魔术、马戏等通过形体动作和技巧表现的作品。这些作品只要具有独创性并能以某种形式复制就可以获得保护。

4. 美术作品、摄影作品、建筑作品

美术作品是指绘画、书法、雕塑等以线条、色彩或者其他方法构成的有审美意义的平面或者立体的造型艺术作品。绘画有中国画与西洋画之分，中国画有人物画、山水画，有水墨画、着色画等不同的分类方式，西洋画则有油画、素描画、水彩画、彩色粉笔画，等等。书法是中国的传统艺术形式，通过对汉字的书写、以线条作为表现形式的艺术。司法实践中，将计算机字库中的单字（笔画比较复杂、具有独创性的汉字），也看作是书法艺术，以美术作品的名义加以保护。雕塑可以细分为雕刻与塑造，在任何材质上比如象牙、榄核、石材、砖块上雕刻人物、风景等，均属于雕刻；而以石膏、金属、水泥等材质塑造人物、风景等属于塑造。

摄影作品是指借助器械在感光材料或者其他介质记录客观物体形象的艺术作品。包括所有通过摄影形成的作品，无论拍摄的主题和用途，只要具有独创性均可以得到保护。但是对于纯粹是机器自动拍摄的照片，比如街头自动相机拍摄的人物证件照片，则不属于作品，因为这些没有摄影者的思想情感的表达，不符合作品的一般定义①；以记录为目的、单纯拍摄文件、物体所获得的照片，属于一种复制，不能构成摄影作品。

建筑作品是以建筑物或者构筑物形式表现的具有审美价值的作品。《著作权法》除了保护建筑物本身之外，还保护建筑的工程设计图、草图和建筑的模型。尽管工程设计图、模型作品和建筑作品在我国的《著作权法》中分开保护，但有学者主张，三者其实都应该归结为一种作品，相互之间的转化可以看成是单纯的复制行为。

5. 实用艺术作品

在世界知识产权组织编纂的《著作权与邻接权法律术语汇编》中，实用艺术作品被解释为“适于作为实用物品的艺术品，不论是手工艺还是按工业规模制作的作品”。尽管我国《著作权法》没有明确列举实用艺术作品②，但是对于美术作品并未明确要求不得具有实用性，且采用的列举为非详尽方式，所以《著作权法》所保护的美术作品应该包含实用艺术作品③。在司法实践中，近年也是将实用艺术作品作为美术作品加以保护的。所以，可以将实用艺术作品视为“实用品”和“美术作品”的结合，前者主要是解决功能性需求，后者提供的是审美性元素，版权法保护的仅仅是后者，即其具有独创性的艺术部分，而不能保护其功能性的部分，对功能性创新的保护主要由《专利法》调整。

6. 视听作品

《著作权法》表述为：“电影作品和以类似摄制电影的方法创作的作

---

① 但是这一观念愈来愈面临挑战，许多并非由人拍摄的照片是否具有可版权性呢？比如人造卫星在太空拍摄的星云的照片，能否作为摄影作品加以保护呢？其实很难做出“是”或者“不是”的回答，实践中，一般不太区分拍摄的是人还是机器，基本上都会给予保护。

② 在1992年颁行的《实施国际著作权条约的规定》第六条明确，“对外国实用艺术作品的保护期，为自该作品完成起二十五年。美术作品（包括动画形象设计）用于工业制品的，不适用前款规定”。明确将实用艺术品列为保护对象，但却将美术作品中用于工业生产的排除在外。

③ 《著作权法执行实务指南》国家版权局版权管理司编，法律出版社，2013年1月，第36页。

品。”这类作品是指摄制一定介质上，由一系列有伴音或者无伴音的画面组成，并且借助适当装置放映或者以其他方式传播的作品，主要包括三类：电影、电视和录像作品，电视和录像作品属于以摄制电影的方式拍摄的作品。这些作品可以固定在胶片上，也可以固定在激光视盘、电脑硬盘等装置上。电影作品通过导演的组织，将人物和情节与音乐、摄影、美术、布景和灯光融为一体，既包括了导演的创作活动，也包含了其他一系列受保护的作品形态，比如，拍摄所依据的剧本就是文字作品，主题歌属于音乐作品，可以独立存在的其他作品形式，可以独立使用，故法律需要实行单独保护。

7. 图形作品和模型作品

包括工程设计图、产品设计图、地图、示意图等，这些图形作品是指为施工或生产而绘制的作品，通常用于工程施工或者产品制造过程。设计图纸一般不具有审美价值，以此区别于美术作品。对这些设计图纸的复制既包括平面的复制也应该包括从平面到立体的复制。地图、示意图等图形作品，是专门反映物理现象、说明事物原理或者结构的平面图形作品，这些作品同样是具有较强的功能性，审美价值较低。模型作品则是为展示、试验或者观测等用途，根据物体的形状和结构，按照一定的比例制成的立体作品。比如建筑物模型、飞机模型、汽车模型等，模型作品必须以现实的物体为依据，按照比例制作，这与雕塑作品目的及创作方法明显不同。

8. 计算机软件作品

是指计算机程序及其有关文档。计算机程序是为了得到某种结果而可以由计算机等具有信息处理能力的装置执行的代码化指令序列，或者可以被自动转换为代码化指令序列的符号化语句序列；同一计算机程序的源程序和目标程序视为同一作品①。计算机文档主要是描述程序的内容、组成、设计、功能规格、开发情况、测试结果及使用方法的文字资料和图表等，如程序设计说明书、设计流程图、用户手册等，尽管是以文字的方式呈现，也属于计算机作品而不归入文字作品范畴。

---

① 《计算机软件保护条例》第三条。

二、演绎作品

演绎作品，也可以称为二次作品、派生作品。

演绎作品是利用他人已有的作品，进行改编、翻译、注释或整理而形成的作品。这类作品是以他人的在先作品作为基础，通过独创性的劳动，形成了新的艺术成果，该作品也受到著作权法的保护。

1. 改编作品

是指利用他人的作品加以改写，创作出的一种新作品。改编的方式可以有许多种，比如将小说改编成电影、广播剧和电视剧剧本，或者将电影、电视改编成小说。改编作品因其表达形式具有独创性，应当作为作品而得到保护。同时，改编作品属于对在先作品的演绎，故此权利人在行使版权时，不得损害原作者的权利。

2. 翻译作品

就是把作品从一种语言文字转换成另一种语言文字的新作品。翻译并非是机械的文字间简单的转换，而是译者运用自己的理解和知识对原作所做的一种改写，要能够充分表达原作的思想和感情。翻译中要求达到“信、达、雅”三种原则，既要忠实于原文，又要通达、雅致，具有审美价值，所以说，翻译作品属于在原作基础上的再创作，属于独创性的作品。使用计算机软件进行直接的翻译，得到的译文能否构成翻译作品，值得探讨，笔者认为原则上不得视为翻译作品，但是将软件作为翻译的辅助性工具，译者作出校对、调整、改译后形成的译文可以构成新作品。

3. 注释作品

注释是指对他人作品中的单字、词语、文句的疑难点加以解释，对其中的引文、出处等加以说明，帮助他人理解该作品。注释者对于自己独创性的注释文字，享有版权。

4. 整理作品

整理者根据一定的原则将他人杂乱无章的草稿，按照一定的顺序加以编排、以一定的形式表达出来，或者是将会议参加者对某一问题的讨论意见整理成一个文件等，整理者付出了一定的创造性的劳动，这与普通的劳务有所不同，整理者的成果具有独创性的因素，也可以构成作品。

5. 汇编作品

将他人的若干作品、作品片段或者不构成作品的数据、其他材料加以汇编，构成新的作品，只要对其内容的选择或者编排具有独创性，就构成了汇编作品。如果用他人享有版权的作品或者作品片段进行汇编的，必须取得该作品权利人的同意。

第三节　限制保护的作品与不予保护的对象

一、限制保护的作品

《著作权法》规定，“著作权人行使著作权，不得违反宪法和法律，不得损害公共利益。国家对作品的出版、传播依法进行监督管理”①。对于这些作品，首先必须确定其符合作品的特征，具有可版权性，只是依法不可以出版和传播，其权利的行使受到严格限制。

依据《出版管理条例》第二十五条的规定，任何出版物不得含有下列内容：

（一）反对宪法确定的基本原则的；

（二）危害国家统一、主权和领土完整的；

（三）泄露国家秘密、危害国家安全或者损害国家荣誉和利益的；

（四）煽动民族仇恨、民族歧视，破坏民族团结，或者侵害民族风俗、习惯的；

（五）宣扬邪教、迷信的；

（六）扰乱社会秩序，破坏社会稳定的；

（七）宣扬淫秽、赌博、暴力或者教唆犯罪的；

---

① 这是现行的《著作权法》第四条内容，此前该条第一款的规定，“依法禁止出版、传播的作品，不受本法保护”。这一规定历来为理论界所诟病，比如那些未获得上映许可的影片被侵权后无法获得《著作权法》的救济。2009 年 3 月 20 日，WTO 针对美国诉我国著作权法第四条第一款违反《与贸易有关的知识产权协议》（简称 TRIPS 协定）案作出裁决，认定我国《著作权法》第四条第一款违反了《保护文学和艺术作品伯尔尼公约》和 TRIPS 协定。该裁决的生效将意味着我国应对《著作权法》第四条第一款作出修改。于是，2010 年 2 月 26 日，第十一届全国人民代表大会常务委员会第十三次会议审议通过并作出了修改《中华人民共和国著作权法》的决定，新修改的《中华人民共和国著作权法》于 2010 年 4 月 1 日起施行。

（八）侮辱或者诽谤他人，侵害他人合法权益的；

（九）危害社会公德或者民族优秀文化传统的；

（十）有法律、行政法规和国家规定禁止的其他内容的。

含有上述内容的作品不得出版发行，可以作为作品享有一定的禁止性权利，但不得以传播为目的享有许可权，即当他人非法进行复制或传播时，可以依法要求停止侵权，但不得自行许可他人复制和传播并获得报酬。

二、不予保护的对象

基于公共利益的考量和知识、信息传播的需要，我国的《著作权法》不适用于下列对象：

1. 法律、法规、国家机关的决议、决定、命令和其他具有立法、行政、司法性质的文件及其官方的正式译文

这些文件不适用于《著作权法》，目的是促进这些文件的传播，尽快发挥文件的社会治理作用。“国家机关”指的是中央和地方各级国家机关，包括人民代表大会及其常务委员会，人民政府及其各部门、人民法院、人民检察院等。“法规”是指行政法规、部门规章、地发行法规、自治条例和单行条例等。“官方译文”是指以官方名义发表的译文。人民法院的判决书、人民检察院的公诉书属于具有司法性质的文件，也不应该受到《著作权法》的保护。应该注意的是，不保护的仅仅是上述文件本身，许多以上述文件为基础，由官方组织编写的文件指南、解读类文章书籍等还是应该得到保护。

2. 时事新闻

所谓的时事新闻，是指通过报纸、期刊、广播电台、电视台等媒体报道的单纯的新闻或各类事实消息。因为纯粹的事实报道，只有有限的表达方式，含有较少的智力创作可能，不能视为文学和艺术作品的范畴。更重要的是，不给予时事新闻以版权保护，可以促进社会信息的传播，符合公共利益。当然，时事新闻的界限有时并不那么清楚，新闻照片是否属于作品，在实践中莫衷一是，但笔者认为，新闻照片因为包含了摄影者的思想和情感，与单纯的事实新闻有所不同，应该属于作品，可以受到《著作权法》的保护；实践中纯粹的事实报道是比较少的，对于同样的事实不同的作者会做出不同的选择，最终的新闻也是不一样的，所以也应该获得保护。单纯的时事新闻的典型代表是每一次发生地震之后，计算机自动发出的关于震级与方位的消息。

3. 历法、通用数表、通用表格和公式

历法是指对时令、节气以及年月日的计算方法；通用数表，比如对数表、平方根表，等等；通用表格，比如会计表格、银行的存款单，等等；公式是在数学、物理学、化学、生物学等自然科学中用数学符号表示几个量之间关系的式子，具有普遍性，适合于同类关系的所有问题。这些都是属于公知公用的范畴，不能为少数人所垄断，所以不认为是作品，也不受著作权法的保护。至于电话号码簿、列车时刻表等是否属于作品，应该根据实际情况，如果其编排具有独创性，对其内容的选择与编排构成智力创作时，则可以视为作品而获得保护。

第四章 版权资产的特殊形态

版权资产原本只能包括《著作权法》明确规定的经济性的权利，即该法第十条五至十七项权利，以及因作品传播而形成的演绎类权利，但是，人身权利原则上只能由作者本人行使，而不能由其他人行使[①]。对于因接受转让或许可而获得版权资产，原始作者的人身性版权内容构成了版权资产的限制性使用条件，可能成为一种负资产。另外，在网络时代，随着作品使用方式的变化，出现了新的版权资产的形态。

第一节 版权资产的延伸

版权资产并不仅限于传统的版权经济权利和邻接于版权之上的相关权利，版权资产还可以延伸至版权的人身权部分以及作品的形象权、商品化权。有时后者可以构成更有价值的版权资产。

一、人身权利

作者的人身权利在性质上与经济权利有较大区别，《著作权法》保护作者人身权利的目的是通过承认作品是作者所创作，给予应有的评价，并保护其作品的完整，禁止未经许可的修改（篡改），最终达到鼓励创作、促进文化发展与艺术繁荣的目的。人身权利隶属于作者自身，属于一种人格权利，不可转让，但在作者死后可以由其他人代为行使。有学者认为，人身权只属于自然人，但从立法的角度看，并未排除法人或其他组织享有所谓的人身权利。

从版权资产的角度看，著作人身权利本身由于不能交易和许可他人使

① 关于这一点，有些学者（比如杨延超）提出异议，认为版权人身权利具有两个方面，即纯粹的精神权利和财产权利，有些人身性权利比如作品的修改权许可他人行使并无损于公共利益，应当允许。但是传统的版权理论均不允许将版权人身性权利许可或转让给其他人。

用，所以难以构成版权的积极资产，但是如果侵犯他人作品的著作人身权利，可能要承担停止侵权、召回产品等法律责任，造成资产的价值损失。所以，从资产角度看，著作人身权可以看作是版权资产的消极部分。

作者之所以对其创作的作品享有人身权利，是因为创作本身是一种智力劳动，每一部作品都投射或者凝结了作者独特的人格特质，是其作为人类所专有的创造性属性，即使作者本人死亡，其人格利益依然应该得到法律保护，其作品不能被歪曲，其人格不能被诋毁。版权的人身性权利可以依法由其继承人或受赠人行使，也可以依照遗嘱由第三人行使。法人和其他组织的作者人身权实际来自法律的拟制，尽管西方很多国家规定法人不能享有作者人身权利，但我国的法律允许法人和自然人成为作品的作者，故此其也应该享有相关的属于作者的人身权利。

人身权利的具体内容有四项：

1. 发表权

这是作者决定是否将作品公之于众的权利。作者有权决定其作品是否发表，何时发表，以及以何种形式发表。所谓的“公之于众”，按照最高人民法院的解释，这是指著作权人自行或者他人经著作权人的许可将作品向不特定的人公开，但不以公众知晓为构成条件[①]。例如，公开销售、出租、出借作品的复制品或录音制品，或者在对公众开放的场所表演或展出作品，或者以有线或者无线方式向公众传播作品的表演，均构成发表。而面对特定的人群公开作品则不能构成发表，比如老师在课堂上讲课不构成对课件和教案的发表，在家庭聚会上朗诵也不构成对自己创作的诗歌的发表。

只有创作作品的作者才能确定其作品是否发表以及何时、以何种方式发表，这是作者人格利益的体现。未经作者同意，擅自将作者的作品公之于众，是一种侵犯作者发表权的行为。未经作者同意将作品公之于众，尽管作品的内容已经为公众所了解，但仍应认为作品尚未发表。发表权专属于作者本人，但在特定的情形下，也可以由他人行使：一种情形是发表权必须与某种财产权的让渡同时行使，比如，作者将自己撰写的文章向报社

---

① 《最高人民法院关于审理著作权民事纠纷案件适用法律若干问题的解释》第九条。

投稿，就是委托报社行使复制权、发行权和发表权；另一种情形是作者将自己创作的美术作品赠送给他人，持有美术作品原件的人同时也享有了该作品的展览权，在展览的同时也构成发表；第三种情形是作者死亡，其继承人可以行使发表权。

发表权只能针对尚未发表的作品形式，任何经过合法的方式将作品公之于众之后，其发表权已然用尽，当然依据该作品创作的演绎作品，比如翻译作品，译者还是对其译本享有发表权。

从版权资产的角度看，发表权具有天然的财产属性：没有发表权，其他权利就无法行使，发表本身就是作品使用的方式之一；转让未经发表的作品版权必然需要同时转让发表权，否则版权受让毫无意义。发表权实际上构成对版权经济性权利的限制，有鉴于此，为了促进版权贸易的发展，平衡各缔约方的利益，《伯尔尼公约》并未规定发表权。

2. 署名权

这是指作者在作品上签署名字的权利。署名的目的就是为了表明签署者是该作品的创作者，为了“表明作者的身份”，彰示作品与创作者之间的关系。我国《著作权法》规定，“如无相反证明，在作品上署名的公民、法人或其他组织为作者”[①]。署名主要有两个意义，一是确认作者身份，是对其创作行为和对社会贡献的褒扬；二是标明作者身份，有文责自负的意味。

作品的署名还可以排除没有参加创作活动的人在作品上署名，在作品上署名的人必须是真正参加创作的作者以及依法视为作者的法人或其他组织。仅仅为创作提供咨询意见、物质条件，或者进行其他辅助性工作的，都不是创作行为，也无权参加署名。在他人的作品上署上自己的名字属于侵犯作者署名权，是一种剽窃行为。

作为一种权利，作者有权签署真实的姓名，也可以签署别名、笔名、假名，也可以选择不署名。作者选择不署名并不意味着放弃著作权，只是行使署名权的一种方式而已。对于不同的作品有不同的署名方式，对于以印刷方式发表的作品，可以在作品上加以记载；对于以影片、录音录像制

---

① 《著作权法》第十一条。

品发表的作品，也可以在影片或制品上记载；对于音乐演奏或戏剧演出的作品，可以在海报、节目单中或报幕时载明或说明等；有些情况下不适合署名的，比如纪念币、在一些广告中使用的摄影作品等，可以其他的方式表明作者。

署名权能否转让？如果作为单纯的人身权似乎不能转让，但是如果创作者同意且不违反公序良俗的前提下，将未参加作品创作的人的名字署在作品上，似乎也没有单独规制的必要。

3. 修改权

这是作者修改或授权他人修改自己作品的权利。这种权利当然是指对已经发表的作品的修改，对尚未发表的作品的修改不能适用此权利。作品发表之后，作者经过一段时间的思考可能对自己作品中的观点、情感和思想倾向已经发生改变，作者有权对自己的作品进行修改。可能侵犯作者修改权的主要是出版机构，因为对已经正式出版、发行的作品作者要加以修改，需要召回已经发行的作品，这往往会损害出版机构的利益，出版机构通常会拒绝作者修改作品的要求。为了保护作者的人身权利，特别作如此制度安排。

作者可以对自己的作品进行修改，修改权属于一种专有性精神权利。他人未经许可对作品进行修改、删节，可能出现与原作精神相左的情况，或者影响了作者的声誉，这是对作者修改权的侵犯。当然某些作品在使用的过程中，应该允许使用者做必要的修改。比如文字作品出版时，必须允许对单纯的文字错误进行修改；版权人许可他人将其作品摄制成视听作品的，视为已经同意对其作品进行必要的改动，但这种改动不能歪曲、篡改原作品。

修改权可以产生一种新的权利即“作品收回权”，指“作者将作品的使用权让与他人后，在承担受让人损失的前提下有将作品使用权收回的权利”①。作者行使收回权，会对作品的使用者和企业对版权的运营产生巨大的影响，需要谨慎行使。

4. 保护作品完整权

即作者保护其作品不受歪曲、篡改的权利。未经版权人许可，不得对

---

① 杨延超：《作品精神权利论》，法律出版社，2007年4月，第168页。

其作品进行实质性修改，更不得故意改变或用作伪的手段改动原作品。实践中，经常发生在他人擅自修改作者作品的时候，也会发生在作者同意对其作品进行修改或改编后，甚至是对超出版权（经济性权利）保护期的作品进行改编时，作品被歪曲和篡改，有损于作者的荣誉或名声，作者或其继承人可以依据这一精神性权利获得救济。

二、作者名称权、 作品形象权及其商品化

作品创作者的名称权包含着两个方面的内容，其一是作为一种人格要素，具有人身属性，可以禁止任何人歪曲和贬损性使用；其二蕴含着财产性因素，对名称权加以商品化，可以获得经济性利益，从这个角度看，作者的名称权也可以构成无形财产权，属于知识产权的范畴①。

对于作品形象的商品化权②，现行的《著作权法》没有作出相关规定，由于 1990 年《著作权法》对于异体复制的限制，使得采用工业化生产的方式复制他人作品中的人物、漫画形象排除在侵权行为之外，可以说是明确地看作是我国法律不保护作品形象商品化权的重要佐证。但是 2001 年的《著作权法》删除了上述限制，使得各类异体复制行为应该受到法律保护这一观点逐渐为我国法院所确认，这就使得作品形象的商品化权保护有了立足之处。

1. 作者名称权

作者的名称权不同于作品的署名权，署名权是指作者有权在发表作品时禁止他人在作品上署名，并有权在自己的作品上署名。但是如果是在并非自己创作的作品上，他人硬要署上自己的名字，自己并无“掠他人之美”的故意，也无“掠他人之美”的行为，因为作品本身并非自己创作，所以无论是署名权的积极方面还是消极方面均无法对此进行规制。实际

---

① 谌远知：《文创产业中商品化权与知识产权研究》，经济科学出版社，2012 年 12 月，第 52、53 页。

② 谌远知认为，商品化权究其实质就是对“人物或动物角色、形象、著作作品的名称或者片段”的“标志”进行商业化，由此形成一种制度或权利类型，进而认为，商品化权是一种人格性财产权。（《文创产业中的商品化权与知识产权研究》，经济科学出版社，2012 年 12 月，第 34 页、38 页。）但是所谓“商品化权”，并非《著作权法》明确规定属于著作权人的专属权利，这对于作品的使用和版权的运营带来极大的障碍。

上，这应该属于侵犯作者的名称权（姓名权）。

在现行的《著作权法》第四十八条第八项中将“制作、出售假冒他人署名的作品”的行为认定为侵权。从《著作权法》立法体例上揣摩，第四十七条所规定的十一类侵权类型中，大多都属于侵犯作者的人身权利，比如发表权、署名权、保护作品完整权、获得报酬权等，需要承担民事责任，第四十八条所规定的均是侵犯经济类的权利，由此可以推想，假冒他人作品不属于侵犯作品人身权利而应该认定为属于商品化权——立足于经济类的权利。

如果在自己的作品上署上他人的名字，构成侵犯他人的名称权，但如果恰巧自己的名字与某名人的名字相同，该怎么办呢？如果从姓名权的积极方面，自己当然有权利在自己的作品上署名，但是碰巧有一个更加著名的同名者，客观上会造成假冒的结果，不管有意还是无意，可以算得上是“掠美于他人”，后来者对于他人在先的权利有避让的义务。在这种情况下，名气更大的作者提起诉讼，可以适用《反不正当竞争法》来处理相关的法律关系，要求作者在正当使用自己姓名的同时给予一定的限制，加上明确的标识以与名人相区分《反不正当竞争法》调整的恰好是经济性权利，从这个角度对作品作者的名称权的保护具有参考意义。

名称（包括姓名、笔名、艺名或单位、组织的名称等）是作品创作者重要的形象符号，可以作为市场要素，对名称的支配是名称权的重要权能，对名称权进行市场化的运营可以获得经济效益，可以通过许可使用、商业代言等方式直接获得经济利益。作者的名称还具有标示作品来源的重要功能，可以利用既有的作品形成的市场优势，影响后面署名作品的市场，名家创作的畅销小说甫一上市即引来追捧，名导演的作品，只要他的名字出现就是票房的保证。所以，作者的名称权除了人格性的意义外，也具有经济性的意义，对于名称权的正确使用可以获得较大的市场竞争机会和较好的经济利益，所以，名称权也具有重要的经济性价值。名称权的利用是基于作品和其他渠道而产生的市场竞争优势，依法有权避免他人搭便车，有效地利用这一优势，可以获得额外的经济利益。这显然属于作品形象的商品化权利。

对于创作者名称权的支配性使用不仅仅在于作品的署名与否，更具有市场价值的是作为标识性的使用方式，明示或暗示作品与某人有关系即可获得超出寻常的市场价值。比如一个名气不大的书法家在作品中暗示或者明示自己是某名家的弟子，实际上并不是；将自己的作品附骥于某畅销作品，以续作自居，实际上并未获得原作者的许可；某作品以某某名家倾力推荐作为幌子等，虽然不符合“假冒他人署名作品”这一侵权特征，但同样是一种攀附他人名声、掠他人之美的搭便车行为，应该作为不正当竞争行为加以规制。

2. 作品形象权

作品形象权是隶属于作品的艺术形象要素在商品化过程中产生的独特的私有权利。艺术形象可以分为真实人物形象和虚拟人物形象（包括动物、机器以及拟人化的其他物品形象）。人物形象在作品中展示的方式可以是文字式的形象，比如文字作品中所塑造的艺术形象，以文字的方式呈现，人物的名称、个人独有的经历、个性特质①等都是其主要的形象要素；人物形象的另一种展示方式为视觉化的形象，比如美术、雕塑、摄影作品、视听作品中的人物形象，可以直接为观众或读者所感知，其独特的外在特征是其主要的形象要素。

作品的形象是艺术作品具有独创性的核心构成要素，而作品的独创性与作者的人格相连接，所以作品的形象应该受到保护。但是由于我国的《著作权法》及相关法律均没有明确规定艺术形象（角色）的商品化权，在司法保护上只能采取保护作品的复制权、发行权作为裁判依据，但是对从平面的艺术形象转换为立体的形象，比如采取工业化模型制造，甚至是建造成建筑物等方式，早期法院对这一类的侵权指控一概不予支持，但目前法院基本上转变了态度，大多将动漫形象本身作为独创的美术作品加以保护，以侵犯作品的复制权、发行权为由，要求使用动漫形象的侵权人承担责任。问题在于，所有美术作品本身是平面的，而制作成的卡通玩具则是立体的。有时候，作品使用者会刻意将动漫形象做出一定的修改，结果单从形象上可以看出来源于某作品，实际上又与原作者的任一幅美术作品

---

① 作品中独特的声音形象是否也应该获得保护，比如配音演员李扬为电视剧《西游记》孙悟空独特的配音，形成一种具有识别性的声音形象，而后很多的商家刻意模仿制作广告，对这一现象是否应该加以规制，值得探讨。

均不相同，勉强说是复制，却凿纳不入，难谓圆通——我们把临摹都排除在复制之外了。

利用既有作品的艺术形象元素创作新的的作品，比如利用动漫作品的人物形象开发游戏作品，利用文字、漫画、影视等作品的人物名称等元素创作新的“同人小说”①，或者利用他人作品独创的艺术形象元素拍摄电影等，无不是掠他人之美，搭他人之便车。现有的《著作权法》无法单独解决这一问题，许多情况下必须借助《反不正当竞争法》来调整。

作品艺术形象显然属于一种艺术创作成果，其价值首先来源于作者的独创性劳动，但其本身基本上难以单独构成作品，艺术形象的价值还来源于广泛的社会传播，使其获得了受众的认同。在这样的背景下，利用艺术形象才可以获得市场机会和经济利益。所以作品形象的利益隶属于作品，可以作为版权的延伸部分由版权人享有，其权利也可以构成版权人资产的一部分。

第二节　网络时代版权资产的新形态

版权资产的形态是由一系列权利组成的“权利束”构成的，既包括创作者的著作权利，也包括传播者拥有的邻接性权利。这些权利在网络时代以异于传统的形式呈现出来，网络版权成为版权资产的重要成分。

一、从“复制权中心主义”到“信息网络传播权中心主义”的变革

从理论上看，版权资产的主要权利形态可以分成三大基本权利，即复制权、传播权、利用权（演绎权）。复制权是以印刷、复印、拓印、录音、录像、翻录、翻拍或其他方式直接、间接、永久或暂时地将作品制作一份或多份的权利。复制权是其他权利的基础，对于作品的传播和利用都离不开对作品的复制，即使是网络时代对作品的网络传播也离不开在服务器端形成一个作品的复制件。

---

① 同人小说（FAN FICTION），指的是利用原有的漫画、动画、小说、视听作品中的人物角色、故事情节或背景设定等元素进行的二次创作小说。

与复制相比，传播对于作品而言有着更加重要的意义，所谓“无传播也就无权利”已然成为学界通说，传播是复制的最终目的。传统上以复制权为版权保护的核心，控制了复制也就控制了作品的传播。出版行为包括复制、发行两个行为，表演其实也包括了复制、表演两个行为，所有传播行为实际上都是离不开包含于其中的复制行为，利用复制权这一工具，就抓住了作品经济属性的根本。所以说，传统的版权法实际上是建立在对作品复制行为的控制上的。

传统的复制权和传播方式是单向度的，几乎每一次传播均伴随一次复制。在网络时代，传播行为发生了变化，呈现下列特点：1. 即时性。在网络数字环境下，所有的作品信息是以数字的方式存储在光、磁等介质上，通过计算机网络高速传输，使得位于网络上的任何终端均可以获得作品。传输的速度与网络的硬件技术速度相关，在高速的网络和硬件条件下，其延时性几乎可以忽略不计，用户发出请求后，可以即时获得作品的复制件。2. 交互性。这是相对于传统的传播方式最为显著的特点，信息的发布者与信息的接受者之间可以进行双向的、实时的交流。作品的需求者可以在自己选定的任何时间、任何地点、以自己确定的方式获得作品，而且作品的接受者也可以将作品以自己选定的方式传播给任何人。任何人都可以成为再次传播的源头。所以在互联网上，不存在单纯的接受者，任何人都可能是传播行为的参与者。3. 个人性。数字传播的个人化特征明显，技术进步带来的优势使得受众可以从容地在浩如烟海的互联网世界中各取所需，各种检索工具可以很快地定位目标作品的所在，个人还可以通过设置条件和目的，个性化地定制特殊的作品，甚至一些网络内容提供商利用后台大数据技术直接向特定个人推介经过筛选的作品。4. 全球性。联通国际的互联网络的建立，使得世界成为地球村，作品的传播可以方便地跨越国界和区域进行，跨境获取作品或传播信息越来越容易，作品的全球同步发行成为常态。

在传统社会，控制复制能够取得很好的版权保护效果，是因为复制作品是明显的有意的外在行为，也是发行作品的前提。“正因为如此，在传统的物理世界中，复制成为版权侵权的准确预报和前提；控制复制也就成为了有效而便利的控制手段——控制对作品的其他侵权行为。”[①] 在数字网络技术时代，如果继续以复制权来控制作品的获得，将会导致重要的冲突：1. 在数字网络时代，存在着各种类型的复制，比如网络服务器的复制、路由器的复制、个人浏览器的复制，交织着所谓的“临时复制”[②]、“私人复制”[③]等情形，如果一概交由复制权加以控制，将妨碍技术进步，有悖于公共利益。2. 由于互联网天然具有共享属性，每一个存在于服务器上的作品都可能为世界各地的受众所访问，对作品的复制和传播，可以在很短时间就呈几何级数的增长，既难以被发现也难以被计量。尤其是数字化的作品复制几乎没有成本，在一瞬间就可以完成大量的作品复制，以控制复制来行使作品的版权，几乎是不可能完成的任务。3. 互联网是一项改变了人类生存方式的伟大发明，是促进文化传播和科学发展的重要工具，以复制权作为作品创造的激励手段的传统模式已经落后，取而代之的是以浏览量、作品的分发量为主要的激励方式，网络经营者和网络内容提供者均有鼓励作品传播的内在动力，切断作品的复制，并不符合网络参与者各方的利益。解决问题的关键在于建立起以网络传播为核心的版权新形态，数字网络环境下，传播行为对于实现作品经济利益上发挥着更为重要的作用，控制传播远比控制复制更能有效地实现版权经济价值。可以说，数字网络技术从根本上颠覆了以复制权为中心的版权利益平衡格局，控制传播行为对版权利益的分配起着无比重要的作用。

2003 年，我国修订了《著作权法》，增加了新的一项权利即“信息网络传播权”，并颁布了《信息网络传播条例》。对于文化企业而言，信息网络传播权正式成为企业版权资产的核心部分，其重要性有时甚至超过了复制权、发行权、表演权等其他传统权利。

与传统出版业的明日黄花境遇相比，以信息网络传播权的行使为主要手段的数字出版业却呈现出方兴未艾之态势，“在 2006 年至 2016 年的 10

---

① 吕炳斌：《网络时代版权制度的变更与创新》，中国民主法制出版社，2012 年 3 月，第 44 页。

② 在版权法意义上，所谓临时复制（亦称暂时复制，Temporary Copy），是指一项数字化作品从计算机外部首先进入该计算机内存（RAM，Random Access Memory）中，并停留于此，最终因为计算机关机、重启、后续信息挤兑等原因消失于随机储存器的过程。

③ 私人复制是指基于个人非商业性的目的复制他人受保护的作品的行为，属于一种合理使用的行为。

年间，我国网络核心版权产业行业规模从 2006 年的 163.8 亿元增长到 2016 年的 5086.9 亿元，年增长率保持在 30% 以上，产业规模增长超过了 30 倍，形成了泛娱乐等跨界版权运营的独特商业模式，并且带动了智能硬件、线下 IP 授权开发等实体经济转型升级”①。

中国数字出版产业整体收入化图（单位：亿元）

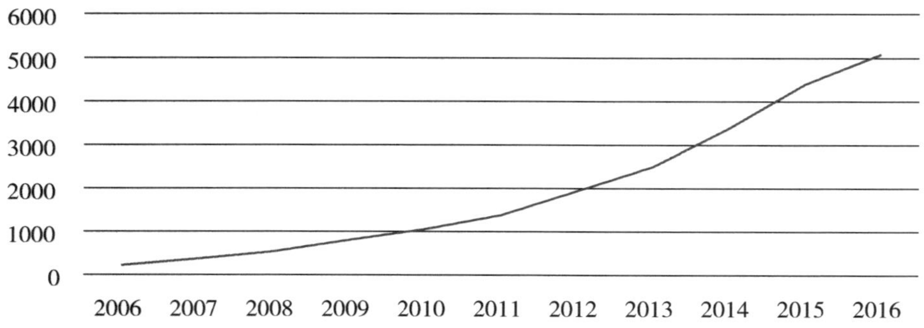

二、新技术条件下的版权特征

在数字互联网环境下，版权的生产、流通和保护均与传统环境有所不同，主要有下列特征：

1. 海量化的生产规模

版权作品的生产变得更加灵活和高效，文化企业组织版权生产的方式也据此发生了变化。在网络环境下，人人都可以成为作品的创作者。许多作者利用微博这一平台发布自己创作的作品，吸引粉丝阅读欣赏。文学类的网站提供创作平台，任何人均可以签约成为作品的创作者，圆自己的作家梦；漫画类网站，允许普通作者上传其创作的漫画作品；视频类网站接受普通网友制作的视听作品……随着数字新媒体的进一步发展，横亘在作者与读者之间的沟壑几乎被荡平，新技术激发起许多普通人的创作热情，生产出海量化的作品。

版权企业应该因势利导，在海量的作品中披沙拣金，发掘优质的版权资产。

① http://data.chinaxwcb.com/epaper2017/epaper/d6492/d3b/201704/77178.html

2. 碎片化的传播方式

一方面，传统媒体的市场份额逐步收缩，传统媒介的传播效能不断降低；另一方面，新兴媒体的兴起，使得作品的传播渠道激增，自媒体交流方式的兴起，使得多元化的意见表达成为现实。版权内容的传播可以根据读者的个性化需求拆分成许多的碎片，分别加以利用。比如，一本完整的图书可以拆分成一篇篇文章、一幅幅图表分别利用，传播给不同人群。

这使得文化企业对于版权作品的利用更加精细化、集约化，需要借助信息技术处理版权作品的传播问题。

3. 个性化的版权利用模式

个性化是当今社会文化需求的重要特征。信息网络技术为作品利用个性化提供了强大的支撑，借助互联网和新媒体，这种需求得到了充分的释放。为了迎合版权使用的个性化需求，许多文化企业对于版权的运营方式，也体现出高度个性化的特征。比如，出版企业可以利用数字出版技术向特定的读者提供具有个性化的产品，根据其所需要的内容，单独出版一本书，这在传统时代几乎是不可能实现的。

三、作品使用形式的多样化催生了新的版权资产形态

作品有多少种使用方式，作者就有多少种权利。历史上，作者版权权能的每一次扩张无不是基于技术的进步而催生出作品新的使用和传播方式。数字网络时代完全颠覆了对作品的使用或利用的既有方式，产生了许多有关作品使用和传播的新方式，这也使得版权资产有了新的内容形态。

1. 作品的数字化使用方式

数字作品是以能够为计算机识别的二进制编码方式呈现的作品，可以分为数字化作品和数字式作品。数字化是将传统的文字和图形、影像、声音等形式存在的作品，转化为能够被计算机识别的二进制编码的数字化信息的过程。几乎所有的作品都可以进行数字化，成为一段数据被存储在计算机的硬盘中。作品经过数字化之后便于编目和保管，也便于检索和提取，也很容易利用网络进行传播。目前的一些作品的创作都是以数字的方式进行的，比如利用数码相机拍摄照片、直接在电脑上绘制图形、美术作品，或者在电脑上写作，这些直接就属于数字化的作品。随着技术的发

展，数字化的作品将越来越多，成为作品的主要表现形态。

传统的作品经过数字化以后，对于数字作品的利用和传播，产生了一系列新的著作权利和邻接权利，比如信息网络传播权、数字广播权、基于各种终端的机械表演权等，这些新产生的权利形态，构成了权利人的版权资产。

有些本身只能以数字式的作品，以数字代码为作品的外在形态。比如软件作品就是一种典型的数字式作品。软件作品是专门为计算机开发的、为实现某种功能的数字作品；专门为计算机开发的网络游戏、手机游戏、单机客户端游戏等，均是只以数字形式存在的计算机程序。软件作品属于只能通过计算机才能使用的作品形式，复制、传播均与传统作品有所不同。

2. 同一种权利针对不同客户端的多重使用授权

互联网技术的不断发展，促使许多新的设备诞生，除了 PC 终端外，还有智能手机、掌上电脑、电子书阅读器、可移动的视频播放器、IPTV 等许多终端设备。这些设备为我们的作品使用和传播提供了新的渠道。

在此之前，版权人只要做一次授权即信息网络传播权就可以了，但现在需要对不同的终端进行多次授权，以获取超额的版权利益。比如一部电影除了传统的院线渠道、DVD 光盘发行渠道外，还可以授权给某网站进行网络独播，授权某 IPTV 运营商在其区域的数字电视系统上播放，还有手机端的播放权、掌上 IPAD 的播放权，等等。

客户端的细分就意味着市场的细分，就像广州人精明地将一条鱼分成鱼头、鱼身、鱼尾，分别标价出售，可以获得比一整条出售更贵的价钱。比如可以将视听作品的分发分成首轮播映权、二轮播映权等，按照不同地区、不同网站分别授予不同的权利，实现版权产品在市场的全覆盖，借此赢得更多的市场利益，实现版权资产价值的最大化。

3. 数字网络时代因新的作品利用方式而催生新的权利形态

传统的出版业中，将图书印刷发行之后，静待收回投资和获得盈利就基本完结了，好的图书可以再版、加印的方式获利。在数字网络时代，作品不仅拥有传统的实体图书的发行渠道，还可以在网络上进行传播，作为电子书在网络上销售，以连载的方式由专业网站对外提供给读者付费阅读，还可以在数字图书馆供读者付费使用。由于数字出版的成本几乎可以忽略不计，网络上可以比实体图书更低的价格销售作品，销售利润可期。

数字网络时代，对于动漫行业也是一个巨大的机遇，不但动漫作品的传播途径更加宽广，而且对于动漫形象的深度开发利用，也是一个契机，利用动漫形象可以开发出比如电脑游戏、网络在线游戏、手机端游戏项目，也可以将动漫形象植入网络教育以及各种泛娱乐产业。

对于音乐版权作品而言，数字网络带来了更多的作品利用方式，广泛化的传播使得音乐作品被侵权使用的情况激增，如果加以有效的管控和授权可以增加资产价值的回收率。

所以说，网络数字技术给传统的版权资产增加了新的内容，版权人获得了新的盈利机遇。

第五章 我国文化企业版权资产的现状

版权作为一种受到法律保护的私有权利，是经济领域中最为重要的生产要素之一，版权与其他的经济因素相结合，可以极大地促进经济的发展和社会进步。版权代表着国家软实力，对国民经济的贡献远远超出人们的想象，与版权有关的相关产业已经远远地超出了文化产业的范畴，版权资产与国民经济的许多产业息息相关，可以视为国家的战略资产。

版权资产更是文化企业的核心资产，对版权资产的利用方式可以昭示企业的兴衰。但是由于各种原因，我国许多企业的版权资产处于沉默的状态，一旦有效激活将会爆发出惊人的力量。

第一节 版权资产的经济贡献

版权作为知识产权的三大支柱之一，具有显著的经济属性。版权保护制度一方面通过激励作品的生产，推动优秀文化成果的不断涌现；另一方面通过鼓励作品的使用和作品流转，推动文化成果的广泛传播。正因为版权本身具有作为财产权利的独特经济属性，使得其成为文化企业发展的战略性和基础性的资源，对于整个国民经济的发展起到了重要的作用。

版权直接关系到新闻出版、广播影视、文学艺术、文化创意、广告设计、计算机软件、信息网络等众多产业的生存与发展，有效的版权可以构成相关市场主体重要的生产要素，是其组织生产、获取效益的基础性要素。

按照相关产业对版权的依赖程度，世界知识产权组织将其划分为核心版权产业、相互依存的版权产业、部分版权产业、非专用支持产业四大类①。核心版权产业由下列九组产业构成：新闻和文学作品；音乐、戏剧制作、歌剧；电影和影带；广播和电视；摄影；软件和数据库；视觉和绘

① 世界知识产权组织：《版权产业的经济贡献调研指南》，法律出版社，2006年，第38页。

画艺术；广告服务；版权集体管理与服务。这些核心版权产业是完全从事创作、制作和制造、表演、广播、传播以及展览、销售和发行作品及其他受保护客体的产业，离开了版权就无法独立存在。相互依存的版权产业是从事制作、制造和销售主要为作品及其他受版权保护客体的创作、制作和使用提供便利的设备的产业，主要是一些相关设备制造和批发零售企业，比如电视机、收音机、录像机电子游戏设备、计算机和有关设备以及乐器等。它们是作品发挥功能的设备，被称为“版权硬件”。部分版权产业是指其部分活动与作品或其他受版权保护客体相关的产业，比如服装纺织业、家具、陶瓷玻璃、墙纸与地毯等。非专用支持产业是指相关产业的部分活动与促进作品就其他版权保护客体的广播、传播、发行或销售相关，并且这些活动没有被纳入到核心版权产业，比如一般运输业、电话与互联网产业等。

我国的版权产业对国民经济的贡献日益重大，据公开媒体报道，截至2015年，中国版权产业的行业增加值已经突破5万亿元，达50054.14亿元，占全国GDP的7.30%，比上年提高了0.02个百分点；城镇单位就业人数为1666.90万人，占全国城镇单位就业总人数的9.23%；商品出口额为2633.36亿美元，占全国商品出口总额的11.58%。其中，核心版权产业行业增加值2015年已突破3万亿元，占全国GDP的4.41%。而2016年版权产业占全国的GDP比重已经达到7.33%。

中国版权产业经济贡献逐年提升①

年度	核心版权产业 GDP 占比	全部版权产业 GDP 占比
2006	3.10%	6.39%
2007	3.45%	6.53%
2008	3.41%	6.51%
2009	3.50%	6.55%
2010	3.52%	6.57%

① 数据均来源于公开媒体的报道。

续表

年度	核心版权产业 GDP 占比	全部版权产业 GDP 占比
2011	3.63%	6.67%
2012	3.97%	6.87%
2013	4.31%	7.27%
2014	4.29%	7.28%
2015	4.41%	7.30%
2016	4.58%	7.33%

依据 WIPO 公布的一组数字：发达国家版权产业对国民经济的平均贡献率由 2013 年的 6.32% 上升到 2014 年的 6.62%，转型国家由 2013 年的 5.14% 上升到 2014 年的 5.28%，发展中国家由 2013 年的 5.04% 上升到 2014 年的 5.29%①，2014 年我国的版权产业 GDP 占比为 7.28%。从国际范围来看，我国目前的版权产业对经济的贡献度已经超过了澳大利亚等西方发达国家，与美国相比仍有一定差距，但差距正在逐渐缩小。2006 年，中国版权产业行业增加值占 GDP 的比重为 6.39%，美国版权产业行业增加值占 GDP 的比重为 11.04%，中国版权产业比美国低 4.65 个百分点；2015 年，中国版权产业行业增加值占 GDP 的比重已达 7.30%，同期，美国版权产业行业增加值占 GDP 的比重为 11.69%，中国版权产业比美国低 4.39 个百分点，十年间缩小了 0.26 个百分点②。美国的核心版权产业 2015 年占 GDP 的比重已经达到 6.88%③，在国民经济中起到了重要的支撑作用。版权产业是美国三大核心支柱产业之一，其产业规模占据世界文化市场的 43%，产品出口超过航空航天业，是美国的第一大贸易出口产品。

---

① http：//www.ncac.gov.cn/chinacopyright/contents/518/298057.html

② http：//www.ce.cn/culture/gd/201704/25/t20170425_ 22297323.shtml

③ http：//www.istis.sh.cn/list/list.asp？id = 10520

美国版权产业的经济贡献①

年度	核心版权产业 GDP 占比	全部版权产业 GDP 占比
2006	6.35%	11.04%
2007	6.43%	11.05%
2008	6.36%	11.09%
2009	6.38%	11.07%
2010	6.36%	11.10%
2011	6.40%	11.16%
2012	6.58%	11.34%
2013	6.67%	11.44%
2014	6.72%	11.47%
2015	6.88%	11.69%

从公开媒体的数据统计可以看出，版权产业在我国的国民经济中占有重要的地位，而且随着时间的推移，其在 GDP 中的占比还将越来越大，尤其是我国近年来网络核心版权产业发展迅速，在 2006 年至 2016 的 10 年间，我国网络核心版权产业行业规模从 2006 年的 163.8 亿元增长到 2016 年的 5086.9 亿元，年增长率保持在 30% 以上，产业规模增长超过了 30 倍，形成了泛娱乐等跨界版权运营的独特商业模式，并且带动了智能硬件、线下 IP 授权开发等实体经济转型升级，其中网络游戏的占比已经超过美国，开始抢占全球市场。我国核心版权产业的行业增加值占比显著提升，但是版权产业的潜力远远没有释放出来，还有巨大的成长空间。总体上看，我国目前仍处于版权产业大国而非强国阶段，我国的版权产品虽然数量巨大，但是总体质量不够高，既缺乏像好莱坞这样具有世界影响力的影视制作平台，也缺乏微软操作系统这样具有国际竞争力的版权产品。“我国将智力成果转化为经济贡献的能力与美欧发达国家相比存在差距，

① 相关数据均来自公开媒体报道，可见美国版权产业对经济的贡献度比较稳定。

我国版权产业由大向强、由多向优的转变还要经历较长的发展阶段。”① 十年来，中国版权产业的结构不断优化，与创新关系最为密切的核心版权产业的行业增加值在全部版权产业中的比重已从2006年的48%增长至2015年的60%，2015年已突破3万亿元，占到全国GDP的4.41%。显而易见，核心版权产业对经济发展的贡献更加突出，为推动中国版权产业发展作出了重要贡献。

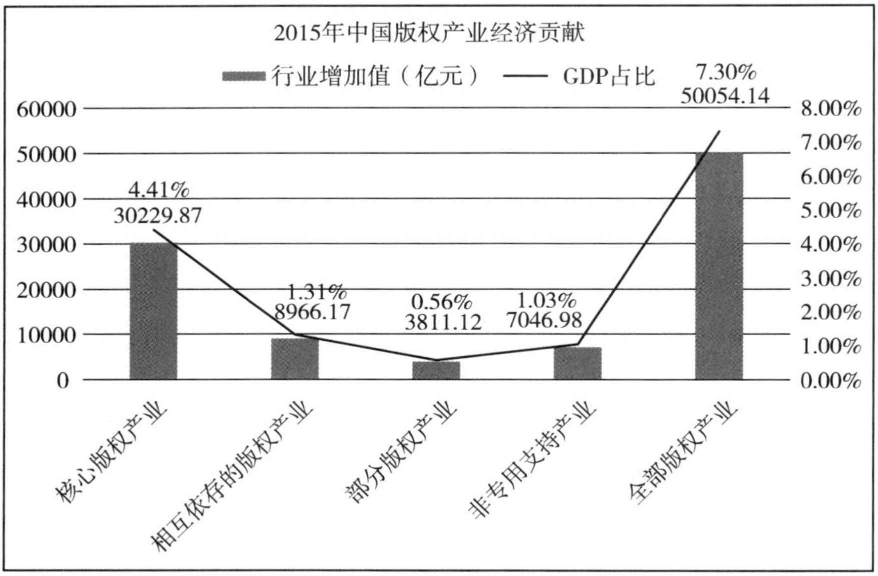

我国版权产业对国民经济的贡献一直保持平稳中较快增长的态势，发挥着越来越重要的作用，特别是与版权关系最为密切的核心版权产业，在全部版权产业中的经济贡献最大。这说明我国版权产业的核心竞争力在建设创新型国家中进一步发挥着重要作用，成为经济增长的新亮点。当前，我国经济发展进入了新常态，经济增长将更多依靠人力资本质量和技术进步，必须让创新成为驱动发展的新引擎②。

版权对于一个国家实现经济结构的调整和优化，增加社会就业机会可

① 《版权产业与经济贡献》，载《中国版权》，2016年第4期。
② 魏玉山：《中国版权产业经济贡献关键词解读》，载《出版参考》，2016年第10期。

以起到关键性的作用。澳大利亚表演者权协会（APRA）国际部负责人 Scot Morris 是世界版权领域的一位资深专家。他说，他通过多年的研究得出结论："版权保护力度如果增强 1%，外国直接投资就会增长 6.8%。"①现在许多发展中国家都已经意识到版权保护对于经济增长、就业机会增加以及产业发展的重要意义。

第二节　沉默的版权资产②

西方的版权制度以 1710 年的《安娜法》为其滥觞，凡三百余年，无论制度层面还是实际应用、社会版权意识等层面都非常成熟；西方国家，版权通常是企业作为重要的战略资产进行开发、运营的，国家的软实力、意识形态的影响力往往是嫁接在版权产品中四处传播；企业通过版权的贸易，获取了巨额的利润。

以德国贝塔斯曼出版集团为例，该集团旗下拥有 RTL 集团（卢森堡），兰登书屋（纽约）、古纳雅尔（汉堡）、BMG（纽约）、欧唯特（居特斯洛）、直接集团（居特斯洛）等公司，运营着文字、音乐、影视等版权内容。在该集团 2010 年度 197 亿欧元的销售收入中，有 92 亿欧元来自直接的版权许可销售，有 31 亿欧元来自与版权产品有直接依附关系的衍生品开发和广告销售等，版权资产始终是贝塔斯曼集团赖以生存的核心资产。可以说，国外的文化、艺术以及出版机构，它们的核心资源和核心资产就是版权③。

据媒体报道，截至 2014 年末，我国国有文化企业共计 13313 户，资产总额达 26488.9 亿元，但大部分是固定资产。由于版权的形态特殊，价值难以确定，而国有文化企业的大量版权没有被认定为资产，处于长期闲置和未开发状态。

版权资产本来应该作为文化企业的核心资产，文化企业在进行资产统

---

① http://www.ncac.gov.cn/chinacopyright/contents/518/298057.html

② 本节参考了赖少芬、孙丽萍、李志勇撰写的《国有沉默版权资产数量庞大 管理面临难题》一文，见 http://finance.sina.com.cn/china/20120604/161712218764.shtml。

③ 王家新：《版权资产是国有文化企业的核心竞争力》，原载《中国版权》，2015 年第 2 期。

计和资产评估时，并没有将包括版权在内的无形资产纳入其中，对这部分资产往往视而不见。经过多年的积累，国有文化企业往往拥有了数量庞大的文学、艺术作品版权资源。比如珠江电影集团有限公司经过几十年的积累，有许多“压箱底”的作品，根据统计，共有故事片300多部，纪录片500多部，集团下属的白天鹅音像出版社有歌曲10000多首，下属的乐团有歌曲和节目几千部，还有很多没有拍过的剧本，版权存量丰富；中国唱片总公司是一家老字号的国有文化企业，拥有13万金属母盘、4.5万多条录音母盘。但是这些丰富的版权资源并没有得到充分地利用，许多实际上是处于“沉默”“半沉默”的状态。由于一直以来都缺乏规范管理，这些版权资产都处于不清晰、不稳定的状况。如果对这些版权资产加以梳理和价值认定，其价值和资产规模将远远大于固定资产。

许多企业由于缺乏对版权资产清晰的登记，经年累月后，版权资产的权利状况模糊和混乱，甚至连版权的承载介质都已经遗失或损坏。大量早期的版权资产变成故纸堆或库存文物，清理过程中经常会发现由于缺乏对版权资产的清晰记录，版权的权利状况极为模糊和混乱，经常拿不出合同或其他的法律文件，只好通过原稿和工作笔记来证明版权的归属。中国唱片总公司有很多作品只能凭借当年出版的母盘或出版的封套来证明自己的版权人身份，没有其他的法律文件比如表演者的授权文件等证明自己的权利范围，权属不清的情况在13万张母盘中竟然有70%。

南方广播影视传媒集团多年来积累的节目资源量庞大，仅集团下属的广东电视台、南方电视台和广东电台就有36万余小时的音频、视频资料，很多资料年代久远，非常珍贵，但从制作或购买之初就没有建立相关的版权档案，造成大量的节目版权信息模糊不清，目前能确定拥有完全自主版权的资料不到1/3。

中国文史出版社是全国政协下属的专业出版社，从1980年1月批准成立到现在已有30多年历史，除了出版与人民政协相关的报告、资料之外，该社的一大特点就是出版老一辈政协委员亲历、亲见、亲闻的“三亲”史料，这些内容都是1959年应政协主席周恩来的要求，由60岁以上的政协委员将自己的记忆写成文字保留下来的，对党和国家具有非常巨大的价值。但对这些珍贵史料再次使用的时候，文史出版社却发现他们没有权利使用这些内容。这些内容大部分都产生于《著作权法》颁布以前，当时只是作为国家的一项政治任务，虽然有些也支付了稿酬，但没有签署过版权归属或版权许可使用的协议，使用起来难度很大。

另外，进入网络数字时代之后，版权的传播和利用出现了新的形式，与此相关的是《著作权法》也相应地授予了作品权利人新的权利形式。早期的所谓“买断”过的版权就变得不完整了，在对作品进行网络传播或数字复制等利用方式时，就可能需要获得作者或原始权利人重新授权。而许多权利人已经死亡，需要其所有的继承人依据《继承法》的规定予以授权，难度是相当大的，这些状况也造成了版权资产的沉默。

所以，总体而言，真正造成文化企业版权资产沉默的原因有两个：一是确权难度很大。主要是缺乏一套完善的管理制度，不仅是过去产生的产品权利信息与权利载体有问题，即使现在产生的新产品也可能由于缺乏完善的版权管理而在将来继续陷入沉默的境地。二是版权价值难以衡量。很多文化企业在进行企业并购、上市业务时，经常面临版权价值评估困境，由于版权资产的价值无法确定，只能放弃列入版权资产，仅将固定资产作为账面的资产价值，企业的资产规模被严重低估。

有学者在分析文化企业上市面临的困境时说，“文化企业所拥有的资产大多为无形资产，如创意、知识等，而有形资产很少，较难估计未来盈利的前景。以上特点造成文化企业的现金流较难估算”。“如果不能将产品转化为可见的现金流，就很难进行公司估值，很难让投资者认同公司的价值。”① 所以，很多文化企业为了能够尽快上市，只得舍弃版权资产的价值部分，仅以其他固定资产等可以带来现金流的资产上市融资②。

---

① 参见《文化企业上市资产评估操作实务》一文，https://mp.weixin.qq.com/s?_biz=MzA4MjA1ODAxMg==&mid=2652997029&idx=1&sn=b13b2634590e2130678b314060fd006c&scene=0#wechat_redirect。

② 版权资产在会计科目中属于无形资产类，2007年新会计准则将无形资产定义为企业拥有或者能够控制的没有实物形态的可辨认的非货币性资产，在会计核算方面，无形资产的确认和计量必须同时满足以下三个条件：(1) 符合无形资产的定义；(2) 与该资产相关的预计未来经济利益很可能流入企业；(3) 该资产的成本能够可靠计量，包括专利权、非专利技术、商标权、著作权、特许权、土地使用权等。许多版权难以确定成本，除非存在交易，对于自主开发的版权价值认定只能采取历史成本法计量，以实际付出的成本为依据，难以确定版权的价值。

版权的核心是法律进行的权利授予，不是永久存在的，是有期限的，目前最长的权利不过是保护至作者死亡后50年，所有的权利到期之后马上会被释放成公共财富，版权持有人当然就会失去了垄断性的利益。版权资产的沉默既是企业经济资源的浪费，也是对人类智慧资源的浪费，如何让沉默的版权资产有效地表达出来，形成实际价值，应该是我们所有文化企业需要面临和解决的问题。

第三节　发掘“沉没的金山”

许多企业拥有着数量巨大的版权存量资源，如同一座金山，但是沉没在水下。实际上，任何处于沉默状态的版权，只能称作是资源，还不能进入企业的会计系统，变成具有价值的资产。中央文化企业国有资产监督管理领导小组办公室常务副主任王家新认为，国有文化企业的版权资源经过梳理和价值的重新认定，其价值和规模甚至超过固定资产。“版权资产利用得好，是一座‘挖掘不尽的金山’，能支撑文化企业可持续发展，但如果存量不清，运营不善，就有可能成为‘无底洞’。”王家新表示，对版权资产进行梳理，一是能够保障国有资产的合法权益，避免版权资产流失；二是能够推动企业提高盈利能力和加快发展速度，实现做大做强的目标。

一、版权价值的再发现

我们许多文化企业，拥有了大量的版权作品，却经常放在库房作为历史档案任凭“鼠咬虫蛀”，不能对其进行资产化开发，这里面有意识的问题，也有开发难度的问题。但是在对待版权的态度上，大多数文化企业认为版权资产是“轻、薄、短、小、弱”的“轻资产”，“无本、无利、难管理”，基本上还局限在产品生产环节，很少做到版权的深度开发与综合运营。比如，有些出版企业的版权管理就是样书管理，以保存的样书作为权利的依据，这显然是对版权的曲解，属于认识上的失误。

版权价值发掘的第一步是摸清版权家底，弄清企业存量的版权资产。然后在现有版权资源的基础上开发新的版权产品，形成资产增量。甚至有些已经过了版权保护期的作品，通过重新开发可以获得新的保护。比如，许多漫画形象、旧电影、超出保护期的摄影作品可以通过再创作、翻拍旧作、黑白片通过电子染色技术变成彩色片等方式，形成的新作品以获得版权保护。

有一种情况，对于自己实际拥有的版权，文化企业却误认为没有版权，有的企业因为侵权而被别人起诉到法院才如梦方醒，原来自己同等情况的作品也是应该拥有版权的，可以申请司法保护，进而获取利益。比如，许多新闻媒体，对于自己采写的新闻作品，认为不受《著作权法》的保护，任由其他媒体转载；有些广播电台制作的节目，被其他人录制后作为录音制品出版等。

文化企业对于自身版权资产的梳理和管理，查漏补缺，完善权利形态，加强权利保护，可以为下一步的版权运营打下一个良好的基础。

二、数字时代的淘金活动

随着数字时代的到来，数字复制和数字传播成为作品重要的甚至是主要的复制及传播方式。随着这一技术浪潮的到来，作品的开发、运营、管理等都发生了深刻的变革，旧有的版权产品由此获得新的生命，许多“沉默的版权”成为了“沉没的金山”，是淘金者的理想富矿。

传播的媒介除了传统的方式之外，网络传播成为主要方式，由此催生了数字出版业的蓬勃发展，这一方面对传统出版业比如报纸、杂志有较大的影响；另一方面，由于成本较低，传播快捷，这种传播方式越来越为受众所接受，所以如何对既有的版权作品进行数字化的复制、网络传播，是文化产业必须面对的现实。

如何对既有的各类版权产品进行深度发掘，利用数字技术进行再开发，可以形成具有良好市场价值的版权资产。对于一些珍贵的影像、文字资料，通过数字化，可以更好地保存和利用。

数字时代的计算机和网络管理技术，使得对于版权的管理与开发变得异常容易，使得版权贸易极其简单。现代互联网强大的搜索定位功能，可以使作品更容易为用户获得，那些过去没有开发价值、市场需求少的作品，也可以为企业带来可观的利益，这就是所谓的“长尾理论”①。

三、移动互联网络的发展给版权价值的实现提供了新的机遇

移动互联网络的快速发展，给传统的版权产业带来巨大机遇，截至2017年6月底，我国拥有移动电话用户13.6亿，手机上网用户突破11亿，其中4G用户达到8.88亿。通过智能手机可以满足用户多元化的需求。

通过移动通信和互联网络的融合，可以满足人们在任何时候、任何地点、以任何方式来处理信息的新型业态已然形成，这对传统的版权企业既是一个冲击也是一个机遇。在这一业态下，各种服务的运营商均可以通过移动网络聚合到一起，文学、音乐、视频、游戏等不同种类的版权产品也聚合到各个网络平台上，以不同的商业模式向终端客户提供。其中，移动互联网更是重塑了人们获得和使用版权作品的习惯。比如，尽管在手机客户端因为屏幕尺寸的因素，以第三方商业广告的方式置换作品的版权许可费并不合适，但是许多用户愿意为获得作品直接付费。

许多传统的版权企业开始将目光更多地投射到手机媒介上，通过手机客户端向用户提供丰富多样的版权产品，形成有效的商业模式，以适应市场快速与方便地获得作品的需求。移动互联网时代，文化企业应该着力于挖掘版权的内在价值，贴合用户快餐化、碎片化的阅读需求，提供短小精悍、易于传播的小版权作品，以获取额外的版权收益。

---

① 长尾理论是网络时代兴起的一种新理论，由于成本和效率的因素，当商品储存、流通、展示的场地和渠道足够宽广，商品生产成本急剧下降以至于个人都可以进行生产，并且商品的销售成本急剧降低时，几乎任何以前看似需求极低的产品，只要有人卖，都会有人买。这些需求和销量不高的产品所占据的共同市场份额，可以和主流产品的市场份额相当，甚至更大。也就是说，只要产品的存储和流通的渠道足够大，需求不旺或销量不佳的产品所共同占据的市场份额可以和那些少数热销产品所占据的市场份额相匹敌甚至更大，即众多小市场汇聚成可产生与主流相匹敌的市场能量。

第六章 版权资产的发掘与管理

王家新在谈到国有文化企业版权资产的管理时建议，要尽快着手摸清国有存量版权资产规模，全面掌握国有文化企业版权资产数量、种类、权属和使用情况等，为推动规范化管理和精细化运营打好基础。同时，研究制定加强国有文化企业版权资产管理的规范意见，要求国有文化企业加强版权来源、介质、权属、授权和收入等方面的管理，可以在大型骨干文化企业中开展版权资产管理试点，并将成果加以推广①。

第一节 版权资产的权利人

确定版权的所有人是整个版权资产发掘和管理的第一步。一个版权作品被创作出来之后，其权利究竟属于谁，表面上这个问题很简单，实际上很复杂，许多版权企业对此有错误的认识，致使版权资产旁落或者沉默，无法有效运营。

我国的《著作权法》规定，原则上创作作品的自然人是作者，然而，《著作权法》同时又规定，由法人或者其他组织主持，代表法人或者其他组织意志创作，并由法人或者其他组织承担责任的作品，法人或者其他组织视为作者。

如何认定作品的作者呢？因为《著作权法》规定，版权是自动取得的，无需申请和登记，或者说版权登记属于确认权利的方式而不是取得权利的程序。《著作权法》规定，“如无相反证明，在作品上署名的公民、法人或者其他组织为作者”②；最高人民法院的司法解释进一步明确，“在作品或制品上署名的自然人、法人或者其他组织视为著作权、与著作权有关

---

① 赖少芬等：《国有版权资产面临流失风险 管理难度大价值难测》，转引自：http://news.sohu.com/20120623/n346311182.shtml。

② 《著作权法》第十一条。

权益的权利人"[1]。这是采取了一种权利推定的方式，将在作品上署名作为确定作者的简便方式，但可以为相反证据推翻。这种方法比较简便，是一种高效的制度设计，基本上为世界各国的版权立法所采用。

可以在作品的原件或者是向公众发行的复制件上署上作者的姓名或笔名，也可以署上法人或其他组织名称。不同的作品形式有不同的署名方法，比如图书一般在作者名称后加一"著"字，胶质唱片可以在封套上注明词曲作者以及演唱者，激光唱盘和激光视盘可以在包装盒上印制创作者的名称，摄影作品可以在发表作品时印上作者的名称，等等。《世界版权公约》要求，"自首次出版之日起，标有©的符号，并注明版权所有者之姓名、首次出版年份等，其标注的方式和位置应使人注意到版权的要求"[2]；《唱片公约》规定，"如果一缔约国依照其国内法律要求以履行手续作为保护录音制品制作者的条件，只要公开发行的经授权的录音制品的所有复制品或其包装物载有℗标记并伴有首次出版年份，而且标记的部位足以使人注意到保护的要求，则应当认为符合手续；如果复制品或其包装物上未（通过载有其姓名、商标或其他适当标识）注明制作者、他的合法继承人或专有许可证持有人，则标记还应当包括制作者和他的合法继承人或专有许可证持有人的姓名"[3]。尽管《伯尔尼公约》和我国的《著作权法》对于作品的署名方式未加限制，但是在作品上标注"©"和"℗"，可以看成是一种合适的署名方式。

如果一个作品没有署名，就需要依靠其他方式确定其作者的身份，比如提供所涉作品的底稿、原件、合法出版物、著作权登记证书、认证机构出具的证明等，这些材料可以作为认定作者或者权利人身份的证据使用。

一、版权的原始归属的一般原则

《著作权法》规定，版权首先应当属于作者。因为任何一个作品都熔铸着作为自然人的作者的思想和情感，具有人身属性，所以必须确认通过智力活动创作出作品的作者才能享有版权。在这一点上，两大法系有着不

---

① 《最高人民法院关于审理著作权民事纠纷案件适用法律若干问题的解释》第七条。

② 《世界版权公约》第三条第一项。

③ 亦即《保护录音制品制作者防止未经许可复制其录音制品公约》，第五条。

同的处理方式，以法国、意大利、德国为代表的大陆法系国家，认为作者仅仅是针对创作作品的自然人而言，法人不能成为作者，因而也不能成为原始的版权人。《伯尔尼公约》实际上是以这种构思作为基础，条文中只提作者而不提版权人；与此相反的英美法系国家则允许版权归属于视为作者的法人。我国的《著作权法》在这点上采取了与英美法系国家相同的处理方法，即确认版权人包括：①作者；②其他依照该法享有版权的公民、法人或者其他组织。这主要是就版权的原始取得而言，作品创作完成之后，自然人作者是版权的当然主体，自然人作者之外的其他公民、法人或者其他组织也可以依据《著作权法》的规定享有版权。

二、作者身份不明的作品版权归属

《著作权法实施条例》第十三条规定，“作者身份不明的作品，由作品原件的所有人行使除署名权以外的著作权。作者的身份确定后，由作者或者其继承人行使著作权”。这项规定实际上为了充分发挥作品的文化价值，在作者的身份没有得到确定的时候，由原件所有人临时充当版权人。

三、合作作品的版权归属问题

依据我国的《著作权法》规定，两个人以上合作创作的作品，称为合作作品，其版权由合作作者共同享有。合作作品产生的前提是两个人必须同时具有合作创作作品的意愿。如果仅仅是一个人单方面为另一个人的作品创作配套的作品，不属于合作作品，比如为他人已经创作完成的某个乐曲填词、或者为已经存在的如岳飞的《满江红》谱曲，当然都不能成为合作作品，可能构成利用他人作品创作的演绎作品。合作作品形成的实质性要求是合作者之间必须有共同创作的行为，合作创作的因素多少不论，但必须有合作创作的因素，每个人对作品的形成都有独创性的贡献。每个人的独创性共同凝结于作品之中，成为作品不可分割的一部分。比如两个人商量合写一部著作，共同商定写作计划和写作的主要内容，分别撰写，由其中的一个人统稿，完成最后的著作，这就属于合作作品。

有的时候，数人参与的作品有各种不同的情况。有的人参加了工作比如进行组织工作，提供咨询意见或物质条件，或进行其他辅助工作，但没有参加创作，这部分人不能享有作品的版权。比如为书法家创作时研墨铺纸的人员不能成为合作作品的作者，而书法家与画家、诗人合作创作的诗书画作品可以成为合作作品。还有一种情况，出版社有一个出版计划，分别向多个作者约稿，大家分别创作，最后由出版社编辑成为一个独立的作品，这种情况下，由于各个作者之间没有联络，各自创作，即使最后合到一起出版，也只是属于一个汇编作品，而不是一种合作作品。

合作作品的版权，由合作作者共同享有，不论该作品是否可以分割使用均是如此。但是可以分割使用的合作作品，作品的整体版权属于各个合作作者共有，可以分割使用部分的作者还可以单独享有其创作部分的版权。合作作品的权利行使应该由所有合作作者共同协商解决，如果事前没有协商的，需要时也可以通过协商达成一致后行使，不能协商一致的，不同意的人应当提出正当理由，提不出正当理由的，不得阻止他方行使权利（转让权除外），但是所得收益应当合理分配给所有合作作者。合作作品可以分割使用的情况下，对单独使用部分享有版权的作者可以单独行使其权利，但不得侵犯合作作品整体的版权。比如修改了单独享有版权部分的内容使之与整体作品的内容相矛盾，以至于损害了整体作品的价值。

合作作品的署名顺序可以按照事先的协议执行，发生争议时，人民法院按照下列原则处理：有约定的按约定确定署名顺序；没有约定的，可以按照创作作品付出的劳动、作品排列、作者的姓氏笔画等确定排名顺序。

四、汇编作品的版权归属

汇编若干作品、作品的片段或者不构成作品的数据或者其他材料，对其内容的选择或者编排体现独创性的作品为汇编作品。汇编作品的版权由汇编人享有，但行使版权时，不得侵犯原作品的版权。汇编作品主要保护对内容的独创性的选择和编排，汇编人对作品的形成付出了智力劳动，应当享有这种作品的版权，汇编作品主要有百科全书、作品选集、期刊、数据库，等等，版权一般属于组织编辑的单位，即出版社、报社、期刊社等。汇编作品的版权的行使受到很大的限制，就是不得侵犯被汇编的作品的版权，汇编人经营汇编作品获得的利益应当合理地分配给每个版权人。当然如果是利用没有版权保护的数据资料形成的汇编作品，其权利完全属于汇编人。

五、视听作品版权的归属

所谓视听作品，是指电影作品，以及以类似摄制电影的方法创作的作品。这类作品是摄制在一定的介质上，由一系列有伴音或者无伴音的画面组成，并且借助适当的装置放映或者以其他方式传播的。这类作品的版权归属问题比较复杂。因为参加这类作品创作的人非常多，有剧本作者、改编作者、对白作者、专门为电影创作的乐曲的作词者和谱曲者，还有导演、演员、摄影、美工、后期剪辑人员等。除了少数可以独立使用的作品比如音乐、剧本等，其他人的创作已经融进了整个电影作品之中，无法分割使用。电影作品究竟按照合作作品的原理授予参加电影创作的所有作者，还是将其授予制片者这是一个问题，世界各国的做法不尽相同。

我国《著作权法》规定，“电影作品和类似摄制电影的方法创作的作品的版权由制片者享有，至于编剧、导演、摄影者、词作者、曲作者等仅仅享有署名权，并有权按照与制片者签订的合同获得报酬”。此外，这类作品中的剧本、音乐等可以单独使用的作品的作者，对其各自创作的部分有权单独行使版权，无须得到制片者的许可①。

这里要区分两个概念：电影中经常标注“制片人”和《著作权法》中的“制片者”是两个不同的概念。前者是在制作影片过程中的一种职务，主要是受制片单位的委托，负责组建拍摄团队、处理拍摄过程中的经费使用，甚至是影片的市场运营等，与导演、演员等角色有相似之处。制片者属于法律名称，指为制作该作品而首先采取行动并承担财务责任的人，或者是采取主动行动和负责完成作品的自然人和法人，通常就是作品的投资方，经常在作品中被标注为“出品单位”“出品方”“联合出品单位”，有时“摄制单位”“联合摄制单位”也是制片者。在实践中可以结合“影视拍摄许可证”和各方的合同加以确定。

六、职务作品的版权归属

《著作权法》第十六条规定，“公民为完成法人或其他组织的工作任务

① 《著作权法》第十五条。

所创作的作品，是职务作品”。所以职务作品应该符合三个条件：1. 作者是法人或其他组织的工作人员（包括临时工作人员）。作者与本单位有劳动、人事关系，即在本单位有完成工作任务即履行职务的义务，并有领取工资和其他福利待遇的权利。没有相应的劳动、人事法律关系的人，不能产生职务作品。2. 作品是为完成本单位的工作任务而创作的。工作人员履行在本单位应该完成的工作职责，包括正式安排的临时任务，只要是在本单位的业务范围之内，而且是在有关工作人员的固定职责或者临时明确指派的职责范围以内的工作。这里工作职责和工作任务，应该作限制性理解而不宜扩大解释。比如一个新闻记者为了某次人物采访而拍摄的照片可以算是职务作品，但他在采访途中偶然拍摄的风光摄影则不能认为是职务作品。3. 作品属于本单位的业务范围，能为本单位使用，作品的完成并不要求必须在工作时间完成。本单位工作人员创作的作品，如果超出了本单位业务范围，就不能认定为职务作品，如果政府机关的一个财务人员为了满足工作需要自己编写的财务软件，就不能认定为职务作品。

职务作品的归属分为两种情形，原则上版权归作者享有，但法人或者其他组织有权在其业务范围内优先使用。作品完成两年内，未经单位同意，作者不得许可第三人以与单位使用的相同方式使用该作品。单位优先使用作品实际上是在承认作者享有版权的情况下，《著作权法》给予单位的一种“法定许可”，这种许可是有期限的，自作者向单位交付作品之日起两年内，单位可以在其业务范围内享有除作品的人身权以外的各种财产权。但单位使用该作品是否应该付费，《著作权法》没有规定，法理上看应该可以无偿使用，因为职务作品原本就是为了完成本单位工作任务而创作的作品。单位对作品的使用属于一种排他性的使用，未经单位的同意，作者不能许可他人以与单位相同的方式使用作品，如果单位同意许可第三人使用的，作者所获得的报酬还需要与单位按照比例分配。如果作品交付给单位两年内，单位没有在其业务范围内使用该作品，作者可以要求单位同意由第三人以与单位相同的方式使用该作品，单位没有正当理由不能予以拒绝。两年期届满后，作者即对作品享有完整的版权，即使单位要使用也需要获得作者的同意并支付报酬。当然，即使在两年的优先权期之内，作者也可以许可第三人以与单位不相同的方式使用作品，而无需单位的同意。比如，作者为话剧舞台表演而撰写的剧本，在两年内单位的舞台表演可以优先使用，但不能限制作者以出版的方式和拍摄电影的方式许可他人使用该作品。

在例外的情形下，作者可以享有署名权，版权的其他权利由单位享有，并且由单位给予奖励：1. 主要是利用单位的物质技术条件创作的，并由单位承担责任的工程设计图、产品设计图、地图、计算机软件等职务作品。所谓物质技术条件，是指单位为有关人员完成创作专门提供的资金、设备或者资料。例如设计工程图纸时，需要大量的勘测设备、资金和水文资料等；制作地图时，需要大量的勘测资料等。这一类的职务作品技术复杂，资金耗用较大，而且责任重大，一般需要单位主持项目，需要很多人共同协作完成。所有的创作人员均是代表单位的意志创作，并由单位承担责任，单位视为作者，所以版权应当属于单位。2. 法律、行政法规规定或者合同约定由单位享有版权的职务作品。这是一条兜底性规定，职务作品可以通过法律法规的规定或合同的约定确定其权利的具体归属。比如《计算机保护条例》规定，单位对其主持开发的软件，不论是否发表均享有版权。

七、委托作品的版权归属

委托作品是基于委托合同关系，受他人委托创作的作品。我国《著作权法》规定，委托作品的版权归属由委托人和受托人通过合同约定为原则，这样可以适应当事人的不同需要和情况。如果合同未作明确约定或者没有订立合同的情况下，法律规定委托作品的版权属于受托人。如果版权由受托人享有，委托人在约定的使用范围内享有使用作品的权利；双方如果没有约定使用作品范围的，委托人可以在委托创作的特定目的范围内免费使用该作品。

八、他人执笔的特殊作品版权归属

有些特殊的情况需要有特殊的处理方式。委托他人起草报告、讲话稿，这种情形类似于委托作品，但是由于是以讲话者、报告者本人名义发表的，目前的司法实践认为其版权应该归讲话者或报告者享有，但应该向执笔人支付一定的报酬。还有一种情况是委托他人以本人的经历为素材创作传记，最后以本人（传主）的名义出版发行，对于这类自传体的作品，如果没有特别的约定，司法实践也认为其版权归委托人所有，但是委托人应当向其支付适当的报酬。

九、二次作品的版权归属

利用他人的作品创作出新的作品形式，比如改编、翻译、校注、整理等方式产生的新的作品形式，依附于原始作品之上，但是创作者添附了新的智力劳动成果，就这一部分其版权归演绎者所有。但是改编者、翻译者、校注者、整理者在行使自己的版权的时候不得损害原有作品版权人的权利。在利用或使用自己版权的时候，还需要依法获得原版权人的许可。

十、作品传播过程中形成的版权邻接权的归属

作品能为公众接触和使用，离不开作品的传播。在作品的传播过程中传播者付出了创造性的劳动，该劳动在传播中与作品融合在一起，难以分开，可以形成相关邻接性的权利，相关权利归属于传播者所有。

1. 表演者权利

所谓表演者，是指“演员、歌唱家、演奏家、舞蹈家以及表演、歌唱演说、朗诵或者以其他方式表演文字或艺术作品的其他人员”①。我国《著作权法实施条例》规定，表演者是指演员、演出单位或者其他表演文学、艺术作品的人②。我国承认法人和其他组织可以作为表演者享有邻接权利。

表演者的权利是指因表演或者演奏文字、戏剧或音乐作品而享有的权利。表演者对其表演主要享有两类权利：一类是人身权，包括表明表演者身份的权利，这个与作品的署名权相似，即表演者对于其现场表演或者以录音制品录制的表演有权要求表明他是该表演的表演者；保护表演的完整权，表演者所塑造的艺术形象是他的智力成果，关乎他的艺术成就，也关

---

① 《保护表演者、录音制品制作者和广播组织的国际公约》（《罗马公约》）第三条（a）。
② 《著作权法实施条例》第五条。

乎他的名誉和声望，如果歪曲、篡改，表演者有权表示反对[①]。另一类是财产权利，表现为排他性的专用权利。上述权利当然是归表演者所有的，但表演者在行使其权利的时候不得侵犯表演的作品的原始权利。我们国家经常是以剧团、剧社、艺术院校等法人或非法人团体的形式组织演出，演员的演出类似于职务行为，其表演者权利原则上归属于剧团、剧社等单位，实际的表演者享有其人身权利，并有权因其表演获得报酬。

2. 录音录像制作者的权利

录音制品是指任何对表演的声音和其他声音的录制。这里对表演的声音的录制是对除以视听作品所含的录制形式之外的对表演的声音的固定方式。录像制品是指以视听作品以外的任何有伴音或者无伴音的连续相关形象、图像的录制品。这里的录音录像制品可以视为除《著作权法》给予单独保护的视听作品之外的所有对声音、图像的录制品。视听作品因为含有独创性的创作因素，所以称为作品，而没有独创性的简单的录制被称为制品，给予较低水平的保护。但是目前这一分类方法越来越受到诟病，很多情况下难以区分，究竟独创性的尺度如何把握？所以，在新的《著作权法》送审稿中，已经取消了录像制品这一门类，统一归入视听作品，给予强保护。

录音录像制作者是指录音制品和录像制品的首次制作人，录音录像制品一系列的财产权利归录音录像制作者，但其权利的行使不得侵害作品版权人、表演者的合法权利。

3. 广播电视组织权享有的权利

广播电视组织对其播放的广播、电视节目享有邻接权，可以阻止未经其许可而实施法律规定的行为。《保护表演者、录音制品制作者和广播组织的国际公约》中的“广播”是指供公众接收的声音或图象和声音的无线电传播，主要是广播和电视组织对其播放的信号的权利。

广播电视组织需要投入大量的人力和物力以制作节目，有的甚至是创

---

① 关于滑稽模仿或者称“戏仿”，是用原有的表演素材加以重新剪辑，重新编排出新的作品，这在国内的表演舞台上很常见，但是司法实践中较少案例，无以得知司法机关的态度。但在西方许多国家对此是采取宽容的态度，将其视为“文艺批评”的方式，是言论自由的一部分，故此并不认为侵权。

造性劳动。为了保护广播电台、电视台的利益，维护同行业的公平竞争，《著作权法》专门赋予了广播电视组织权。

4. 出版者的版式设计权

出版者主要是指出版图书、期刊的出版社、期刊社。出版者根据版权人的授权，出版图书，享有出版权（复制、发行的权利），作品版权专属于权利人，但出版者对其出版的图书、期刊的版式设计享有专有权即有权许可他人使用其版式设计，对未经其许可而使用其版式设计的人有权禁止其使用。

十一、版权资产继受性权利归属人

作为一种资产，版权的原始权利人属于版权作品的作者，包括自然人和法人、其他组织，版权因其具有使用价值和交换价值，与许多财产并无不同，可以在不同的主体之间流转，许多法律主体可以成为权利的拥有者。

1. 继承

《继承法》第三条第六款规定，公民所享有的版权中的财产权利可作为遗产，在公民死亡后可由其继承人继承。据此，因继承而取得著作财产权的人，能成为版权的主体。

2. 接受赠与或遗赠

遗赠是指公民通过遗嘱，将个人财产（包括著作财产权）赠给国家、集体或者法定继承人之外的公民的法律行为。当国家、集体或法定继承人以外的其他公民接受作者遗赠取得版权中的财产权利时，即成为权利的主体。

公民或集体所有制组织根据遗赠扶养协议而成为死者版权中的财产权利的受遗赠人时，也取得版权人资格。

3. 版权贸易

版权贸易主要是指通过“版权转让合同”而取得版权。版权的转让，是指版权人将其享有的版权中的财产权利的全部或部分通过合同转让给他人。著作财产权的受让人也是版权的主体。

4. 其他合法原因

比如收购另一家拥有版权资产的公司的股份，或者以公司重组的方式组建新的公司，使得版权归属发生变更。

再如，以版权作为出资的资本，版权成为新成立公司的资产，这也会使得版权人发生变更。

第二节　版权资产的权利确认与权利清洗

之所以对版权资产进行挖掘之前需要对版权的权利做出确认，是因为在实践中，许多版权资产企业对自己拥有的版权资产状况并不是百分百地确认，往往是企业自己享有的权利被别人侵害，却认为自己没有这项权利而无动于衷；也可能是自己没有某项权利，企业却一直认为拥有了该项权利，在行使权利的时候侵犯了他人的合法版权。

比如某新闻单位，拍摄了许多新闻照片，刊登以后，一直被许多媒体随意复制使用，但该新闻单位一直以为新闻照片属于“时事新闻”类，不是《著作权法》保护的范畴，所以对于别人使用自己拍摄的新闻照片也无动于衷，直到自己使用了别的新闻机构的照片被告上法庭，付出了一笔赔偿费用之后，才如梦初醒：原来自己的新闻照片也是受到版权保护的，后来该新闻单位对该部分资产进行了整理和经营，获得了不错的经济效益。

另外一种情形正相反，出版机构很早就与原始作者签订了作品的独家出版发行的协议书，就自认为对于相关的作品拥有了全部的版权利益，但是未明确约定的权利比如数字出版权、广播权、报纸的连载权等，并不一定属于出版机构，出版人如果以未经明确授权的方式使用作品，就可能面临侵权的指控。

所以，对既有的存量版权资产进行发掘的过程中，必不可少的程序是进行版权的再确认。

一、版权归属确认

对于版权资产企业而言，除了利用上一节版权归属的基本原则之外，主要是有针对性地对职务作品、合作作品、委托作品等容易产生权属争议的特殊的作品权利进行确认和发掘。

1. 对于职务作品必须明确界定，及时履行相关登记手续

职务作品是指公民为完成法人或者其他组织工作任务所创作的作品。

许多人想当然地认为，职务作品的权属当然归雇佣的单位（法人或其他组织）享有，实际上并不尽然。依据《著作权法》第十六条的规定："职务作品的著作权归作者享有，但法人或者其他组织有权在其业务范围内优先使用。"只有主要利用法人或者其他组织的物质技术条件创作，并由法人或者其他组织承担责任的工程设计图、产品设计图、地图、计算机软件等职务作品才能够当然地认定版权利归单位所有。职务作品实际上是可以通过单位与职工进行单独约定的方式，确定其权利归属，由单位给予员工一定的物质或精神的奖励，而将作品的版权中的经济性内容由单位所有，最好的版权确认方式是尽快地向国家版权局申请"版权登记"。

职务作品的权利归属也可以通过事先订立合同的方式加以约定，许多单位在员工入职的时候都会签订一个概括性的协议，约定员工在单位工作期间所形成的职务作品的版权归单位享有，员工创作者只享有署名权。这种约定是有效的，但是需要注意两个问题：一是要对有员工签名的合同原件妥善保管，与员工发生版权权属争议时其举证责任在单位；二是明确员工的职务作品的范围，并非员工在该单位工作期间创作的所有作品均为职务作品，必须是为了完成单位的工作任务而形成的作品，不能随意地扩大化，单位要做好工作任务档案的保存，如有遗失，必须尽快要员工作者单独签署声明文件。

2. 合作作品版权归属必须明确，合作各方应当尽早地协商明确权利的行使方式

合作作品是指两个人以上合作创作的作品，依据《著作权法》，合作作品的版权由合作作者共同享有。如果双方确定了权利归属一方所有，应该通过订立合同的方式加以明确，这一合同既可以在双方合作之前签订，也可以在作品创作完成之后签订。双方既可以对版权的经济性权利归属做出约定，也可以对版权的人身性权利比如署名权、发表权、修改权等权利的归属做出约定①。

鉴于合作作品的版权的行使依据法律受到许多限制，所以面对这部分

① 合作作品将版权约定归一方所有，相当于将自己权利转让给另一方。仅仅从法理上探究，似乎著作人身权是不能转让的，但《著作权法》于此亦语焉不详，并未明确禁止；在实践中，这种交由其他人行使著作人身权现象的比比皆是。

资产，合作双方可以采用预先协商的办法，支付一定的对价，将经济性的版权统一归于某一方行使，这样有利于在后期的版权运营中减少谈判成本，便于整体进行市场运营和维权。比如对于电影作品，常常是有多家的投资单位作为制片者，如果不能达成版权统一行使的协议，将会非常麻烦：如果多家制片者都许可不同的网站播放电影，实际上会损害被许可人的利益，进而损害电影的版权价值；发生侵权时，某一家制片单位单独去维权也缺乏足够的动力，且法院对其诉权本身经常也会持有疑虑。

对合作作品进行版权确认需要以合作各方协议约定的内容为准，所以版权企业要妥善保管相关的协议书、备忘录、会议记录等文件，有利于在发生权利争议时有据可查，有案可稽。

3. 委托作品的版权归属和版权行使等事项，需要在委托合同中特别约定

委托作品是指受委托创作的作品。委托作品的版权人实际上并不是总是归委托人所有，法律上的规定正好相反，委托合同没有明确约定或者没有订立委托合同的，版权属于受托人，委托方仅仅享有在委托创作的特定目的范围内免费使用该作品的权利。

对于委托他人创作的作品需要通过合同的明确约定，才能获得作品的版权。笔者曾遇到过这样一个例子，有个单位出资 100 万元，委托一个软件公司开发了一套黄金交易的分析软件，但在合同中没有版权归属的特别约定，获得受托方提供的成果，使用之后觉得软件非常好，就将该软件向外出售获利，以便收回投资，但却被软件公司以侵害作品复制权为由告上法院，单位只好哑巴吃黄连——有苦说不出。如果在签订委托合同的时候，增加一条“软件的版权归委托方所有”，受托人根本不清楚该软件的市场价值，一般都会同意这一条，有了这一条，软件作品才能正式成为委托单位的版权资产。

4. 演绎作品不能侵犯原始作品版权人的权利，否则不能构成有效的版权资产

利用他人作品创作的作品为演绎作品，也被称为二次作品。对于这类作品进行版权确认，首先需要确认原始作品是否超出了版权保护期或者获得了原始版权人的授权。只有在不侵犯原始作品的权利人合法版权的情况下，二次演绎才合法，才可能成为有效的版权资产。

需要确认原始作品的版权人对演绎作品是否有授权及授权是否充分，避免想当然地认为自己已经拥有了相关权利，实际上并没有，比如获得了原作者授予的翻译权，是否代表已经获得了出版（复制、发行）权，获得复制发行权是否代表着已经获得了在互联网络以电子书的方式传播的权利？当然不是，需要在授权书中做出进一步的权利确认。

5. 困难版权主体的确认

对于许多文化企业沉默的版权资产而言，许多版权作品只有存储的介质，而没有早期的合同和权利来源的文件，甚至连存储的介质都不存在了；有些作品的署名为笔名、艺名，或者是集体创作之类，造成确定版权归属非常困难。进行版权清理和权利的确认可以采取多种方式进行：

（1）依据作品的原始载体来确定权利归属，既可以是原件、创作的底稿，也可以是档案室中首次复制的载体。

（2）作品首次发表的证据。

（3）作品组织创作的文件，可以包括早期的创作提纲，创作笔记，单位的工作记录，等等。

（4）司法确权。利用司法公信力，综合各种证据申请法院确认版权的归属。

（5）版权登记。版权登记证书可以作为权利归属的初步证据，版权登记属于自愿登记，自己对登记的真实性承担责任，并非一个审批过程，取得登记证书相对容易。

（6）公示。对于许多完全没有权属依据的作品，可以采取认领的方式，通过媒体公开宣示权利人，如果没有其他人认领该作品，即可以自居为权利人，享有版权的利益。这种方式的缺陷是，真正的版权人或者是版权继承人可能没有看到公示的信息，后来还是可以采取版权归属的诉讼甚至是提出侵权指控。但这也是为了激活沉默资产而采取的无可奈何的方式。

二、版权内容确认

作品只是版权资产的对象，可以作为确定版权资产权利人的依据，但是版权资产实际上是由某个具体作品的一项一项可以单独使用以及对外许可、转让的权利构成的。

作为资产意义上的版权，并非仅仅是《著作权法》第十条规定的十七项权利[①]，任何一种作品使用方式均可以构成一项权利，许多权利可能并未明确位列法律规定的十七项权利之一。比如，在某作品的信息网络传播权之下，就可以有 PC 端传播权、IPTV 传播权、移动端传播权，等等；再如翻译权，可以按照各种语种进行翻译的权利，发行权可以按地区进行细分……原则上，所有的权利均掌握在原始版权人（作者）手中，在对外的版权贸易中，没有明确列为贸易对象的权利都保留在原始版权人手中，所以需要小心地根据合同的条款确认版权资产的内容和归属情况。比如，《著作权法实施条例》第二十四条规定："专有使用权的内容由合同约定，合同没有约定或者约定不明的，视为被许可人有权排除包括著作权人在内的任何人以同样的方式使用作品；除合同另有约定外，被许可人许可第三人行使同一权利，必须取得著作权人的许可。"鉴于此，版权许可合同中的约定情况，对于被许可人的资产的价值有着极其巨大的影响。

版权企业，必须对名下的版权资产的具体内容进行明确、细致的区分，为下一步的资产运营提供良好的基础。

三、 权利清洗

作品版权的行使可能会与其他的在先民事权利发生冲突，如果处理不好，会使得作品经济价值的实现受到影响。在这种情况下，必须对相关权利进行清洗，才能获得纯粹的版权资源。

1. 姓名权与名誉权

有的作品在创作过程中因为不严谨或者是故意为之，会造成对他人姓名权或者是名誉权的侵害。

例如，山东科技出版社主办的《知识与生活》杂志 1991 年第 1 期上发表了署名"东方笑"的文章，题目是《梅开二度访杨沫》，尽管是一篇

---

① 该条第十七项实际是一个兜底条款，"应当由著作权人享有的其他权利"，这也为其他未明确列举的权利保护提供依据。

褒扬性的报道，但因为里面有许多不实的情节，使得老作家杨沫很生气，向法院起诉侵害名誉权，法院查明事实后依法判决，侵权成立①。

版权作品必须杜绝对他人姓名权或名誉权的侵害，否则既会影响作品的社会效益，更会影响其经济效益。对于这类作品，需要下工夫将相关元素或段落进行修改，或者征得相对权利人的同意才能发表或出版。

2. 肖像权

肖像权是一种人格权，指自然人对自己的肖像上所体现的人格利益为内容的一种权利。肖像权包括公民有权拥有自己的肖像，拥有对肖像的制作专有权和使用专有权，公民有权禁止他人非法使用自己的肖像权或对肖像权进行损害、玷污。所以，利用他人的肖像制作美术作品、摄影作品、电影作品、录像制品等，均需要获得权利人的同意，否则肖像权人可以自己的肖像权被侵害为由，提起诉讼，禁止包含其肖像的作品被复制与传播。

包含他人肖像权的作品，在创作之初就应该与权利人签订协议，约定作品的使用范围；没有得到许可的，也应该在作品传播或者复制的前夕，尽快与权利人达成协议，否则不能公开复制和传播。

还有一种情形，是利用一个团体的集体形象来创作和形成新的作品形式，比如利用 NBA 的球员形象创作网络游戏作品，或者利用国家陆海空三军仪仗队肖像制作美术作品，等等，如果没有得到许可，都会被认定为侵权。这样的作品要清洗掉侵权的因素就需要获得 NBA、三军仪仗队的官方授权，否则不得复制和传播。

3. 在先作品的权利

利用他人作品的元素创作新的作品，可能会侵犯在先作品的版权或其他权利，容易给作品的经济权利的实现造成障碍。所以需要得到在先作品权利人的许可。

利用他人在先作品人物的名称创作新的作品，既可能侵犯他人作品的形象权，也可能构成不正当竞争，作品传播因此受到限制，其经济价值难以实现。

---

① http://www.fx361.com/page/2015/0528/779882.shtml

有的作品是对别人作品的续作，利用原作的故事情节，重新创作，形成新的作品，这也可能构成不正当竞争，需要获得原作者的同意。

如果使用已经超出版权保护期的作品元素创作新作品，一般情况下没有问题，但是可能会因为与公共利益的冲突而为《出版管理条例》等行政法规所限制传播。比如利用《木兰辞》创作新作品，但将花木兰写成贪生怕死的投降者，这就是危害社会公德和民族优秀文化传统的作品，很可能被限制传播，最终难以转化为有效的版权资产。

利用他人作品的形象，创作自己作品，比如利用他人动漫作品中的人物形象制作网络游戏作品，制作工艺美术制品等，均需要获得授权。作品的形象权包括文学作品通过细致地描绘形成的具有独创性的人物（包括人格化的动物、植物）形象所具有的权利，比如，鲁迅的作品《阿 Q 正传》中独特的阿 Q 形象，具有文学的典型性也具有法律上的独创性，利用该作品的形象创作新作品，可能会构成侵权——当然，鲁迅的著作已经超出了《著作权法》确定的保护期。

作品的形象包括：（1）视觉形象，比如动漫作品、美术作品、电影作品中的人物形象（如《三毛流浪记》中的三毛），等等；（2）独特的名称，人物的名称由于和人物的形象密不可分，使用他人作品中人物名称，有可能会构成侵权[①]；（3）独创性的道具或物品，如果利用别人游戏作品中特有的道具可能会构成侵权。

在上述情况下，权利清洗可以从获得原始作者的许可，或者对作品进行再创作的角度，去除阻碍作品合法复制和传播的法律障碍。

三、权利瑕疵作品的拯救

权利瑕疵作品是指没有获得权利人的许可，擅自利用权利人的作品或者作品元素创作的演绎作品，由于在先权利的制约，使得这些作品实际上不能被合法地复制和传播，也不能实现其经济价值。比如，利用他人的摄影作品，进行临摹形成了新的作品，如果不公开传播和发行，则可以视为

---

① 这里要具体分析，如果与某一人物形象的名称偶合，没有利用他人形象的故意，则不属于侵权行为，比如在小说中，女主人公的名字为“黄蓉”并不会侵犯金庸先生的著作权，而如果同时出现的人物的名称为“郭靖”“杨过”“小龙女”等，则侵权的故意显而易见。

合理使用[①]；如果开展进一步的商业性利用，则会侵犯原始版权人拥有的专有权利。

这种情况下，需要对权利瑕疵作品进行拯救。一种方法是对作品本身进行检索，擦除侵权部分，使之成为合法的权利无瑕疵的作品。比如，未经权利人许可，使用其作品中的人物名称创作所谓的“同人小说”，对外传播时构成侵权，如果将作品中的人物名称改掉，则成为合法作品；对于那些无法擦除侵权元素的作品，可以积极地与权利人联系，获得其授权，以避免作品公开发行后被控侵权而承担经济损失。比如唱片公司利用他人已经公开但声明不得使用的作品制作录音制品，需要获得版权人的许可，否则构成侵权，那么唱片公司可以与原作品的权利人沟通，或者通过音著协沟通获得授权，去除侵权因素。

对于那些因为侵犯他人的权利而已经被限制发行的作品，可以针对不同的情况加以不同处理，如果能将加之于作品之上的限制因素去除，即可以获得完全的发行自由，其资产的价值就能被激活。比如，对于被法院判决停止侵权的作品，可以在获得权利人谅解或许可的情况下，重新获得发行的权利。

第三节　版权的整理与信息化管理

针对许多文化企业拥有的版权资产大量沉默的情况，开发版权资产的价值，首先必须对资产的状况进行摸底排查，然后针对不同的情况进行版权整理，利用计算机技术对相关信息进行有效管理，便于进一步运营。

一、版权整理

所谓版权整理，是指通过对企业已经拥有的版权资产进行甄别、分类、登记等方式，使之有序化。主要从下列角度进行，对获得的各类信息进行登记、造册和管理：

---

① 《著作权法》第二十二条第一项规定，为个人学习、研究或者欣赏，使用他人已经发表的作品，可以不经著作权人许可，不向其支付报酬。

1. 作品类型

依据《著作权法》的规定，目前我国法律主要保护的有多种作品形式，主要是：文字作品、口述作品、音乐作品、戏剧作品、曲艺作品、舞蹈作品、杂技作品、美术作品、建筑作品、摄影作品、视听作品、图形作品、模型作品、计算机软件等作品形式，还有录音录像制品、图书版式、电台电视台播出节目、演出等邻接权的载体。对于不同的作品形式，具有不同的权利内容，比如摄影作品和美术作品就有专门的展览权，其他作品形式则没有这项权利；视听作品、软件作品可以享有出租权，而其他的作品形式也没有。

确定作品形式，可以初步划定作品的权利范畴，进而确定其资产价值。

2. 版权人

需要审查作品的署名情况，是否持有作品原件、底稿、著作权登记证书等可以证明版权归属的文件，原件的保管情况如何。

需要查明作品作者的信息，以及作者的情况，包括是否生存，生卒年信息，以及继承人情况。这些信息可能会涉及到作品的署名等人身类权利的保护问题。

授权文件是否存在，尤其是对于授权文件中作者予以保留的内容需要特别注意：如果是基于版权转让而获得的权利，需要确定合同的合法性；基于许可合同获得的版权，需要授权的主要权利内容以及授权的期限。

是否为职务作品或委托作品，相关的版权归属约定的文件是否完备。

演绎作品，不但要查清演绎作品的版权信息，还需要查明原作的版权信息。

确定作品的版权人，主要为了确定企业是否对相关作品享有财产权利。

3. 版权来源情况

版权通过何种方法获得，可以是原始取得，主要是因作品的创作行为而获得，既包括一次作品，也包括二次作品；也可以是继受取得，因版权贸易而获得，或者因企业并购、接受赠与而获得；还可以是因为对作品的原始载体（原件）拥有物权，而依法享有某些权利。

4. 著作财产权利的内容

每一个作品的版权内容是不同的，原始创作的版权是完整的，接受版权让渡而获得的版权只能依据合同确定权利的范围。尤其要注意一些新出现的权利形式，比如信息网络传播权，是否在合同中有约定，如果合同中没有明确约定，该权利依然掌握在作者手中。

对于因权利人的许可而获得的某项作品使用权，需要根据许可合同的约定，确定权利的内容和地域。

5. 权利的期限

每一项著作财产权都是有期限的，自然人的作品为自然人的生存期再加死后五十年，法人作品基本上都是五十年。还有些作品形式比如摄影作品、视听作品、软件作品等，都是作品发表后五十年的保护期。需要确定作品保护期，保护期结束后作品将被释放为公共资源，所有人都可以自由使用。所以，权利的余期与资产的价值息息相关。

有一种情况需要注意，对于因权利转让而获得的版权资产项目，如何确定其权利期限呢？应该以作者的身份来确定其权利期限，原作者为自然人的，则对部分作品可以享有生存期再加死后五十年；而原作者为法人或其他组织的（包括公民的职务作品版权归于法人或其他组织时），则最多享有发表后五十年的权利期限。

因接受权利人的许可而获得的作品使用权的期限，以合同约定的期限为准，约定的期限超出作品保护期的，以保护期的截止日期为准。

6. 版权利用的现状

对于版权的使用方式，是否许可他人使用，是普通许可还是排他性许可、独占性许可？对于因受让获得的版权是否按照约定支付了对价，有没有违约的情况存在？对于因许可获得的著作使用权需要检查权利类型，是否因未支付许可费而使得权利失效，等等。

版权实际使用状况也需要做检索和登记。作品是否有效发表？发表的时间、途径等信息；作品的市场表现情况，作品的库存量，以网络传播方式使用的可以登记作品的访问量等。

应该针对不同的作品形式，设计不同的信息采集要素。通过对相关数据的梳理，确定作品的每一项权利是否都已经被有效利用。

7. 版权保护状况

作品的版权是否被侵权，侵权的方式和状况怎样，有否采取维权措施和维权的结果如何。

公开传播的作品版权标识和权利宣示是否完备，是否进行了版权登记，登记证书以及证书编号情况。

是否与其他人存在版权权属或者合同纠纷，解决情况如何。

8. 对单个作品做出版权评估

主要包括作品的版权是否清晰，权利的归属是否有疑点，版权的开发价值怎样。

9. 版权作品的原件管理

作品的原件是作品最早的物质载体，包括作品的底稿、摄影的底片、软件的开发计划书、作品创作的提纲、草图等，作品原件是确定作品权属的重要证据。

二、版权的信息化管理

建立一套完善的版权信息化管理系统对于文化企业非常重要。有这样一件具体事例，某文化企业的负责人，接到一个客户的咨询，需要查询他们曾经购买过的一个作品的原件，负责人一头雾水，完全不记得自己的企业曾经购买过这个作品，只好打电话给一个已经退休的员工，员工经过回忆，确定曾经买过这个作品，被放置在某处，最后才在仓库中找到了作品原件。如果该企业使用了版权的管理软件系统，就不可能这样被动了。与之相反的例子，数字出版企业中文在线，为了很好地进行版权管理，就专门建立了一个版权资产管理平台，在获得作者授权后，他们会按编号、作者、出版社、出版时间等进行严格的管理，同时对所授权利的细节也非常重视，例如作品的授权范围、授权期限、合作方式、结算方式，甚至所授权利是否允许在无线频道、有线频道传播等都会明确说明，这样一旦遇到版权问题查询起来就会非常方便。

电子信息与计算机技术成为版权信息化管理的基础。企业在进行版权整理、管理过程中，有效地利用计算机网络，可以大大地提高工作效率。利用专门开发的版权管理系统，可以提高工作协同性，实现对版权信息的高效检索。

1. 企业版权信息管理系统

企业版权管理系统就是对版权的日常管理以数字化的方式进行，可以实现企业版权信息的快速获取和充分共享，实现企业内部甚至是行业内部的版权信息的快速获取和及时分享，将一个个处于“孤岛”状态的信息资源连接起来，实现对版权信息资源的合理开发和有效利用。企业版权信息管理系统主要包括以下几大功能：

（1）版权信息数据库

数据库（Database）是按照数据结构来组织、存储和管理数据的建立在计算机存储设备上的仓库，用户可以对文件中的数据进行新增、截取、更新、删除等操作。

利用数据库技术，将企业拥有的版权作品信息全部录入，可以对相关数据做进一步的开发和利用。数据库的最大功能是共享性，可以提高工作的协同性，来自不同源头的数据可以共存于一个数据库。版权产品的生产企业、开发企业任何一个岗位产生的涉及版权的信息均可以归入数据库中，便于统计和查询，经过数字化的作品本身也可以纳入数据库管理。

（2）版权的检索和统计模块

版权信息管理系统必须具有强大的信息检索功能，通过信息检索引擎，可以进行海量信息的集中管理与快速检索，可以对作者信息、作品的使用信息、权利流转信息、版权保护、各种费用信息、版权贸易信息等进行快速检索。

数据库可以通过各种关系条件的设置，提取出想要的信息，比如将某类型的作品进行数量统计，将某个作者的作品销售价值进行统计等，可以获得各类可视化的图表，为企业的版权业务决策和战略决策提供数据支持。

（3）内外网集成功能

企业的版权信息不仅仅需要在内部局域网进行运行和共享，还需要具有合理的内外网连接能力，可以保证版权信息广泛获取和对外有效发布。可以在内外网之间，设置防火墙，避免外在用户的非法访问。

（4）各类期限预警功能

面对海量的版权信息，要确知每一个作品相关版权的时间节点，运用传统的管理方法几乎是不可能的事情，而使用计算机版权信息管理系统却很容易达成此目的。可以在版权信息采集的时候添加相应的字段，设定权利的期限、合同履行的每一个节点时间、版权许可费用支付时间等，临期由计算机提醒。

2. DRM（版权管理系统）

"数字版权管理（也称数字权利管理）是利用先进的信息技术，在提供数字化和网络化信息服务的同时，有效地阻止对这些信息的非法使用和拷贝，以达到保护数字媒体版权的目的。其核心思想是通过各种技术手段，通过用户许可证等方式控制用户对文件的访问、变更、共享、复制、打印、保存等操作，从而实现在媒体内容的整个生命周期内对其进行永久保护的目的，保护著作权人及内容提供商的版权利益。"① 这是对于版权信息和版权作品综合利用的方式，是对版权信息管理和利用的更高层次。下文将辟专节重点阐述之。

① 张文俊、倪受春、许春明：《数字新媒体版权管理》，复旦大学出版社，2014年6月，第38页。

中编

版权资产的运营

第七章　版权运营战略与版权获取途径

版权资产是文化企业的核心资产，其资产价值实际上远远超过文化企业的固定资产。图书出版、新闻制作、影视剧拍摄、动漫制作等属于版权核心产业的文化企业，其主营业务无不是建立在版权的获取与使用的基础之上。随着互联网的发展和文化企业改制的进一步深入，越来越多的文化企业开始有意识地将目光聚集在版权的运营上，希望通过整合更多的版权资源，拓展广泛的版权运营模式来获得丰厚的版权收益。

第一节　企业版权资产运营战略的制定

文化企业针对自身的特点和市场定位，应该优先制定版权资产的运营战略。西方版权产业发达国家在互联网数字技术快速发展的背景之下，企业版权资产的运营出现了多元化、科学化、专门化等特点，版权的力量得以呈现，因此获得了良好的经营效益，这值得我国文化企业借鉴。

版权运营的多元化，是指企业追求对版权演绎、版权贸易的多元开发，比如对单一的版权作品，可以开展进一步的数字版权开发、翻译版权开发、影视录像改编权开发、多媒体版权开发等多方位的开发，还可以针对不同的销售对象进行各种语言的版权许可，以及各种不同使用方式的版权许可；多元化的版权资产的开发战略，可以充分地利用市场的广度和深度，提供各种差异化的版权利用策略，以获得最大的效益。

版权运营的科学化，是指利用现代的信息网络技术，对于版权资产进行科学的分析和管理。比如利用大数据技术，分析研究市场动态和客户需求，有针对性地开发版权产品。

版权运营的专门化，是指设立专门的版权管理部门，对企业内部的版权事务的进行综合管理，对于企业的版权进行集中经营，以发挥企业版权的最大效用。西方国家大型的出版企业通常都设有专门化的版权管理机构，专门地从事版权业务的方方面面工作，比如，英国的培生教育出版集团设有相当庞大的版权管理队伍；具有一定规模的美国企业一般均设有法务部，主要负责知识产权相关管理事务，有的企业还专门设有版权权利许可部来负责企业所有的版权对外授权工作。

对于我国文化企业而言，做好版权运营的前提是企业版权战略的确立。可以根据新的技术条件下版权运营的特点，主要从下列几个角度出发，构建适合企业发展的版权战略管理体系。

一、建设特色鲜明的企业版权管理文化

由于特殊的历史状况，我国的版权文化和版权管理意识均落后于西方发达国家，对于版权的理解和版权具有的巨大经济潜力、战略意义的认识远远不足。许多企业对于版权的认知仅仅停留在纸面上，缺乏对版权管理重要性的深层次思考，缺少以市场为主导的版权文化体系。文化企业只习惯于产品经营而非版权经营，图书出版者眼睛只盯着图书能不能卖出去，电影制片者只盯着票房，对于版权的衍生品毫不在意，这样的经营模式很难说是一种完善的版权经营模式。

文化企业必须明确版权资产对于企业发展的重要意义，重视版权文化的建设，构建独具气质的版权文化氛围。首先，要加强对版权管理的人力和物力的投入，组建专业的版权管理部门，宏观上参与企业的运营和管理，促进版权资产的激活和版权业务的发展。其次，建立完善的版权管理制度，建设专业的版权管理队伍，对企业员工不断地进行版权业务知识培训，强化员工的版权意识，使之能够在日常的工作中重视版权和运用版权。我国文化企业普遍缺乏版权管理人才，尤其缺乏既懂经营又懂版权，既善于掌握市场又了解国际惯例，能够独立运用版权知识进行版权业务的复合型人才，所以，必须重视对版权人才的引进与培养，重视其在企业经营中的作用。再次，版权运营与版权获取过程中需要尊重和维护作者的版权，这是版权资产企业的根本所在。

二、建立多元化的版权运营策略

版权产品天然具有多元化的特点，每一种使用方式均可以对应一项权

利，每一项权利都可以增加版权资产的价值。所以在版权获取的过程中，在尊重作者人身权利的基础上，尽可能地对版权资源进行全面挖掘，尤其是一些新出现的作品的使用方式，比如手机客户端的使用方式，与现代科技比如3D打印相关的作品利用方式等，其相关版权都必须要明确获取。因许可和转让而获得的版权资产，未明确授权和转让的部分依然掌握在作者手里，在需要的时候重新从作者处获得授权往往要支付更高的代价。

版权企业所拥有的版权资产可以进行多元化开发和运作，不仅版权产品的翻译权、复制权、发行权等传统的权利可以开发利用，而且聚集在作品之下的诸如信息网络传播权，作品的连载权、摄制权、作品形象使用权等均可以加以开发和利用。所谓的“全版权开发”的理念，可以充分地发挥版权在整个产业链条中的核心地位，获取了超额的经营利润。所以，加强版权价值链条的开发和利用，避免对版权资产的浪费，应该成为文化企业的方向。

三、建设版权信息管理系统

版权信息是版权企业发展的重要资源，具有时效性、共享性、积累性和循环性等特征。现代信息网络与计算机技术的发展，为企业建立版权信息管理系统提供了技术支撑。版权企业需要根据自身的业务特点，建立版权信息管理系统，对自有的版权资产的信息收集、储存、检索、查询、传播实现数字化、网络化、系统化，使得零碎的、处于孤岛状态的版权信息集成起来，成为企业的资源性信息。

版权信息管理系统目的是实现企业内部对版权信息资源的快速获取、版权信息资源的充分共享。企业还可以利用版权信息系统的集成性，对于信息进行加工分析，为版权开发和版权的运营提供依据。比如，通过分析，了解到近期数字出版业务的增长较快，企业就可以投入更多的人力、物力以拓展数字出版业务。

四、制定与完善版权保护的策略

作为一种由法律授予、在一定时空内有限的垄断性权利，版权资产作为一种特殊的“无体物”，离开了法律的保护，其价值就成了空中楼阁。

企业必须在法律的框架下采取措施对作品版权进行有效保护，版权保护与版权运营如同硬币的两面，不可或缺，版权的适当保护有利于激发版权资产更大的价值呈现。

版权保护主要有两个方面的内容。一是法律保护。比如在自我版权资产上标注权利声明，这样可以依据法律明确权利的归属和权利的边界，加强对侵权行为的发现与追究。企业需要建立对版权资产侵权的打击制度，既可以采取诉讼的策略，也可以是协商合作的策略。二是技术保护。主要利用科技手段限制用户对作品的获取或复制、传播行为。

第二节　版权资源的获取途径

对于文化企业而言，获取版权资源是企业发展的前提。企业的版权资产可以来源于多种途径，主要有自行组织创作和生产、版权贸易、企业并购等方式，这些共同构成企业的版权资产。

一、自我开发

文化企业根据自己的业务特点有计划地组织版权开发，是版权企业获取版权资产的首要途径。

不同的产品类型具有不同的生产特点，对于那些需要利用企业的资金、人力、资源进行创作的作品，比如视听作品、大型动漫作品、大型软件作品等，都需要由企业根据计划统一安排开发；也可以合同的方式与其他单位或个人进行联合开发，依据约定享有版权利益。

个人可以独立完成同时作为工作任务组织职工创作的作品，这属于职务作品，依据《著作权法》的规定，原则上其版权归作者所有，单位可以在其业务范围内免费使用，单位也可以与职工就职务作品的版权归属作概括性的约定：对于职工因履行职务创作的作品，其经济性的著作权利归单位拥有，职工保留对作品的人身权利；也可以在作品创作完成时，与职工作者专门约定版权的经济性权利归单位所有，同时单位给予职工一定的奖励。

将职工的职务作品转化为企业版权资产的情形下，应该及时对相关的版权信息进行采集和登记，对于作品的存储介质予以妥善保管。职工提交作品的原件或者是创作笔记、发表的证据等要分类保管，防止遗失。这个工作之所以重要，一方面是对企业版权资产情况加以确认的手段，在企业内部的版权管理系统上对版权信息加以登记，避免将来既有的版权资产再度沉没，造成浪费；另一方面也是为了避免将来出现版权的权属纠纷。有的企业因为单个作品的价值难以确定，甚至终其保护期也无法为企业带来实际收益，于是对于作品的登记造册、作品载体的保管没有足够的动力。实际上，尽管仅仅就某个作品而言，版权价值难以实现，但是对于整体而言，做好版权信息的登记，其收益将会远远大于成本。

二、版权贸易

通过版权贸易获得版权资产是文化企业进行版权开发和运营的重要途径，甚至是某些企业的唯一途径。主要方式是版权企业从版权的所有人或者持有人那里，通过建立合同关系，获得版权资产。许多出版类、传播类企业，大部分版权资源均来自于作者的自由投稿，依据格式的《出版合同》《发行合同》《播出合同》等，获得有期限的作品的复制、发行或者信息网络传播的权利。

版权贸易也是企业间进行优势互补、资源对接、效益最大化的产权交易途径，主要是利用版权许可合同、版权转让合同、版权互易合同等方式，获取特定时间和空间以及以特定方式对于版权资产的占有和使用。

1. 版权许可

版权许可也被称为“许可证贸易”。《著作权法》规定，“使用他人作品应当同著作权人订立许可使用合同，本法规可以不经许可的除外。”① 许可合同可以是书面的，也可以是口头的。订立许可合同，获得版权作品在特定时间和地区内特定的权利，企业可以按照合同约定的方式使用作品，这些权利显然构成了被许可企业的版权资产。比如，影视企业获得了某作家一部小说的影视改编权，该企业可以利用该作品进行剧本改编和影视拍摄，形成新的演绎作品，借以谋利。许可证贸易是版权贸易领域主要形

---

① 《著作权法》第二十四条。

式，许多精明的版权人将作品的各种权利分拆许可不同的人使用，谋求最大利益。

版权许可合同就权利性质而言可以分为普通许可合同、排他性许可合同、独占性许可合同。三种合同的授权范围和权利主体稍有不同，拥有的权利也有不同。普通许可合同，被许可人仅仅获得普通许可，不能排除权利人对其他主体再次就相同权利进行许可，没有独占市场的机会，这一类合同可以采取口头形式也可以采取书面形式，面对未经许可的侵害版权的行为，没有诉权，只能将相关的侵权事实告知原始版权人，由原始版权人进行维权；排他性许可合同，就合同约定的作品和权利，被许可人有权排除除权利人本人之外的其他任何人以相同的方式使用作品，这类合同应该采取书面形式订立，如果发生其他人的侵权行为，被许可人有权以自己的名义提起诉讼；独占性许可合同，就合同约定的作品和权利，被许可人有权排除包括版权人在内的其他任何人以相同的方式使用该作品，这类合同显然也应该以书面形式立，一旦发生侵权行为，被许可人有权以自己的名义提起诉讼。“独占性许可”在《著作权法》中被称为“专有性权利”。《著作权法实施条例》第二十四条规定，如果合同对于许可的权利没有明确约定是属于专有性的权利还是非专有性的权利，或者约定不明的，“视为被许可人有权排除包括著作权人在内的任何人以相同的方式使用作品”，统一视为独占性许可。关于被许可人是否有权再次许可他人以合同约定的方式使用作品，类似于分销权，这涉及到被许可人的经营模式，要获得该权利也必须先取得著作权人的同意。

依据《著作权法》的规定，许可使用合同主要包括下列内容[①]：

（一）许可使用的权利种类；

（二）许可使用的权利是专有使用权或者非专有使用权；

（三）许可使用的地域范围、期间；

（四）付酬标准和办法；

（五）违约责任；

（六）双方认为需要约定的其他内容。

---

① 《著作权法》第二十四条。

以上是合同必备条款，合同双方可以依据各自的经营模式增加更多的条款，比如关于权利分销以及权利人的取酬方式，也需要做详细的约定。版权许可合同可以向著作权行政管理部门备案。

2. 版权转让

现行《著作权法》规定，版权人可以全部或部分转让该法规定的权利，并应当订立书面合同。版权转让的对象可以为某个单项权利，也可以是某特定区域的权利，还可以明确一定的期限①。版权许可合同尤其是独占性许可合同与版权转让合同很相似，在特定时期内权利的被许可人的权利与权利的受让人似乎并无二致。其区别在于，版权转让是针对特定权利发生版权主体的变更，版权的权利人从一个主体转变为另外一个主体，版权一经转让，权利人就没有权利了；而版权的许可则可视为对版权人权利的一种限制，许可合同期限届满或者在特定的情形下，相关权利又回复到权利人手中。版权转让的受让人取代了原始版权人的地位，可以依据法律的规定对版权进行运营和处分，无须再取得权利转让人的许可。

依据版权转让合同受让相关权利，可以使企业获得更大权利运营的自由度，使得版权资产拥有了更高的价值。

《著作权法》规定，权利转让合同包括下列主要内容②：

（一）作品的名称；

（二）转让的权利种类、地域范围；

（三）转让价金；

（四）交付转让价金的日期和方式；

（五）违约责任；

（六）双方认为需要约定的其他内容。

需要特别指出的是，法律所规定的转让合同的标的仅仅是作品的经济

---

① 我国的《著作权法》对于版权转让的对象和期限并未予以限制，这与同样主张版权可以转让的英美国家的立法有所不同：《英国版权法》第90条“专利转让与许可”规定：版权所有人享有专有权只能转让一项或多项，但不是专有权的全部；版权转让只能是版权的存续期的一部分，而不能是全部存续期间。美国的法律规定，权利人享有一定条件下对于“转让版权协议”的“终止权”，一经行使“终止权”，版权则为权利人所收回。

② 《著作权法》第二十五条规定的是“转让本法第十条第一款第（五）至（十七）项规定的权利”。

权利而不涉及作者版权的人身权利，我国法律对于人身权利是否可以转让并未明确规定，但就法理而言，显然不能包括人身权利①。版权转让合同可以向版权行政管理部门申请备案。

3. 版权互易

互易合同是指当事人双方约定互相移转金钱以外的财产权的合同。互易合同的双方当事人均称为互易人。采用这种版权贸易方式并非为《著作权法》所明确规定，但是签订版权互易合同可以优化企业版权资产结构，激活沉默资产，不失为一种非常值得推广的合同形式。著作权法对于该合同的具体条款和是否需要备案上没有规定，可以由当事人自行约定，属于“无名合同”。

我们可以将版权互易合同看做是版权转让合同的变体，即以对方为版权权利受让人的两个版权转让合同的合体，转让标的对价相互抵消。该合同应该采取书面形式，可以向著作权行政管理部门申请备案。

版权互易合同应该包括下列条款：

（1）双方互易作品的名称；

（2）互易权利的种类和地域范围；

（3）权利交付方式；

（4）权利交付时间；

（5）违约责任；

（6）双方需要约定其他条款。

4. 版权的交叉许可

主要是指拥有版权资产的双方依据合同许可对方在一定的区域和时间内自由使用自己的版权，这在涉外的版权贸易中比较常见。比如国内一家拥有摄影作品资产的公司可以允许境外的某家公司独占性使用其作品的版权，以换取对方许可自己在本国独占性使用其作品的版权。

通过版权的交叉许可，企业可以扩大自己的版权资产规模，发挥自身优势，同时规避对于陌生区域或市场难以掌控产生的风险。

---

① 尽管有学者在学理上对此作出分析，认为著作人身权具有经济性属性，但立法上并未明确承认人身权利可以转让；再考察《著作权法》的立法渊源，似乎以“作者权”为其旨归，在著作权的经济性权利能否转让尚且摇摆，可以据此判断著作人身权不可转让。

三、股权并购

文化企业间进行股权并购也是获得版权资产的途径之一。2013 年，中国创意产业研究中心发布的《北京文化创意产业发展报告》指出，随着前期兴起的文化创意企业逐步走过发展期，具有一定实力的文化创意企业大都发展到了资源再整合的新阶段，如何优化资源配置、进一步开拓市场，这些问题摆在了这些企业面前。企业需要通过并购行为，扩大生产经营规模，规避风险，降低成本费用，提高市场份额，以达到快速扩张的目的①。通过对其他版权资产企业的股权并购，可以迅速获得目标公司拥有的版权资产，扩大自身可以掌控的版权资产规模。“以获取版权为目的的企业并购已成为文化创意产业提升竞争力的一种重要手段。迪士尼公司（Walt Disney）以 42.4 亿美元的价格收购惊奇娱乐公司（Marvel Entertainment），其主要目标即在于取得对方的蜘蛛侠、钢铁侠等 5000 多个全球著名的漫画角色的版权无形资产。”②

视觉中国是一家国际领先的以视觉内容为核心的互联网科技公司。该公司整合全球高质量版权内容资源，通过互联网版权交易平台（www.vcg.com）提供超过亿级的海量图片、视频、音乐素材。并购其他公司的股权一向是其获得优质版权资产的重要手段。2012 年，公司收购大中华区领先的娱乐通讯社东星娱乐。2015 年 9 月参股湖北司马彦文化科技有限公司，2015 年 11 月收购上海卓越形象广告传播有限公司，2016 年收购比尔·盖茨创办的全球第三大图片库 Corbis Images，并战略投资全球领先的摄影社区 500px③。通过一系列的股权并购，公司获得了大量的优质版权资产，在市场上取得了竞争优势。

---

① http://www.cs.com.cn/ssgs/hyzx/201311/t20131107_4199275.html

② 徐棣枫、陈瑶：《版权并购交易的风险及其防范》，载《中国出版》，2013 年 12 月号（上）。

③ 《视觉（中国）文化发展股份有限公司 2016 年年度报告》。

第八章　文化企业的版权运营策略

严格意义上来说，版权运营并不是一个学术概念，而是一种约定俗成的认识。版权运营被认为是一种“利用产业运营中相关具体的理论、操作方法和手段，把版权作为经营操作对象，进行带有商业性质的、以获取经济利润为目的的行为，版权运营模式正是基于以上版权产业的商业运作或非商业运作的模式或产业链流程”①。

第一节　“全版权运营”模式

所谓的“全版权运营”，就是建立一个由多元业务组成的完整产业链，将版权经营覆盖到版权产业的各个环节，通过产业链条中各种资源的有效整合，实现版权价值的最大化：既可以包括线上资源与线下资源的整合，也可以包括传统媒介与数字媒介的整合，还可以是跨行业的资源的整合。全版权运营是对版权资源全面而充分的开发，可以把版权作品的经济价值和社会价值发挥到极致。

全版权运营在我国版权产业领域尚属于新兴的事物，最早是互联网企业以网络版权为核心，进行了有益的尝试。

早在2009年，盛大文学就开始尝试对作品进行全版权运营，以争取良好的社会效益和经济效益，慢慢形成成熟的运营模式。盛大文学以极富吸引力的报酬从作家处获得版权资产，用这些版权建立起由多元业务组成的产业链条：将版权运营从网络延伸到实体书、动漫、影视、游戏、音乐等多个环节，一次生产，多次利用，全版权获利②。时任盛大文学首席执行官的侯小强曾如此解释：“‘全版权运营’，也就是一个立体运营，在线上

① 张阿源：《数字出版的版权运营研究》。
② 陈端：《我国网络全版权运营发展衍变脉寻》，载《传播与版权》，2015年第1期。

线下，在影视公司的各种模式上，都要去做。通俗地说，一旦有一个产品，一定要想办法把它嫁出去。”

2010 年，借助冯小刚同名贺岁片电影的势头，以纸质出版、线上阅读、手机阅读和手持阅读器阅读四种方式同时推出了小说《非诚勿扰》，这被认为是“全媒体出版第一书”，是版权运营的新尝试。《非诚勿扰》的全媒体发行取得了不错的销售业绩，引发了社会关注的热潮。现在许多文化企业已经意识到“全版权运营”的重要性，但植根于中国的法制土壤上的中国版权资产企业还有相当长的路要走。

从西方版权产业发达国家的经验看来，他们的全版权运营的跨度非常大，充分地发挥版权资产的力量，在尽可能多的领域获取利益。以迪士尼为例，每一部作品至少包括以下内容：

图书（包括文字故事、插图、漫画、真人连环画）

电影及衍生影片

动画

有声读物

游戏

饮食、家具、玩具、首饰、服装

品牌授权

主题公园、旅游

迪士尼在全球拥有 4000 多个有特许经营权的商家，范围涉及家具、玩具、手表、服装等诸多领域。

另一个成功的案例是系列小说《哈利·波特》的版权运营，《哈利·波特》（*Harry Potter*）是英国作家 J. K. 罗琳（J. K. Rowling）于 1997—2007 年所著的魔幻文学系列小说，总共有七部。围绕这一系列小说所形成的全版权产业链总产值超过了 2000 亿美元，其中包括图书、电影、游戏以及主题公园和相关的饮食、服饰、玩具、旅游等产业收入。无论是迪士尼还是《哈利·波特》，我们都可以看出它们产业运营所涉及的商业模式非常多，所以伴随而来的衍生版权也非常丰富。

所以，所谓的“全版权运营”，实际是一种跨媒介的综合商业模式，版权资产企业利用有效的版权资源，充分利用市场的广度和深度，最大限度地获取经济利益，将版权资产的效益发挥到极致。不同的版权资产企业，拥有不同的盈利模块，占有不同形态的作品资源，当然也可以有不同的商业模式。并不是所有的作品形式都能以“全版权”模式运营，但是全版权运营的意识应该为所有版权资产企业所拥有，尽可能地拓展版权的应用领域，创新商业模式，使得版权产品的价值获得最大程度的市场表达。

进行全版权的跨界经营，就是要形成一个成熟的版权产业链，文化企业必须与许多市场主体打交道，使得权利效用得到最大的发挥。属于核心版权产业的文化企业进行全版权运营，具有得天独厚的优势。

全版权运营，要将版权的资产价值向其他依托版权的产业传递，实现价值与资产增值的目的。这种跨界性的实现有赖于国家文化体制改革和产业政策的支持，2011 年中共十七届六中全会通过的《中共中央关于深化文化体制改革、推动社会主义文化大发展大繁荣若干重大问题的决定》着重强调促进社会资本、金融资本和文化资本的对接，加快构建文化创新体系，通过文化科技创新，促进文化产业与旅游、通讯、会展、商贸、教育、培训、休闲等版权相关产业的融合，这是全版权运营的制度保障。

全版权运营得以实现的另一块基石是管理技术的进步。随着互联网信息技术的快速发展，不仅作品的复制与传播获得了新的技术支撑，而且版权的交易信息的分享与传播，为版权人和版权运营者提供了公开、透明、平等的交易氛围，极大地方便了版权从传统的核心版权产业向其他依托版权产业的漫溢，实现了版权价值的增值。

目前，全版权运营亦存在诸多的问题，比如版权价值难以确定，同一件版权作品运用不同的评估方式最终评估出的经济价值可能存在天壤之别，那么在版权融资、版权贸易等场合就难以进行，这需要在实践中有更多的探索；又如，全版权的运营策略可能会导致版权的过度膨胀，会侵害公共利益的空间，反而降低版权的社会价值。

版权资产企业追求的版权与其他相邻产业的融合，需要利用版权的价值作为杠杆，创造新的商业模式。不同的产业有不同的运作模式，一家出版企业，未必会懂得旅游企业的盈利模式；而一个动漫企业也不一定懂得玩具企业的销售模式和盈利方式……将一个动漫形象授权给一个服装企业以生产主题童装，童装厂考虑的可能是动漫形象的版权价值究竟在多大程度上提升童装的价值，动漫形象的权利人考虑的可能是授权如何取费，如何合理地进行版权价值回收。

国内企业进行全版权运营的例子不多，《杜拉拉升职记》倒是一个难得的例子。民营出版公司博集天卷是“杜拉拉”的发现者。2007 年 8 月，公司副总经理王勇偶然间看到一个博客，是一部只有两千多字的网络小说，博主文笔轻松且个性十足，把大公司职场里的故事讲得有起有落、活灵活现。做了多年图书的王勇看中了这个励志故事，随后由编辑人员联系作者，双方很快达成合作意向，在编辑的建议下，作者将小说的主人公改了一个更时尚的名字，叫杜拉拉。小说推向市场后取得了不俗的销售业绩。编辑团队又利用杜拉拉的故事编排了话剧和电影，由徐静蕾导演并主演的电影《杜拉拉升职记》上映 13 天票房破亿，这部制作成本 1500 万的电影，最终以 1.3 亿票房的成绩收官。至此，“杜拉拉”成了一个文化符号，变成了一个城市中产阶级成长的代言人、一个深受城市白领喜欢的角色。电影的成功也极大地促进了图书产品的销售，仅仅杜拉拉系列小说发行量已经超过 400 万册，在图书领域至少创造了 1.4 亿的市场价值。随后，博集天卷公司又对系列小说做了一系列的版权开发与运作，着重对该作品的衍生品进行开发和利用，仅仅《杜拉拉 3》电影版权授权获得的收益就达 7 位数。3 年时间内，《杜拉拉升职记》系列小说完成了从图书向文化产品的全方位转型，形成了一个品牌和符号，在长长的产业链中，话剧、电影、电视剧、服装、鞋业、游戏、音乐剧、网络剧、无线增值等多个文化消费领域都有涉及，已经创造了数亿元的产值①，其版权的价值依然不断地在向下游产业链漫溢。

第二节 出版行业的版权运营策略

所谓“出版”，依据《著作权法》的规定，系指“复制和发行”，出版企业就是从事出版物的编辑、复制、发行的整个过程的企业，其主要产品是图书、期刊、电子音像制品、数字出版物、网络出版物等。在实践中

① http://book.ifeng.com/shangshufang/special/s0017/detail_2011_09/27/9513332_0.shtml

出版行业主要是指出版社、出版集团、出版公司等从事作品的复制与发行工作的企业。

一、出版行业现状

随着国家经济社会的持续发展，中国的出版行业快速增长了近20年，我国已经成为全球出版大国，每年出版图书44万种，是美国的2倍，日本的4倍。我国出版的期刊接近1万种，在全球排第二位。到2014年，全国共有新闻出版单位32.5万家，出版图书44.84万种，图书出版实现营业收入达791.18亿元，利润总额为117.07亿元；全国输出出版物版权为8733种，引进出版物版权为16321种，两者比例为：1∶1.7①，存在着巨大的逆差。这使得我国在世界出版格局中处于弱势地位，亟待改观。仅仅就版权运营而言，目前大多数出版机构的版权运营仅仅依赖于少量的版权贸易，输出部分作品的版权，营收很有限，像能够全产业链运营《杜拉拉升职记》的民营出版公司博集天卷毕竟凤毛麟角。

形成这一状况的原因很多，首先是大部分的出版企业为国有企业或者是事业单位，由于传统体制下的出版社之间缺乏竞争，对于版权资源的获取和版权资产的管理相对简单。企业化转型后的出版企业，首先面临的就是优秀版权资源的争夺。那些高度重视版权运营的企业能够占领大量的优质的版权资源，形成高价值的版权资产，而大部分的出版企业未能尽快适应市场的要求，未能从传统的版权管理模式中走出来，处境艰难。而许多民营的版权企业长期贴近市场需求，很早就学会在市场的大海中畅游，无论在图书的选题、优秀版权资源的获取上，还是在版权资源的运营上均表现出极强的适应性。

其次，新技术条件下，尤其是互联网经济时代，出版业和网络传播业之间的产业融合和良性产业生态链还没有建立起来。在一个宣称“内容为王”的时代，作品内容却往往是最不值钱的，出版机构在与网络传媒业合作的时候，往往缺乏话语权，有人很委屈地介绍说：“2012年年底，一个

① 国家新闻出版广电总局《2014年中国新闻出版产业分析报告》，载于《中国版权年鉴（2015）》。

中介服务公司想与中国科技出版传媒集团合作，准备建一个 6000 本科普图书的数据库，放在某通讯运营商的网站上。对读者的销售价格是 100 本图书一个月付 2 元钱，但还不是全付给出版集团，其中中间商 6 毛钱，通讯运营商 6 毛钱，到出版集团这儿只剩 8 毛钱了。”① 我国的互联网产业是在“免费为王”基础上发展起来的，许多作品以免费的方式在网上传播，培养了新的市场，开发了新的作品出版模式，但是这是以损害出版企业版权利益为代价获得的。许多读者愿意付钱买实体书，却不太习惯于为电子阅读付费，长期网络盗版行为也助长了这种风气：许多作品可以通过非法共享、侵权的网络传播等方式获得，很少有人愿意出钱购买正版的数字化作品，这不是仅仅以一种道德评判方式，批评国人不尊重版权就可以解决的。出版业和网络传播业的良性生态链的形成，需要各方面的努力，推动各方面的利益融合，形成新的产业模式，通常而言，网络传播业可以通过网络流量、客户大数据、互联网广告等方式获得利益，而作品内容提供者的出版社却缺乏其他的营利模式，这亟需改变。近年来，有些出版社与网络运营商合作，以数字版权管理系统（DRM）的方式，在互联网上经营版权作品，从控制客户端获得作品入手，促进作品的正版化运行，取得了一定的进展。

再次，版权管理的专业化意识淡薄，没有将版权资产作为企业的核心竞争性资源加以重视，忽视对版权资产的价值的充分开发。在出版社层面设立版权管理机构的还是少数。早在 2009 年，版权学者王志刚以访问企业网站的方式，调查了我国 24 家出版集团及其下属的 163 家出版社，发现在集团层面设置统一的版权管理机构的只占所调查的集团总数的 16.7%，在出版社层面设立专门的版权管理机构的仅占所调查的出版社总体样本的 1.84%②。而在西方国家，出版企业往往设立专门的法务部门，或者版权部门，专门处理版权的对外授权、版权纠纷和侵犯事宜，比如德国的出版巨头贝塔斯曼、施普林格都设有专门的版权部，负责处理所有的版权管理的专门化问题。

---

① http://media.people.com.cn/n/2015/0104/c392155-26320825.html

② 王志刚：《出版企业版权战略管理》，社会科学文献出版社，2012 年 11 月，第 3 页。

我们的出版企业对于版权的管理往往止步于一本书的印刷完成，经营收益主要来自于书籍的售卖；而对于书籍的版权运营没有概念。一本书的出版仅仅是版权表达的一个方面，下游往往还有许多可以开发的使用方式，比如多种文本翻译出版的授权、简写本（缩编本）授权、广播权、录音权、电影权，可能还有电子出版的渠道、新媒体渠道，甚至是其他衍生品的授权。而这些版权的运营方式必须有专业的版权管理能力相配套，有相应的版权管理的专业人才支撑。

最后，对于盗版的打击缺乏决心和手段。长期以来，图书出版市场一向是被盗版行为侵害最为严重的领域之一，根据国家新闻出版广电总局统计，2016 年，全国各地方版权行政管理机关共收缴各类盗版品 1291.97 万件，其中查缴的盗版书刊 1004.25 万册。网络盗版现象更是严重，根据艾瑞咨询 2016 年发布的《中国网络文学版权保护皮书》，2014 年盗版网络文学如果全部按照正版计价，PC 端付费阅读收入损失达 43.2 亿元，移动端付费阅读收入损失达 34.5 亿元，衍生产品产值损失 21.8 亿元，行业损失近 100 亿元[①]。盗版是制约出版产业发展的重要因素，其内在的根源是市场旺盛的需求，还有一个重要原因是出版企业不重视打击盗版。大部分出版企业没有专门开展打击盗版工作，许多出版社的网站上看不到反盗版的联系方式，反盗版的意识亟待加强。出版企业对于反盗版经常有“老虎吃天，无从下口”的感觉，由于缺乏反盗版的专业技能，发现盗版已然不容易，却不懂得如何进行证据固定，不知道如何推进维权程序，导致后期索赔很困难，各地法院对于侵权的判赔尺度掌握不一，企业常常费了九牛二虎之力却所获甚微，挫伤了企业反盗版的热情。不能有效地打击盗版行为，必然会影响正版市场的发育和成熟，出现所谓的“劣币驱逐良币”现象。

二、版权获取策略

对出版企业而言，充分地获取优质的版权资源是其开展良好运营的关

---

① 任晓宁：《网络文学与盗版战争曙光初现》，载《中国新闻出版广电报》，2017 年 3 月 9 日第 7 版。

键性要素。无论国内还是国外，所有重视版权并将版权运营作为核心发展动力的出版企业，无不重视版权资源的充分获取。

出版企业必须制定符合自身发展定位和长远规划的版权资源获取策略。依据《著作权法》的规定，目前，出版活动主要涉及三类权利：

第一是核心权利，主要是复制权和发行权，大规模的复制与发行是出版行为的核心；还有一个权利是信息网络传播权，这是近年来随着互联网络传播而发展起来的一项权利。这三种权利构成了出版企业的基础性权利。前两者是传统的出版权利，可能会因为出版的介质和读者对象不同细分为精装书出版权、平装书出版权和图书俱乐部权[①]，还可以有简体版和繁体版出版权；后者依据不同的传播媒介生成相应的权利，比如 PC 端的传播权、手机端传播权、平板电脑传播权等。

第二是出版作品的附属性权利。主要包括：翻译权，将作品从一种语言翻译成另一种语言的权利；连载权，出版企业将作品部分或全部授权给报纸或者杂志进行连续刊载的行为，在实践中还可以细分为第一连载权和第二连载权，前者是在图书尚未发表前出版社授权报纸或杂志部分刊载新书内容，后者是图书出版后授权报纸或杂志对其内容进行连载或摘登；汇编权，授权他人将其新书的部分内容编入其他作品集；缩编权，授权他人将作品缩写为其他出版物，供文摘类的报刊杂志登载；影视改编权，就是授权他人将作品改编为戏剧剧本或影视剧本的权利；摄制权，授权他人以作品为蓝本拍摄视听作品的权利；数字出版权，将作品进行数字化改编后，以光盘、数据库或电子书等方式发行；广播权，授权广播组织以无线或有线的方式公开广播或传播作品的权利。

第三是衍生权和邻接权。主要有作品形象使用权，通常是版权人授权其他商品或者媒介使用图书中人物、动物、器物等形象的权利，比如以作品的形象创作新的游戏作品，使用作品的名称命名产品的名称，等等；版式设计权[②]，这是出版权专有的一项邻接于作品之上的权利，许多作品在

---

① 图书俱乐部权是指版权人许可一家图书俱乐部将其作品单独印成俱乐部版的权利，仅仅在俱乐部会员中发行。这种权利在我国《著作权法》中未予规定，但在西方的版权运营实践中属于一种常见的权利，其特点是价格低于正常版本的图书价格，是对俱乐部会员的优惠。

② 版式设计权是指对版心、排版、用字、行距、标题、引文、标点符号等的权利。

进行版权贸易中，出版者会要求一并许可版式设计权。

出版企业在获取版权的时候有一项附随性的权利也应该注意，即“未来版权的开发权”①。有时候一本书出版后，大受欢迎，出版其续集或同类的图书可以获得更好的市场预期，但是作者往往会待价而沽，抬高版权许可的报价，增加企业版权获取的成本。如果在早期版权获取时就将“未来版权开发权”置于合同条款的约束之下，就可以做到未雨绸缪。

出版企业在获取的过程中首先应该追求版权获取的权利的全面性。我们许多的出版企业只重视版权权利中的出版权即复制与发行权，对于其他可以赢得市场效益的权利内容经常忽略，而这些被忽略的版权内容却可能是会带来巨大市场效益的重要领域。比如，有的出版企业与作者签约推出一本书，经过出版企业的精心策划、编辑加工和营销推广后，成为一本受到市场认可的畅销书籍，出版社也仅仅获得其发行利益，而后期作品的翻译权、汇编权、改编权、广播权等一系列的权利利用之门相继打开，但利益上基本上已经与出版企业没有关系了：出版企业完全可以在获得复制、发行权利的同时，获得该作品其他的附属性权利，否则，等到市场有了巨大影响后再向作者求取相应的权利，水涨船高，其代价就大大增加了。而且处于版权产业链下游的作品利用方式比如影视的开发、形象权的使用等，已经超出了传统的出版企业的业务范围，但这些使用方式均与第一步的出版行为密切相关，出版企业也应该储备相关的衍生性、附属性的权利，使得自己的资产内容丰富起来。

于此具有借鉴意义的是美国出版界对版权全面性的获取所付出的努力，他们非常重视对版权权利内容的全面性引进，为后面版权的充分运用打下坚实的权利基础。大部分美国的出版商可以凭借自身信誉和实力，以及承诺，给予版权合作者富有竞争力的条件从而获得几乎全部的权利内容。

出版企业在信息互联网的技术背景下，以数字形态表现的信息网络传播权及其一系列的相关的作品利用方式，需要引起出版企业极大的重视。这一权利已经成为与复制权、发行权同等重要甚至更为重要的权利，新的

---

① 这是属于“预期版权”，是一种合同性的权利。

技术形态带来了阅读模式和阅读习惯的改变，纸质书籍的阅读方式已经慢慢地为电子阅读所取代，而且电子阅读有着传统阅读不可比拟的优越性，比如便于携带，一本电子书阅读终端就可以容纳成千上万本书的内容；环保，对资源消耗最少，不用砍伐森林制作纸张，还可以反复使用；便于查阅，读过的书的内容可以很容易查到印象深刻的一句话在哪一页等。以数字出版方式直接地在网络上传播作品，以付费阅读模式取代传统的发行实体书籍将在未来成为现实。出版企业可以有针对性地获取数字作品的权利，尤其是信息网络传播权。

就版权作品的内容而言，专业性应该成为基本的策略。出版业是一项风险比较高的产业，主要在于许多图书可能在一个地区成为畅销书而换一个地区就可能市场惨淡，有些书编辑觉得会大卖，但是在市场上却反响平平。所以强调版权资源获取的全面性，并非指不加选择、不讲手段地盲目获取，而是应该在专业化、市场化原则的指导下，有针对性地获取版权资源。

专业化就是选择版权作品的过程中要有专业性的判断和决策机制，既要进行市场调研，了解市场需求，又要根据出版社的特点对目标作品做出有针对性的区分，避免版权运营中可能存在的市场风险和法律风险。市场化就是从市场的角度，以最小的代价获取最优质的版权作品，出版企业应该像精明的商人那样取舍，在签订版权贸易合同时针对不同的权利以不同的方式处理。目前许多大型的出版集团签订的版权获取合同中，除了一些特定的权利比如复制权、发行权、翻译权等需要即时给付款项外，其他的权利通常采取利润或者销售额分成的方式，这样可以极大地降低出版企业的市场风险，相当于作者和权利人与企业共同承担了作品市场营销失败的风险。

每一个出版企业都会有自己获取版权资源的渠道，可以说是“八仙过海、各显神通”，但是要拥有更优质的版权资源，就要加强渠道建设，采取正确的渠道战略。

版权资源获取的来源无非两类，一是国内的版权资源，二是国外的版权资源。

国内版权资源的获取渠道首先是原始版权人，即作者的授权。许多出版社接受作者的投稿，继而与作者签订《出版合同》，以此获得作品的复制、发行权及其他权利；有时出版社会以组稿的方式委托作者就特定的专题进行创作，与作者签订合同以获得作品版权；还有一些出版企业与作家签约，获得该作家今后一段时间的所有作品的优先出版权利，这就是所谓的“签约作家”，其未来的版权为“预期版权”，这可以使得企业获得优质的排他性版权资源。许多出版企业将发现、培养、维护作者资源当作核心工作任务，这是很有眼光的做法，作者是图书产品创作的承担者，是版权开发的源头。拥有一流的作者队伍，就意味着占领了一流的版权市场，获得良好的经济效益和社会效益就有了保障。

国内版权资源获取的渠道还有其他出版企业的授权。一家出版企业在出版相关的图书之后，可以将其拥有的出版物的其他权利比如精装版出版权、简体版出版权、连载权、缩编权、数字出版权等全部或部分转让给其他出版企业，这样可以实现优势互补和资源有效的利用，因为各家出版企业的侧重点不同，对于作品的利用方式和能力也各不相同，比如一家传统的书刊出版企业对于利用作品录制音像制品就不如一家音像出版社在行。所以一家出版社弃之不用的权利可能换一家出版社就会变成宝贝。

国内版权资源获取的第三个渠道是版权代理授权。版权代理机构是版权人代表，可以其自己的名义许可他人使用版权作品。版权人依据合同将自己作品的版权委托给一家版权代理机构或者某个人，由代理人或代理机构代替自己行使相关权利。通过与代理人或代理机构签订版权许可合同，出版企业可以因此获得版权资源。

国内版权资源获取的第四个渠道是其他媒体的授权，即出版企业可以从报刊、广播、电影、电视、网络等其他媒体获得相关作品的权利许可。在其他媒体上传播的许多原创的作品有些也适合以图书或音像制品的方式出版发行，这就需要其他媒体给予授权。这一方式近年来颇为流行，比如将报刊的某一专栏的文章结集出版，某一电视剧很受欢迎，出版社马上推出了同名的图书，网络上受欢迎的小说将版权卖给出版企业推出实体图书等。现在许多出版企业比较重视的数字版权资源一般都是先存在于网络上，网络上有许多专门发表原创作品的网站，比如盛大文学公司旗下的起点中文网、红袖添香网、小说阅读网、榕树下、言情小说吧、潇湘书院等原创网站，均会有许多作者从事网络写作，许多后来引爆市场的优秀作品最早都是发表在网站上，数字出版商受制于国内的出版管理制度，无法将优秀的数字作品出版为纸质图书，所以也愿意与传统的出版企业合作，共享优质的版权资源。

国外版权资源的获取主要有三种方式，版权贸易、合作出版和国际组稿。

版权贸易的方式是我国出版企业获得国外版权的主要方式，出版企业与国外的版权人（作者、出版商、版权代理人）签订版权许可合同，获得作品的翻译权、复制权、发行权等相关权利。出版企业利用各种渠道[①]获取国外图书版权信息，发现心仪的作品就与相关权利人联系，引进国内出版。

合作出版是指国外的出版商与国内出版企业签订合作出版合同，许可国内出版企业使用它们的书版印刷并销售其拥有版权的图书，而在中文版的版权页登载两家出版商的版权记录。这种合作方式一般由国外的出版商提供编辑和制成作品的磁盘、胶片等，并且承担作者版权费用以及其他印前准备费用，而国内出版企业主要承担安排印刷、营销，并承担这些活动的费用。这个合作方式，可以较低代价获得国外出版商的版权资源，合作双方通过作品销售分成的方式，国内的出版企业可以很快地获得收益。

国际组稿是一种专业的获取版权资源的模式，对于出版企业的版权管理能力和人才要求很高，可以因此获得质量较高的版权资源。早在上世纪80年代，清华大学就聘请海外著名华人数学学者编写的《数学丛书》，开创了国际组稿的先河。1986年，中国出版对外贸易总公司、中国摄影出版社与澳大利亚开文·威尔顿的洲际出版公司合作编辑出版的《中国—长征》大型画册，因为这本画册的定位在于世界图书市场，因此在画册的撰稿上，出版社采取了由国内专家提供素材，邀请安东尼·劳伦斯来执笔的办法，经过双方反复磨合，也为了符合国外读者的阅读习惯，画册采用对方提出的方案，以长征为主线，并配以大量反映沿线人民生活、风俗以及山

① 获取国外图书信息的方式有很多，比如：1. 相关的外文报刊及书目；2. 参加国际书展；3. 与版权代理机构合作；4. 浏览网络；5. 阅读书评；6. 专家、学者的推荐；7. 合作出版社的间接提供；8. 各种驻外机构推荐。

川为主的编排形式推出①，画册以七种文字出版，获得了极大的成功。

三、版权运营策略

出版企业获取了一定数量的版权资源，如何有效地利用这些资源进行有效的运营，以获取最大的经济效益和社会效益，这是摆在所有版权企业尤其是刚刚由传统的事业单位改制为市场主体的诸多国有出版社面前的必答题。与此同时，一些民营出版企业，早已在市场的大潮中沉浮，具有完全不同的市场敏感度。许多国有出版社拥有了大量的存量优质版权资产，却苦于没有高效的运营人才和运营手段，成了捧着金饭碗去讨饭吃的奇葩乞丐。

一般说来，对于权利内容进行分割开发可以获得更高的收益，出版企业需要对版权内容做全面的演绎和多层次的立体开发。

1. 版权运营的前提是对版权核心内容的开发

出版企业优先获取的版权资产中的出版权，复制权、发行权是传统出版业的基石，通过一系列的市场化运作，将作品制作成图书向市场销售，获取营收利润，这种传统的模式大部分出版企业都驾轻就熟。但是我们许多出版企业对于出版的一些小技巧尚须进一步提高，许多外国出版商出版物的版本是很有讲究的，并且能够充分地挖掘市场潜力。比如，先发行昂贵的精装本，那些拥有经济能力并且愿意先睹为快的读者可以先买到作品；然后是比较便宜的平装本，让普罗大众购买；再次出版超市简装本，卖给价格敏感的读者；最后是缩写本或口袋书，卖给有特定需求的读者，如果作品市场反应好，还可以制作更为昂贵的礼品装，用于收藏。仅仅通过各个版本推出的时间差，就可以对市场的各种需求做出不同的回应，这是符合经济学原理②的。

2. 信息网络传播权的开发

对于许多出版企业而言，缺乏既有的成功模式和可供借鉴的成功经

---

① 缪立平：《国际组稿：出版走向世界的先声》，载《出版参考》，2002 年 19 期。

② 这就是所谓的“价格歧视”（price discrimination），实质上是一种价格差异策略，通常指商品或服务的提供者在向不同的接受者提供相同等级、相同质量的商品或服务时，在接受者之间实行不同的销售价格或收费标准。价格歧视是一种重要的垄断定价行为，是垄断企业通过差别价格来获取超额利润的一种定价策略。

验。在网络文学公司将网络文学事业做成一个产业，赚得盆满钵满的时候，有些传统出版企业却还在摸索数字出版的路径①。

信息网络传播权是数字出版的法律基石。数字出版基于作品的数字化，以网络传播代替传统的发行模式，需要利用客户的电子终端进行阅读。根据2016年4月4日咪咕和浙江新闻出版局联合发布的《中国数字阅读白皮书》提供的数据：2015年11家大型数字阅读平台约占我国数字阅读83%左右的市场份额，约93亿人民币，而其中89.2%是通过手机等移动设备阅读。传统出版的式微，代之以数字出版蓬勃发展，出版企业必须对此予以足够的重视，2016年我国的数字出版总收入已经达到5720亿元。近年来，国家相继颁布了一系列鼓励、扶持和推动数字出版发展和传统出版业转型的文件，如《关于推动新闻出版业数字化转型升级的指导意见》、《关于推动传统出版和新兴出版融合发展的指导意见》、《网络出版服务管理规定》等，推动数字出版的发展，但是实践中却还是有很多困难。许多出版企业已经意识到这一点，比如辽宁出版集团基于版权内容的多屏融合、多路径传播和变现，建设了集团的版权内容分享云平台。推动电子书、有声书、微课程等版权内容全平台传播运营，提升集团数字版权内容的互联网热度。目前集团已经与三大运营商平台，掌阅、亚马逊、腾讯、喜马拉雅等主流数字阅读平台，进行数字图书、有声图书、视频等全媒体产品的全面合作，有效保证版权创作方和版权代理方的权益②。

数字出版的前端依然是传统的作品的制作方式，包括前期选题、组稿、编辑、审稿、排版、校对，这其实是传统型的出版企业优势而是网络出版者的弱项。后期主要的工作是根据传播的网络和最终推送的客户端的不同的内容加以数字化的制作，最后根据传播途径可以将出版物交给成熟的电子阅读运营商，比如方正阿帕比、亚马逊的kindle、汉王电子书等，也可以通过新兴的电子书经营平台比如当当网、京东网等拥有大量读者的

① 2010年，我国数字出版产业总产值已超过1000亿元，占新闻出版业总产出的近10%，成为重要的经济增长点。但传统出版企业的数字出版产出占比偏低。2010年，数字期刊收入7.49亿元、电子书24.8亿元、加上数字报也只有38.3亿元，仅占3.46%。目前，尚未见到传统出版单位独立运作的成熟的数字出版商业模式。（载于http://tech.ifeng.com/trends/detail_2011_09/02/8895734_0.shtml）

② http://media.people.com.cn/n1/2017/0727/c40606-29432629.html

平台进行销售。还可以由出版企业自己建立数字版权运营平台，利用自己出版的图书建立数字内容资源库，将图书的电子版本供读者付费下载阅读，成为永不下架的图书。有实力的出版企业利用手机APP，将自己出版的图书推送到客户的移动终端，便于携带阅读，这种“出版无处不在”的状态，可能成为企业重要的赢利点。

数字出版制作成本低廉，所以读者获得作品的一个副本的价格相对于传统出版而言更为低廉，但是也脱离了传统的发行渠道，需要和新兴的网络媒体和其他专业的数字出版商合作，扩大作品的市场切入面，随着一些电信运营商强势进入数字版权市场，其背后是巨大的手机阅读客户群，这使得任何一个数字出版者最终可能都无法拒绝与之合作。目前流行的主要合作方式是利润分成制，出版企业与运营商按照作品的销售额按照一定的比例进行分成。

很多出版企业在进行出版时，将传统出版与数字出版同步或不同步推出，这样可以充分发挥两种出版方式的优势，降低出版成本。

数字出版技术将会带来出版业的革命，所谓的“按需出版”将成为可能。出版企业可以根据某些读者甚至某个读者的需求，利用自己丰富的版权资源储备快速地制作一个独立的满足客户需求的版本，并以此获取最大利益。

3. 出版物附属权利的开发和运营

这一向是国内许多出版企业的痛点，属于“看上去很美”但做起来很难的项目。目前部分出版企业做得最多的是将自己持有的版权资源以版权输出贸易的方式授权其他语种的出版，这也成为了各大出版企业进军国际版权市场的主要方式，目前我国图书的版权输出已经呈现出稳步增长的态势，这主要获益于国家“文化走出去”战略，但版权输出的目的国还主要是亚洲地区的韩国、日本与越南等国，对于欧美的版权输出还占比较低，这可能与我们的作品原创性不足有关，输出较多的还是传统文化、中医、中药等图书，这在欧美国家比较难以接受。同时，国际版权贸易需要既懂法律又懂贸易的，还要突破语言的障碍，尤其要懂得编辑出版业务，合格的版权贸易人才难求，这一窘境极大地制约着许多出版企业版权输出的工作成效；另外，由于没有专业化的处理程序，目前对外输出的主要是翻译权、复制权、发行权等必不可少的权利，有时甚至信息网络传播权均不涉及，其他一些能够带来丰厚利益的附属性权利大多没有或者较少涉及，这极大地影响了版权输出的收益。

出版企业需要发展和提升自己跨媒介的运营能力，以开发版权的附属性权利，对于许多自己不擅长的领域，可以主动向其他行业推销、给予授权利用。比如对于文字作品可以授权其他媒体以连载、摘编的方式利用作品（复制、发行权），也可以许可电台以作品为蓝本制作录音制品播出（表演权、广播权），还可以许可影视机构以作品作为蓝本进行改编并拍摄视听作品（改编权、摄制权）。博集天卷公司对《杜拉拉升职记》就充分地开发了各种附属性权利，该公司仅将小说的电影摄制权、放映权等转让给电影公司，就获得了超过七位数的收益。

出版物的衍生性权利主要是形象权开发，这在近年来成为出版界的奇观，对于衍生性权利的许可，获得的收益有时要远远大于出版行为本身所带来的收益。英国作家 J. K. 罗琳创作的《哈利·波特》系列小说，被翻译成七十多种语言，累计发行 3500 万册，这个额头有一道闪电型伤疤的少年和他的小伙伴的故事，吸引了全世界的眼球。小说的电影改编权和角色形象权被许可给了美国时代华纳公司，时代华纳公司投入巨资将小说改编成电影，制作了卡通电视片、图画书、玩具等，对相关的衍生性权利进行运营和开发，取得了巨大的商业成功，也带动了周边相关产品、品牌的开发，包括游戏、道具、周边玩具、系列景点、相关书籍，等等，比如 Mattel、乐高与孩之宝就分别以千万美元的价格，买到了制作铅笔盒和魔法帽的制作权。《哈利·波特》已经成为图书出版物全版权运营的经典案例，有数据统计，《哈利·波特》带动的巨型产业链规模已经达 2000 亿美元。《哈利·波特》的原作者 J. K. 罗琳因此成为亿万富豪，最早出版该书的布鲁姆斯伯里出版公司也获得了巨大收益。

作品形象权的开发对于我国许多出版企业而言是个新课题，对优秀的版权资产和广受关注的版权产品如何进行作品形象权的运营，需要进行深入的市场调研，充分地激发版权的内在力量，获取最大的经济利益，这是所有出版企业应该研究和面对的新课题。

四、版权保护策略

出版企业的版权保护应该包含两个方面的内容，一是如何确保自己出版、传播的作品不侵犯其他作者合法的在先权利，二是如何限制或追究他人对自己出版、传播的作品的侵权行为。

如何保证出版、传播的作品不侵犯或者尽可能少地侵犯他人的在先合法权利，必须保证所有的作品都是来源清晰、授权完善的，如果是间接授权则必须保证整个链条的完整性，前一手权利的范围应该大于或等于后一手的权利范围，比如前一手仅有复制权、发行权、翻译权，后一手就不可能据此获得信息网络传播权；必须保证出版、传播的作品没有剽窃、抄袭他人作品的情形，即使作者已经对此作出声明，愿意承担责任，出版企业也需要按照既有流程审查作品的合法性，避免因侵犯他人的作品的版权而引起纠纷，从而招致损失。

容易被忽视的是版权内容中的人身权利，这些权利属于作者自己，按照我国的《著作权法》规定，主要有“署名权、发表权、修改权、保护作品完整权”四项，这些权利原则上不可以转让，属于版权资产中的消极财产。如果出版企业在出版、传播作品的时候，有些作品包含了别人的作品，比如摄影作品、美术作品，在法律上可能属于合理使用范畴，不构成对作品复制权、发行权、信息网络传播权等内容的侵害，但是如果忘了标注作者名称，这就侵犯了作者的署名权，如果被侵权人据此提起侵权诉讼，要求停止侵权，被诉企业就会面临召回已经发行的产品的可能，蒙受不可估量的损失。

出版企业有时为了追求更好的版权资源，经常会自觉不自觉地降低审稿要求，比如看到某些作品的市场需求广阔，未经调查核实，径自出版发行，殊不知该作品已经与其他出版社签订过专有出版合同，这样就非常被动，可能遭受巨额损失。

有经验的出版社在版权资源的获取过程中，总是尽力地寻找作品的真正权利人，以保证在使用作品过程中风险降到最低。德国爱希博恩出版社的版权部经理 Jutta Willand 女士在介绍该出版社进行版权运营的工作流程时提到一个例子，对我们出版企业应该有所启发。

爱希博恩出版社的一个项目负责人发现了美国女作家玛塔·都特的作品，她在1933年作为美国大使生活在柏林，亲眼看到了纳粹的上台。在1933年到1937年，她生活在柏林的这段时间每天都写日记。这本日记在1939年被英国伦敦一家出版社出版，紧接着被美国纽约的一家出版社出版，1946年出过一个缩略的德文译本，是由苏联的知识行政出版社出版，现在这一机构早已不存在了。爱希博恩出版社希望把原书最早版本翻译成德文出版。女作者死于20世纪60年代，但是按照《国际版权公约》，在作者身后五十年她的著作权还是受到保护的。所以爱希博恩出版社想出这本书，就必须找到这本书的版权继承人。首先，爱希博恩出版社版权部的人就和出这本书的英国出版社联系，但是英国出版社早已不再拥有这本书的版权了。他们又继续找到美国的出版社，从那里获知这本书的电影著作权早在20世纪40年代又卖给了另一家公司，于是，爱希博恩出版社又去找到这家公司，但是无论通过什么方式都得不到任何的反馈。最后，他们在华盛顿的国会博物馆里花了比较高昂的检索费用来搜索这本书的版权遗产继承人。通过这种检索，他们知道了当时女作家在布拉格的女秘书和她的律师，并找到了他们。但是，这两位也无法在女作家的遗嘱中找到关于这本书的版权遗产继承人。爱希博恩出版社尽管付出大量的努力都没有找到这本书的版权遗产继承人。但是，爱希博恩出版社还是不肯放弃出版这本书，于是通过一种专业的咨询，找到了下面的解决方法：爱希博恩出版社把各个检索的文件、记录都做成档案，还虚拟了一份版权合同，并在银行开了一个账户。在那里把通行的版税数目存在这个账户上，同时，在出书的版权页上作了声明，“爱希博恩出版社作了如下的努力还是没有找到版权遗产继承人，如果这个人看到这本书自己站出来，他或者可以得到爱希博恩出版社为他设立的那笔版税，也有权利在法庭上控告爱希博恩出版社，爱希博恩出版社愿意承担这样的风险。”①

出版企业版权保护的另一方面是面对自己的权利被别人侵犯时，怎么制止侵权。几乎所有的出版企业都会面临这样的境况：自己出版的作品被他人非法盗版盗印或者被其他同行侵权，对于前者由于缺乏证据固定、证

---

① http://www.docin.com/p-16607875.html

据收集的专业能力，经常投入大量的人力物力依旧无法追究侵权者的责任，多数情况下获取的赔偿不够补偿维权成本。后一种情形是其他正规出版社侵犯自己出版物的权利，比如改编权、复制权、发行权等，由于在过去的体制下大家都是事业单位，许多人相互熟识，面对对方的抄袭、侵权行为习惯于容忍，甚至默认，以便为自己可能的侵权行为储备筹码，这样一种心态导致企业的版权保护在一种低水平下徘徊，使得版权资产被无谓地消耗，实际是非常不明智的。

企业版权保护比较有效的维权手段有两个，一是行政、司法保护，一是技术保护。

前者包括通过行政投诉的方式，出版企业在发现侵权事实之后可以向各级版权局提出行政投诉，版权局经过立案、调查等程序后，可以对侵权人做出行政处罚，版权局发现侵权人的行为已经触犯刑法、涉嫌犯罪时，则会依法将案件移送到公安机关立案侦查。出版企业也可以直接向公安机关报案。更多的情况是企业就自己的权利受到侵害直接向人民法院提起民事诉讼，可以要求侵权方停止侵权、赔偿损失。这需要出版企业能够掌握一定的证据固定的技能，制定完善的诉讼策略，必要的时候可以委托专业的版权律师代理取证和诉讼。

技术保护是通过开发版权保护系统，提升仿制或非法复制的难度，以此来限制侵权行为的发生。比如人民文学出版社在出版畅销书《哈利·波特》时就专门采取大量技术方式，比如使用异型裁切，防伪水印等方式，使盗版成本大幅增加，以此来制止盗版行为。数字出版物也可以使用诸如数字水印技术、数字加密技术、数字签名技术、数字指纹技术、数字认证技术等，可以对非法复制行为进行追踪，或者限制获得作品的资格，以此防范可能的侵权行为。

第三节　新闻传媒企业的版权运营策略

新闻传媒企业，主要是报纸、通讯社、广播电台、电视台、新闻期刊社、新闻电影制片厂等专门机构。新闻传媒企业大多是内容生产者，是版权作品的生产大户，但是企业对于版权资产的发掘和运营均有较大的潜力。

一、新闻传媒企业的版权运营现状

目前，许多新闻媒体的版权运营水平较低，主要源于许多现实困难。

第一，“时事新闻”困局。

长期以来，受制于版权界将时事新闻归入“事实作品”，使其保护工作受到极大的阻力，更不用提作为版权资产形态出现在财务报表上。而“所谓的事实作品，一般认为是指对物质世界进行真实描述与代表（Representation of Reality）的作品。地图、电话号码本、数据库与新闻纪录等作品，通常被视为‘事实作品’”[①]。《著作权法》第五条规定，“本法不适用于时事新闻”，明确排除了对时事新闻的保护适用；《著作权法实施条例》第五条第一款的定义是：“时事新闻，是指通过报纸、期刊、广播电台、电视台等媒体报道的单纯事实消息。”这一定义使得许多新闻从业者皆误认为新闻作品不受版权的保护。

实际上，版权法不适用于时事新闻，主要基于两点理由，一是时事新闻是基于对客观事实的描述，而客观事实不能被垄断，妨碍他人依据该事实进行创作或传播，否则有损于公共利益；二是时事新闻对于客观事实的文字表达无须展现作者的个性，无法达到作品所要求的独创性。版权法有个基本原则，唯一的或者有限的表达方式不受保护，对于一个客观事实的表达，如果仅仅只有一种比如按照时间顺序进行表述，则这样的表述不能获得版权法的保护，因为这样会阻碍信息的传播进而损害公共利益。

但是在司法实践中，时事新闻以缺乏独创性而被认定不受保护的例子并不多，法院一般都支持新闻记者所撰写[②]的新闻作品具有可版权性，并且给予保护。新闻产业内涵很丰富，从信息载体上分，有文字新闻、图片新闻、音频新闻、视频新闻；从内容上分，有政治、经济、法律、军事、科技、文教、社会、体育等新闻类型；从体裁上分，又有消息、通讯、专访、特写、新闻专题、深度报道等。其中大部分的新闻体裁均需要采编人员付出极大的智力投入，才可创作出独特的新闻作品。

---

① 刘海明：《报纸版权问题研究》，中国社会科学出版社，2013年10月，第27页。

② 与撰写不同，摄影记者拍摄新闻照片当然不属于《著作权法》所定义的“单纯的事实消息”，使用其他报纸的摄影作品应该获得许可。

许多新闻媒体对此没有更为深入的认识，对于新闻作品总是一概以不受版权保护作为基本判断，这导致两种后果，一是使用其他媒体发表的新闻作品非常随意，不仅不主动要求获得授权，有时连署名都会有意无意地遗漏，更为恶劣的是，将别人采访发表的稿件随便改个标题就以自己的名义发表；二是自己的新闻作品被他人剽窃使用也同样无动于衷，视之为合理。笔者曾经代理某公司起诉了一家报社，要求其对使用他人版权的摄影作品承担侵权责任，对方的代理人一直以合理使用、时事新闻不受《著作权法》保护等理由抗辩，但是最后法院依法判决其承担赔偿责任。过了两年，笔者在一个会议场合遇到了当年被告的报社代理人，他说，报社被判决侵权觉得很冤，跟着以其他同行未经许可使用报社的摄影作品为由提起诉讼，也获得了法院支持，收益不菲。

第二，新闻媒体转载的“法定许可”。

《著作权法》第三十三条第二款规定，“作品刊登后，除著作权人声明不得转载、摘编的外，其他报刊可以转载或者作为文摘、资料刊登，但应当按照规定向著作权人支付报酬”。这一规定，是为了促进信息传播而对新闻媒体尤其是报刊业所做的权利限制，但是，仅仅是指“其他报刊”的转载，也应该指合法的报刊出版机构。

我国对于新闻采编权实行二元管理体制。根据《互联网新闻信息服务管理规定》，互联网企业要发布新闻首先要必须取得互联网信息服务许可，而申请互联网新闻信息采编发布服务许可的，应当是新闻单位（含其控股的单位）或新闻宣传部门主管的单位[①]。所以许多网络内容提供商没有新闻采编权，其新闻主要是从传统的纸面媒体进行转载。而关于转载能否将法定许可扩大到网络世界，仅就《著作权法》三十三条规定的字面意义应该不能扩大到网络转载，但是2000年11月，最高人民法院通过了《关于审理涉及计算机网络著作权纠纷案件适用法律若干问题的解释》（下称“2000年网络著作权司法解释”），成为我国网络版权保护立法的一个里程碑。该解释第三条规定：“已在报刊上刊登或者网络上传播的作品，除著作权人声明或者上载该作品的网络服务提供者受著作权人的委托声明不得

① 《互联网新闻信息服务管理规定》第六条第六项。

转载、摘编的以外，网站予以转载、摘编并按有关规定支付报酬、注明出处的，不构成侵权。但网站转载、摘编作品超过有关报刊转载作品范围的，应当认定为侵权。”该解释实际上是将著作权法关于报刊转载的法定许可扩大适用于网络媒体的转载。2003 年 12 月，最高人民法院发布“2003 年网络著作权司法解释”，其中第三条修改为：“已在报刊上刊登或者网络上传播的作品，除著作权人声明或者报社、期刊社、网络服务提供者受著作权人委托声明不得转载、摘编的以外，在网络进行转载、摘编并按有关规定支付报酬、注明出处的，不构成侵权。但转载、摘编作品超过有关报刊转载作品范围的，应当认定为侵权。”仍然承认网络转载的法定许可。2006 年 7 月 1 日起，《信息网络传播权保护条例》颁布施行，该条例基于国外通行的“除了极少量的合理使用的作品和极少量的属于法定许可范围内的作品，大多数的作品都应该是先取得授权，然后再在网络上进行传播”基本原则，将作品网络转载的类似法定许可制度的范围严格限定于为了发展在校义务教育和扶助贫困需要，网络转载的法定许可制度再度被否定。基于此，2006 年 12 月，最高人民法院再次修改了“2003 年网络著作权司法解释”，删去了其中第三条的规定，关于网络转载法定许可的司法解释被取消。目前，网络媒体转载纸面媒体或者其他网络媒体的新闻作品需要获得新闻作者或原载媒体的许可。

基于上述两点分析，新闻传媒企业作为内容产品的生产者，其新闻作品的版权应该是受到法律保护的，只是受到了一定的限制，并不存在版权资产运营不可逾越的难题。

作为内容的生产商，传统的传媒企业有着所有的新兴媒体难以企及的优势，比如成熟的采编团队、完善的作品发行传播渠道和大海量的版权资产，但是大部分传媒企业隶属于党的宣传部门和国家机关的事业单位，习惯于旧时市场与管理体制，面对新技术、新时代的需求应对不力，以市场主体的身份加入竞争激烈的多元化市场还需要一个适应和改变的过程，尤其是将自身的版权作为企业的核心资产和核心竞争力缺乏有效的应对措施。

主要表现为，大部分版权企业没有完善的版权管理措施，甚至没有开展过版权管理相关业务。许多传统传媒企业没有设立专门的版权管理机构，通常是由总编室统管，采用粗放式、触发式管理模式，只是在本单位被其他权利人投诉或起诉时才简单地做出应对，以致于主动进行版权资产的发掘与运营的工作，还是一片空白。

平面媒体积累了大量的文字性新闻作品、新闻摄影作品，以及其他的文艺性、娱乐性的作品；电视媒体积累了大量新闻采访素材、纪录片素材、访谈节目录像、晚会节目录像等，形成了许多历史资料；广播组织则会有大量的录音资料，以及大量已播出的素材录音带、录音制品等。所有的作品形态有差异，对于版权的运营情况各有不同。

二、纸媒的版权运营策略

纸质媒体主要指传统以纸张印刷和发行的报纸和杂志。由于存在单向性的传播方式、滞后的时效、高昂的印刷成本等制约因素，使其在与新媒体竞争的过程中越来越力不从心，国外许多百年报业轰然倒塌，或许几年以后，所有传统报业均会转型，否则不得不面临破产的命运。如何利用自身的优势避免在与新媒体选择的竞争中全面溃败，这应该成为所有传统纸媒的共同目标。

纸媒的版权主要由下列几部分构成：一是本单位新闻记者采写的新闻作品、拍摄的新闻照片、美术作品；二是通讯员的投稿；三是自由作者（包括本单位的员工）的投稿；四是编辑的约稿。本单位记者采写的新闻、拍摄的新闻照片属于职务作品①，依据《著作权法》的规定，职务作品版权属于作者自己，单位只是在两年内享有优先使用权，除非与作者有合同特别约定其版权归单位享有。但是在实践中，许多媒体并未与记者签订有关版权归属合同，甚至连劳动合同关系都未能完善，这种情形下，其作品的版权并不必然归属于单位所有，在进行具体运营时就存在先天的瑕疵；而许多纸媒获得的大多是作品的复制和发行权，主要依据与作者之间的版权许可使用合同确定其权利的界限，许多文章或图片并不享有更多专有性版权内容。所以对纸媒的版权运营应该主要立足于新闻作品，挖掘其版权

① 实践中，记者根据自己的采访素材加以深度创作形成的新的综述性的、研究性的文章以及在采访过程中拍摄其他照片能否构成职务作品，值得斟酌；有时是摄影记者在休假期间，拍摄的照片提供给其他媒体使用，他所供职媒体能否以职务作品主张优先使用权，值得讨论。

价值，以实现最大的经营利益。

传统的纸媒均有固定的采编模式和采编制度，经过选题、采访、编辑以及审稿，最终新闻作品才能呈现在读者的眼前，长期以来，纸媒是依靠附载商业广告的方式获取利润，但由于新媒体的繁荣，各种移动终端的用户不再订阅报纸，报刊的发行量大幅降低①，2005 年，中国的报业经营在出现所谓的“拐点”② 以后，商业广告的投放量开始江河日下③，许多报刊出现了亏损的局面。与此同时，许多新媒体对“时事新闻不受法律保护”予以扩大化的解释，无偿使用纸媒制作的时事新闻，或者以很低的代价获得纸媒作品的网络转载权，获得了巨大的收益，将传统的纸媒当成“免费的奶妈”。“纸媒也意识到报业的主题产品——原创新闻并没有给自己带来应有的经济效益，原因之一是网络等新媒体低价甚至免费获得纸媒的内容后再次开发增值，并与纸媒竞争。”④ 有人抱怨说，每篇精品新闻的财务成本平均一万元，记者采写一篇优秀稿件需要付出大量的汗水和思考⑤，但是被网络媒体随便使用，非常不公平。

目前大部分纸媒在推出纸质报刊的同时，也同步推出了电子报刊，但是由于阅读面局限，基本上是将纸质媒体的内容直接搬到网络上，缺乏新

① 世纪华文对全国 70 个城市的报纸零售终端（包括报刊亭、报摊、便利店、超市、书店等）的持续监测数据显示：2015 年，全国各类报纸的零售总量与 2014 年相比下滑了 31.03%。2015 年上半年较 2014 年下半年销量下降 13.85%，2015 年下半年较 2015 年上半年销量继续下降 27.29%，其中都市报类报纸下滑幅度最大，居于各报之首。

② 吴海明：《中国媒体大变局：报业的未来走势和京华时报的战略选择》，载《今传媒》，2015 年第 12 期。

③ 依据《2015 年 1—12 月中国报纸广告市场分析报告》，2015 年传统媒体广告市场降幅达到 7.2%，其中，下降趋势依然严峻的平面媒体中，杂志广告下降 19.8%，资源量下降 27.3%，报纸广告降幅在传统媒体中最大达 35.4%，资源量（广告占版面积）降幅达到 37.9%。报纸广告的下降始于 2012 年，当年下降了 7.3%，到 2014 年降速加快达到两位数，下降了 18.3%，而 2015 年则大降 35.4%，呈现出“断崖式”跳水趋势。“4 年连续下降，降幅越来越大，与 2011 年相比累计降幅达 55%，报纸广告已经被腰斩。”

④ 尹明华：《合作共赢是发展的必然逻辑：对报业“内容联盟”的思考》，载《新闻战线》，2006 年第 9 期。

⑤ 丁汉青：《传媒版权管理研究》，中国人民大学出版社，2017 年 6 月，第 178 页。

媒体运营的方法①，故此关注度和网络访问量远远不能与互联网门户网站和新媒体相比，况且，电子报的发行带来两个后果，一是冲击了传统的报刊订阅，导致订阅用户进一步下滑；二是使得网络媒体的转载更加方便，能够与电子报同时推出新闻作品，读者可以在新媒体平台“一站式”订阅感兴趣的新闻频道和新闻作品，而无须到各个纸媒的电子报上搜寻。传统纸媒发行电子报，尽管消除了与网络媒体、新媒体的新闻发布的时间滞后性，但并没有赢得新的竞争优势，尤其没有找到有效的盈利模式，有点儿“好看不好吃”的意思，在与新媒体的竞争中屡屡处于下风。

许多报业集团纷纷推出“全媒体”平台，比如，南方报业传媒集团于2007年设立新媒体部作为全媒体转型的驱动部门，经过5年的探索发展，集团的全媒体渠道已经包含了《南方日报》、南方网、南方日报彩信手机报，南方日报移动客户端、以视频与音频为主的广电媒体、南方报业户外LED联播网和电子阅报栏等76条产品线，南方传媒集团记者逐步适应了从为报纸供稿转向为六条生产线供稿②。羊城晚报对媒体的融合发展也做了有益的探索，建立起“具有‘多元采集、多态生成、全程把关、立体传播’特质的采编大平台，能够在整合报纸和新媒体资源实现内容融合的同时，实现高效率集约化运维。全媒体指挥中心作为采编大平台的中枢和大脑，所有全媒体新闻、信息、数据都在这里汇集，依托流程再造后实现多终端发布。而各类新闻解读式图表、3D制图、新闻热点地图、动漫设计、音视频集成等新形式的新闻则由新闻可视化中心生产。多功能演播中心更是实现了内容制作从单一文字、图片，向文图音视频等全介质生产的跨越”③。许多纸媒进行的探索，基本上都是为了求取出路而转型，却没有将版权作为技术进步和企业竞争的核心资源来看待，令人觉得实在是“舍本而逐末”。

---

① 互联网技术颠覆了传统媒体一对多的传播模式，大量的读者原创内容加入到传播中来，内容的传播已经不再是记者和编辑的专利，读者也参与到信息的生产和传播中来，互动性成为新媒体的重要标杆；碎片化的信息生产和传播方式已经成为信息时代的基本特征，纸媒如果不能适应这一发展潮流必然会遇到更多的困难。

② 柳剑能：《中国报业全媒体转型的三大路径》，载《传媒》，2013年第3期。

③ 刘海陵：《羊城晚报媒体融合发展的探索与实践》，参见 http://news.ycwb.com/2017-07/13/content_25210006.htm。

实际上，对自有的版权资产加强管理和运营也是重要的途径，有人甚至声称，“版权是纸媒的最后救命稻草”[①]。

第一，要力争成为新兴媒体的内容供应商。

作为新闻内容的生产者，纸媒有得天独厚优势，强大的采编团队和新闻获取渠道，应该成为核心竞争力。但是每一个新闻作品基本上都属于小版权作品，单独交易和维权的代价与取得的收益不相匹配，所以，作为单一某家纸媒与方兴未艾的新媒体谈判显然力不从心，与许多新媒体公司对垒，进行新闻作品的许可使用、进行许可使用费结算、针对非法使用的交涉、维权诉讼，不是某家单一纸媒可以胜任的[②]，巨大的谈判成本和繁琐的合同管理程序，足以让传统的纸媒企业望而却步。解决这一问题的办法是纸媒企业不但要抱团取暖，还要组成舰队出海。多家纸媒[③]联合形成一个联盟，类似于著作权集体管理组织，将所有的新闻作品许可使用业务均委托给一个平台、一个实体去运营，这个联盟可以利用现代的计算机软件技术，制作一个 DRM（数字权利管理系统），联盟媒体不断地将新闻作品上载到系统中，所有的媒体可以从系统中获取新闻作品，按照统一的标准支付版权许可使用授权费用。版权运营的联盟，可以有效地发挥起新闻集团优势，可以联盟、平台等方式与单个的新媒体签订新闻作品使用合同，包括如何获取新闻信息、如何进行许可费用的结算，甚至可以为新媒体提供新闻的深度加工和个性化的定制服务。这样可以大幅度减轻纸媒企业对外谈判压力。另一方面可由联盟进行统一的维权。对于侵权的新媒体一定要积极维权，不能害怕诉讼：只有通过诉讼才能体现版权的力量，才能建立尊重他人版权的社会风气，才能促使新媒体抛弃过去“免费搭便车”的心态，最终实现纸媒作品的版权价值。

---

① 龙敏飞：《版权：纸媒的最后救命稻草》，载《社会观察》，2009 年第 7 期。

② 例如，2007 年 10 月，新京报曾以浙江在线网站未经授权使用其采编原创作品共 7706 篇为由，向北京市第一中级法院提起诉讼，并提出近 200 万元赔偿。浙江在线通过以管辖权异议等为由，迫使新京报将起诉法院更改为杭州中级法院，又经过近两年的拉锯战，2010 年浙江省高院作出二审裁定，要求将案件拆成 7706 个诉讼主张。新京报代理律师刘家辉曾愤怒地说，按一年 250 个工作日算，每天审一个案子，要 30 年才能审完。最后新京报无奈撤诉。

③ 以某个报业集团版权资产的体量还不足以在与新兴媒体的谈判中取得优势，其生产的新闻总量对于整个网络需求而言还远远不够，必须要数家甚至数十家大型报业集团联合行动才能有足够的新闻产品的供给能力，从而规范整个新闻作品消费市场。

纸媒还可以通过与网络媒体的深度合作实现既有版权及未来版权的价值，比如新京报提出“版权换股权”，就是版权运营中值得借鉴的方式。新京报和腾讯公司合作建立大燕网，在这桩合作中，腾讯看中的是新京报社的资源、资质、品牌和内容的生产能力，而新京报则看中腾讯的渠道、技术、资金，双方优势互补，一拍即合，共同建设了面向京津冀地区的区域门户网站大燕网，新京报持股49%，腾讯持股51%，新京报以此获得了版权的最大效益。

第二，挖掘版权的缝隙市场，对专业化的领域进行精耕细作。

新媒体的优势在于快速、与读者互动性强，其不足点是对信息的挖掘深度不够，无法满足读者对深度信息的需求。而许多专业化市场需求，即使是新媒体也无法填充的领域，这为传统纸媒提供了“缝隙市场”[①] 的机会，值得纸媒深入挖掘。许多专业性、有深度的报刊，尽管发行量未必很大，但面对的是有专业需求的读者，不可能被网络新媒体取代，比如《南方周末》这样的报纸，通过刊登优秀的有深度的文章，赢得许多读者的青睐。对于这些专业领域的作品，可以采取特殊的运营方式，在网络传播、汇编出版、摘编、翻译等方面针对不同的主体，单独许可以此获取版权的最大价值。

第三，利用自身采编专业优势，接受客户定制新闻产品。

时事新闻本身不属于版权保护的范畴，但是对于时事的表达而形成具有独创性的作品，可以得到版权的保护。媒体不能刻意制造新闻，但是可以运用自己对新闻事实的了解、背景资料的掌握，撰写出具有思想深度的新闻分析、时事解读，编写某一新闻事件的背景综述等；也可以利用自己独特的采访途径和技术能力，专门为用户拍摄独到的新闻图片，比如用户需要获得某地震灾区某建筑倒塌的情况，就可以由媒体直接指示前方的摄影记者专门拍摄照片提供给用户，以此获得收益。

第四节　电视媒体企业的版权运营策略

电视媒体是指以电视为宣传载体，进行信息传播的媒介或平台，目前

① 缝隙市场：指向那些被市场中的统治者或者有绝对优势的企业忽略的某些细分市场。

主要是各级电视台。广播电视媒体作为一大产业，主要有两大特点，一是频道资源稀缺，广播电视频率、频道的数量和传输能力都受制于物理条件；二是技术投资巨大，具有专有性，一旦投入就不能移为他用。上述特征使得电视媒体具有天然的垄断性，电视台对电视产业的各个环节具有主宰能力。

电视媒体的传统盈利模式主要是广告业务收入，以免费提供作品附带商业广告的模式，使得电视的作品版权运营摆在次要位置。有一个“二次售卖”的理论，即电视台将媒介产品售卖给观众，然后又把观众售卖给广告主，通过对广告主收取费用来获得收益。据估算，我国电视媒体的90%以上的收益都是来自电视广告，其他来自收视费和版权收入，这明显是版权的销售和开发的力度不足。而发达国家和地区的情况则显然不同，比如美国的维亚康姆集团横跨电视、电影、出版、户外广告等业务，其广告收入接近集团收入的50%，香港无线电视台（TVB）也有一半收入来自于节目版权发行和海外付费收视业务。而且随着网络新媒体的兴起，终端用户可以更加方便地利用各种移动设备在任何时候获取资讯，突破了电视单向传播的局限性，网络广告也方兴未艾，而且网络广告因其投放的精准性而越来越受到广告主的喜爱。2014 年互联网广告营收规模超过 1500 亿元，而电视广告收入 1200 多亿元，前者超出后者的幅度很可观，甚至有报道说 2014 年互联网广告已超过电视和报纸广告收入之和。

作为一个内容产业的电视媒体，拥有着巨大的版权资产，但是大部分都处于沉默状态，本媒体的节目播出最多属于产品的销售，尚未进入到版权运营阶段。沉默的版权资产没有真正地释放出蕴藏其中的价值，需要予以充分地发掘与经营，提高其为企业的增值能力，提升企业的盈利水平。

电视媒体的版权资源从作品类型上看主要有三大类，一是新闻作品，主要是电视媒体利用自身新闻采编的资质和采编能力制作的各类新闻报道，既有简单的对新闻事实的客观呈现，也有深入挖掘制作的新闻调查、新闻综述、新闻背景等节目，依托新闻报道制作的各类访谈节目也可以归入新闻作品之中；二是娱乐类作品，电视台制作的各种综艺节目，比如湖南卫视的《天天向上》《快乐大本营》，江苏卫视制作的《非诚勿扰》，中央电视台的《星光大道》《春节联欢晚会》等。对于娱乐类节目究竟应该获得何等的法律地位，学术界多有争议，现在倾向于将上述节目定义为视听作品，因为其具有独创性形式①，尽管在司法判决中对此认定常常语焉不详，但基本上都给予了保护。三是视听作品，主要是电视台自行摄制或者因版权贸易获得的各种影视剧、电视纪录片、动画作品等，这些都属于电视媒体的版权资产。

还有一些可以为电视台带来营业收益的重要资产，但其版权属性一向让版权学者迷惑不已，一是体育比赛的直播和转播，二是电视节目的模式。前者，电视媒体向体育比赛的组织者缴纳费用获得在某个时间的电视直播权，这一权利主要是基于电视信号的特有的使用权：独家的直播可以给电视媒体带来巨大的收益，许可其他电视台对自己的直播进行转播也可以获得许可费收入，比赛的录像还可能为其他的媒体以转播或者信息网络传播的方式利用。体育比赛本身当然不能构成作品，所以体育组织所许可的并非作品的版权而仅仅是依据合同而授予的信号使用权利，但是电视组织将相关的信号进行剪切、组合加上解说、配音等程序，最终是否构成了视听作品，还有很多的争议，但是对于这些资产完全可以依据版权法的原理，无论是作为视听作品还是作为录像制品或者仅仅主张广播组织权，都可以使其成为有效的版权资产。就后者而言，具有独创性的电视节目模式可以培养固定的观众群体，为电视台带来巨大的收益，有时节目模式就是收视率的保证。目前国内电视台从国外引进了许多的节目模式，比如央视的《谢天谢地你来啦》来自澳大利亚，《喜乐街》来自德国，《开门大吉》来自爱尔兰，《黄金100秒》来自英国，《幸福账单》来自荷兰。电视节目模式目前没有一个被广泛接受的概念，学术界和司法界对它的法律保护路径也莫衷一是，在实践中引进海外的节目模式是支付版权费的，在同一法域中剽窃他人的节目模式显然会对电视节目模式的创作方带来损失，即使依据版权法无法获得支持，也可以依据《反不正当竞争法》来获得保护。

电视媒体对于版权资产的全产业链开发，近年有些电视台已经开始，也有一些成功的案例。比如2005年湖南卫视的《超级女声》，围绕其版权

---

① 欧阳宏生等：《电视综艺节目的版权客体界定就侵权界定》（中国广播影视出版社，2015年12月）通过分析电视综艺节目的特点，得出结论："具体的综艺节目作为电视节目之一，毫无疑问是作品。"

参与方进行了多层次的开发，与电信分成的短信与彩信，收取版权费的彩铃，采用商标授权形式开发的服装、食品、玩具，签约选手的商业演出、代言以及图书、影视、唱片等多种类型。有人估计 2005—2009 年，由《超级女声》所带动的产值超过 10 亿元。全媒体平台给版权资产提供了多样的数字化开发渠道，而这样的聚合式版权产品的传播也会带动其他非媒介类文化产业的兴起，如商演、展览、玩具、游乐场等。以媒体为依托的版权衍生品的传播带动了用户对非媒介类版权周边产品的消费，而此类更有商业气息的文化产品又反过来扩大了全媒体版权产品衍生品的影响力。据不完全统计，仅《爸爸去哪儿》这一个热门版权的全产业链条开发，就给湖南卫视带来了 23.5 亿元的总收益。

但整体上来说，整个电视媒体对于版权的运营还处于觉醒期，产业链的开发还处于较低的层次，依靠广告作为企业盈利的基本模式还没有改变。大部分还只是聚焦于全媒体、全渠道的覆盖，而没有上升到全产业链的高度，对于版权的衍生品如图书、音像、玩具、游戏等的开发力度则相对较弱。比如中央电视台属于国内版权开发中的佼佼者，其版权的经营除了播出、节目广告招商、节目音像发行等传统领域，还逐渐延伸到了多层次、多渠道、多平台，涵盖了网络播出点播、VOD、多终端点播、IPTV、移动终端、APP 应用、互联网机顶盒、智能电视等①。但对衍生品的开发尚未形成规模。

电视媒体的版权运营可以从以下几个角度着力：

第一，与新兴媒体的深度合作，以版权贸易或版权合作的方式，尽可能地将版权的价值放大。

新兴媒体的产生与兴起，对于传统的媒体无异于一场革命，多平台的传播方式、无孔不入的传播途径、令人眼花缭乱的盈利模式，彻底颠覆了传统电视媒体的盈利习惯和盈利模式。电视媒体可以将自己的版权作品通过许可、转让的方式交由新兴媒体运营，新兴媒体所占据的市场往往是传统媒体所难以进入的“缝隙市场”。新媒体大多数是商业媒体，在传统媒体囿于体制的藩篱尚未觉醒时，已经接受市场的洗礼，在不断的试错过程

---

① 曹素妨：《央视：版权管理大动作》，载《中国传媒科技》，2014 年第 9 期。

中，积累了大量的经验，有些也培养了庞大的粉丝群，这些先发优势都不是传统媒体进行全媒体拓展所能比拟的。所以，与新媒体的深度合作是开发作品版权价值的有效途径。

比如央视制作的电视片《舌尖上的中国》就是生动的例证。《舌尖上的中国1》在2012年播出时，就借力微博这一新媒体平台得到了广泛关注，获得了良好的宣传效果。《舌尖上的中国2》首次与多家视频网站合作，为其前期宣传工作开辟了新渠道，网络视频网站这一传播枢纽，拓展了《舌尖上的中国2》的推广平台，乐视网、优酷视频、PPS影音、腾讯视频等多家视频网站在《舌尖上的中国2》正式开播前推出时长4分钟，名为《好久不见》的宣传片，预告了《舌尖上的中国2》的拍摄时间、拍摄地点、素材时长以及拍摄理念等，截至2014年7月3日，这一节目在乐视网累计播放88742次。各渠道受众可以通过手机、数字电视、移动电子设备即时关注《舌尖上的中国2》的动态。由于新媒体的推动，其版权在海外受到热捧，版权使用费翻了好几倍，而且该纪录片的衍生作品（图书）也取得了不错的销量，甚至还带动了餐饮业相关产品的销售。

第二，与上下游企业建立合作关系，生产优秀作品，开发作品版权的价值，延伸版权的产业链。

电视媒体的传统优势是播出渠道以及接入千家万户的网络系统，这是一种天然的垄断优势，也是长期以来电视媒体获取利益的基本渠道。传统的“一对多”的传播模式，在信息资源有限的时代，我播什么，观众就看什么，电视台制播一体，不用考虑作品好坏。从播出角度看，电视台居于垄断性地位，引进他人的影视动漫作品到电视台播出具有较强的谈判优势，但是随着技术的发展，电视频道资源增加，电视产业规模也不断扩大，互联网络的高速发展更是带来颠覆性的革命，频道资源已经不再稀缺，数字化技术不再依赖受电磁频率制约的频道资源，容量可以无限地扩大。这一背景下，一方面对于优秀作品的市场需求越来越大，制播分离成为必然的选择；另一方面电视媒体的垄断性地位开始瓦解。市场对于优秀作品的渴望提高了优秀作品的价格。2017年播出的《如懿传》90集卖出了13.5亿元的天价，每集价格为1500万元，然而2007年《金婚》总价

0.4 亿元，每集价格才 70 万元[①]。2006 年央视购买的 80 集情景喜剧《武林外传》的价格更低，但短短的二十来天，给央视带来的广告收入超过亿元[②]。

电视媒体可以利用自己的播出渠道和专业的制作公司合作，共同创作优秀的电视节目，这样可以获得联合版权的作品，这样做的好处很多，一是可以分担单独制作节目的风险。除了新闻作品之外，电视台播出的各类的版权作品（包括视听作品和其他录像制品）投资较高，市场收益遵循“二八定律”（即 20% 的作品收获 80% 的收益），我国每年生产了数百部的电影作品，但真正能拿到影院播放的不到十分之一，而在这十分之一中能够拿到丰厚票房回报的更是少之又少，所以通过合作可以降低投资风险。第二可以获得较多的利润。合作伙伴要么拥有作品的制作能力，要么拥有特有的受众群体，要么有衍生品开发的经验，合作进行版权生产，可以实现优势叠加，产生 1 +1 >2 的叠加效应。

与下游的衍生品生产商合作，可以极大地利用作品的版权，扩大其市场价值。比如对于一个有社会影响的节目，可以撷取其精华，与出版社合作推出有影响力的纸质图书；也可以与游戏厂商合作推出有市场需求的网络游戏软件；也可以将作品改编成其他艺术形式，满足不同的市场需求。总之，要跳出广播电视本身带来的局限性，从全产业链的角度思考如何发挥版权的巨大价值。

第三，创立新的盈利模式，发挥版权作品的“长尾效应”。

传统电视媒体在 2004 年开始实行制播分离的改革之后，激发了社会力量对娱乐节目、影视节目制作的产能，娱乐节目、影视节目可以由社会主体制作完成，但是新闻作品的采编、播出权依然掌握在电视台手中，大量的电视新闻要么可以作为作品受到保护，要么可以作为录像制品受到保护。电视媒体在长期的采编过程中都会留下数量庞大的声音、影视资料，大多在资料馆中沉睡，无法实现其价值。而且大部分新闻作品都属于小版权作品，经常被其他媒体无偿使用，电视媒体对此毫无办法。有些网络媒

① http://www.askci.com/news/chanye/20170327/17062094419.shtml

② 《央视：买小剧买大钱〈武林外传〉带来亿元收入》，参见 http://biz.163.com/06/0218/13/2A8E4P8A00020QDM.html。

体在用户观看其转载的电视台制作的新闻时，也不忘插上一条广告来谋利，但是却不会向新闻的制作方支付报酬或者只支付很低的报酬。这些电视媒体的新闻作品的版权价值难以实现，也属于一种国有资产的流失。

电视媒体可以利用其海量的影视、新闻作品，建立许可使用平台，用现代发达的信息管理技术，建立内容数据库，利用 DRM 系统进行在线的版权作品的销售，一向被忽视的小版权作品的价值也能得到实现。

第五节 动漫企业的版权运营策略

动漫是指动画和漫画，动画卡通、动漫影视、网络游戏、动漫衍生品、动漫多媒体行业均是动漫产业的代表。

一、我国动漫行业现状

我国的动漫产业开始得很早，但是长期以来却处于停滞不前的境地，近年来，在国家产业政策的扶持下，许多动漫制作企业纷纷成立，设立了多个国家级的产业基地、教学研究基地①。动漫的传播途径有了极大的拓展，传统的幽默漫画杂志《幽默大师》《漫画月刊》《儿童漫画》《漫画大王》等多年来稳定发展，发行量较大，此外《漫画 PARTY》《漫画世界》《知音漫客》一跃成为幽默漫画界的“三剑客”；动画的播出平台也呈现增加之势，一大批省级电视台的卫星频道开始播放国产动画片，随着《喜羊羊与灰太狼》系列动画片在浙江卫视成功播出，各地电视台纷纷仿效，出现了动画专业频道，少儿频道、动画栏目等许多的动画播出途径。到 2011 年，年产动画作品 261224 分钟，生产能力出现几何式的飞跃。2014 年，我国动漫行业总产值突破千亿，2016 年突破 1300 亿元。成为中国文化产业发展的中坚力量。

尽管我国的动漫产业快速发展，但是问题很多，粗制滥造、无人问

---

① 目前广电总局批准设立了 20 个国家动画产业基地，8 个国家动画教学研究基地；文化部设立了 8 个国家动漫游戏产业振兴基地；新闻出版总署规划了 11 个国家级动漫创意产业基地，包括 4 个国家网络游戏动漫产业发展基地和 7 个国家动漫产业发展基地。（参见 http://www.chyxx.com/industry/201610/454634.html）

津、严重积压的动漫作品越来越多，获得国际大奖的作品凤毛麟角，动漫作品主要是面向低幼儿童的定位[①]，使得动漫作品的表现力和题材的选择受到限制，也使得动漫产业潜力难以发挥。

以百度搜索风云榜动漫榜单为例，在其前25名中，有16部日本动漫产品、6部国产动漫产品、2部欧美动漫产品和1部其他国家动漫产品，市场份额分别为64.0%、24.0%、8.0%和4.0%，但如果关注一下前200名的榜单，日本动漫、国产动漫、欧美动漫和其他国家动漫产品的市场份额分别为45.5%、33.5%、20.0%和1.0%[②]。日本的动漫产品的市场占有率遥遥领先。

动漫产品首先是艺术作品，每一个动漫产品以独创性作为其核心，均符合《著作权法》所确定作品的定义。所以动漫企业必须以版权运营作为企业经营的主要抓手，以锻造产业链条为主要经营手段，收获经济效益和社会效益。

动漫作品的版权运营的方向立足于两点，一是动漫作品本身价值链条的伸展，二是以动漫角色形象权为核心的周边产业群的开发。

二、动漫作品本身的价值链条的打造

动漫作品本身具有与视听作品、美术作品等相同的基因，是社会群体中接受度较高的作品类型，具有进行产品价值链打造的先天优势。可以从作品的获取、传播、版权贸易等多个角度发掘动漫作品的版权价值。

1. 获取优秀的版权作品

版权的价值高低首先来源于作品的价值，如何获取优秀的且受到公众欢迎的作品，应该是动漫企业首先需要考虑的问题。我国在动漫作品诞生之初与西方国家尚处于同一层次。中国动漫的开拓者是万氏兄弟，万籁鸣创作自己的第一部动漫电影《大闹画室》后两年，华特·迪士尼才创作出

---

① 中国动漫的受众年龄一般定义在是0～14岁，在剧情设置上因此受到很多限制，而日本的动漫产品的受众的平均年龄为33岁，受众几乎是全年龄。当然，国内这一现象近两年有所好转，有些动漫企业开始开发全年龄的作品资源，电影《大鱼海棠》《西游记之大圣归来》《悟空传》等，已经超越了原有的低幼化年龄设定。

② http://www.bh.gov.cn/html/whcy/DMYX22822/2014-08-05/Detail_563118.htm

米老鼠的形象；日本的著名动画家手冢治虫在自传中说，是因为看到了万氏兄弟创作的《铁扇公主》后才决定投身动漫事业的。但是后来因为各种各样的原因，中国的动漫制作水平和产业规模慢慢地落在了后面，优秀的作品越来越少，时至今日已经很少有作品能够在国际上获奖，许多动漫作品以抄袭、模仿为主要的“创作”手段，观众对此甚为反感。2011 年《中青报》曾做过调查，70.8% 受访者给国产动画差评的主要原因是“抄袭严重，缺乏创新和策划能力”①，国产动画电影《汽车人总动员》抄袭迪士尼《汽车总动员》事件，更是激起舆论的批评。

实际上，考察一下能够获得观众广泛好评的作品，基本上都包含独创性元素、鲜明的民族性。比如中国动漫艺术历史上的巅峰之作《大闹天宫》就取材于四大名著之一的《西游记》，创造了许多经典的艺术形象。我国拥有海量的民族文化素材②，到处是可以创作动漫作品的题材，何苦去抄袭呢？我们的花木兰、熊猫等文化元素，被美国人拿去创作了动画电影《花木兰》和《功夫熊猫》，大赚国人的钱，我们却去抄袭迪士尼的汽车人，真是讽刺。号称“中国首部原创三维动画电影”的史诗动漫巨篇《魔比斯环》，从故事情节到整体风格无一不是好莱坞模式，北京电影学院教授郑洞天说：“追车场面像《星球大战》，城市构造像《第五元素》，战争场面像《指环王》。故事是从国外学来的，整部影片没有表达中国文化的精髓，除了投资方是中国人以外，几乎看不出是中国制造。”国产动画“抄袭”已经成为动漫观众们茶余饭后的嬉笑谈资，曾经有具有火眼金睛的网友把国产动画和其模仿对象进行全面对比，从故事构思到角色设定再到背景构图，用“找不同”的方式来对国产动画进行调侃③。这样的动漫自然不会受到国人的欢迎。

动漫产业整体的落后，与我们缺乏一个科学的动漫作品创作评价体系有关：许多企业投入了巨大的成本创作出的作品，能否获得市场的认可，

---

① http://news.ifeng.com/a/20150707/44119337_0.shtml

② 皇甫晓涛称，中国的本土国学与中华六艺、习艺（酒艺、茶艺、药艺）、园艺、书艺、丝艺的文化资产储量达到 700 万亿元，而美国的总资产约有 135 万亿元。中国的文化资产的价值一旦释放，将远远超过美国的资产总量。（皇甫晓涛：《版权经济论》，光明日报出版社，2016 年。）

③ http://hb.sina.com.cn/news/d/2013-08-28/1730100906_3.html

前景不明，而对别人的作品从形象到情节进行抄袭，似乎可以降低投资风险，但这样的结果往往是让观众反感，适得其反。美国迪士尼动画作品的创作则是建立在对动画市场大量的前期调研的基础上，当确定好故事创意之后，就会对故事情节、人物形象等开展四五轮的市场调查，以了解不同的受众对作品的风格、造型设计和剧情设置的认可程度，然后进行多轮的讨论和修改，最终才能开始制作过程；日本的模式是由数人或数十人组成的工作室制作动漫作品，然后向权威的动漫杂志投稿，动漫杂志对在杂志上发表的动漫作品的人气进行市场吸引力调查，将读者喜欢的作品做成连载，那些生命力强、读者众多的连载，会被制作成动漫图书，销量好的动漫图书会被制作成电视连续剧。美日成熟的动漫创作机制对于我国的动漫企业颇有借鉴意义。

随着数字互联网时代的到来，动漫创作者的队伍越来越扩大，某种意义上模糊了创作者与接受者的界限，人人都可以成为意义的解读者，也可以是文化产品的生产者。出现了许多灵活的动漫小型工作室和个体动漫创作者，他们将作品发表在一些专门的动漫网站上，比如成立于2009年的著名的动漫网站“有妖气”，被定位为“原创动漫梦工厂”，它原本是为动漫爱好者提供上传自己作品的交流平台，经过多年的发展，如今已经是集原创漫画、动画播映、衍生品购物、游戏、互动社区于一体的多功能平台，在这个平台上，许多个人原创作品变为知名动漫品牌，许多漫画爱好者成为知名的专业漫画师。

动漫产业链或起源于影视动漫，或起源于平面漫画，这里面创意和优秀的原创版权作品是一切的起点，获取优秀的动漫作品必须是动漫企业的核心。

2. 与电视媒体合作创作动漫作品，既可以拓宽播出渠道，又可以有效地降低风险

电视动画片只有在电视台播出才能实现其作为文化产品的功能，目前2D动画的制作费用大约是每分钟5000元，3D的制作费用大约是每分钟8000元，但是动漫企业向电视台出售动画片的广播权的价格却低得惊人：高的不过几百元一分钟，低的十几元一分钟，甚至有的企业愿意无偿供给电视台播出；电视台有些是采取现金支付，有些是采取贴片广告的方式，每一集提供一定的广告时间作为采购动画片的对价，而由于低幼动漫的观看人群为少年儿童，均没有购买力，这样又造成了很难有广告主愿意为这类节目投放广告。造成这种情况的原因一方面是动画片的产量太大，而播出渠道有限；另一方面是许多动画片粗制滥造，精品罕见，没有太多的市场需求。最终的结果是动漫企业大多沦为日韩动漫公司的代工基地，赚取少量的制作费用，而远离作品最有价值的版权资产。

“制播分离”的制度安排，激发了节目生产的积极性，但另一方也使得动漫企业的经营风险大幅度增加。动漫企业早期的投入都很可能因为没有播出渠道而打水漂，投入巨资打造精品的风险更是许多动漫企业无法承受的。影视动漫作品的成功与播映环节有很大的关联，电视台在播映时长、播映时段、宣传、产品组合、节目开发等对动画片的影响力惊人，而动漫企业在这点上几乎没有话语权。动漫企业如果与电视台进行合作，共同投资到动漫作品的制作中，成为作品的共同版权人，共同分享作品的衍生性价值。这样能够起到双赢的效果：电视台可以利用自身播出渠道的优势，扩大作品的社会影响，从版权的运营中获取利益，跳出单靠贴片商业广告盈利的旧有模式；动漫企业不再发愁作品的播出渠道的前提下，就会有积极性利用自身的策划、制作优势，全力打造优秀作品。电视台的加入可以增强广告商的信心，这种优势互补的模式可以降低双方的合作风险，达到利益的最大化。

3. 动漫作品的网络传播

信息网络传播权在互联网信息时代已经取代复制权成为版权内容中最为重要的权利。网络传播具有时效性、互动性等特点，动漫作品发布于网络平台，可以实现观众在观看作品的同时进行吐槽交流，这种体验是传统的电视媒体所没有的。传统的动漫作品主要面对的是 0 ～ 14 岁的少年儿童，以电视播出为宜，其题材的选择受到限制，而网络动漫作品则可以突破这一局限，面对全年龄阶段的观众制作动漫作品。

新的播映渠道使得动漫作品已经不再局限于电视台，受众群体扩大、动漫氛围的逐渐浓厚也使各大网站对动漫的重视程度与日俱增，优酷土豆、酷 6、乐视、56、风行网、激动网、迅雷等各大视频网站都设有专门的动漫栏目，搜狐、新浪、腾讯、百度等综合网站也在争夺动漫资源，腾讯、新浪微博、网易云阅读、小米多看阅读、当当读书等网络巨头相继开启了在线漫画阅读。一些有影响的动画网络视频版权甚至可以高达上千万元，许多作品更愿意选择网络首播而非传统的电视台，视频网站利用自身的优势可以为作品进行营销宣传，使得动漫作品更有机会获得成功。

网站可以放置无限量的作品同时进行展示，观众点播相应的作品时，网站可以随片播放广告以谋利。动漫企业可以与视频网站进行灵活地合作，既可以将信息网络传播权许可网站行使，一次性收取费用，也可以观众点播流量计算，进行广告分成，还可以一次性将信息网络传播权转让给网络公司，收取转让费用。

基于网络平台打造动漫产业链起始段，是韩国实现动漫产业由弱到强、弯道超车的主要产业模式，韩国利用动漫产业与网络技术的结合，以网络游戏为载体，打造出系列动漫形象，如红遍亚洲的“流氓兔”“中国娃娃”及“仙境传说”等，都取得了成功。韩国的经验值得我国的动漫产业借鉴。

4. 动漫作品的改编①，往往是赢取收益的最好机遇

作为动漫作品价值链条的相关环节，如何有效地将作品的改编权变现，可能是许多动漫企业梦寐以求的商业机会。2009 年电视动画片《喜羊羊与灰太狼》改编为大电影之后，当年收获 1 亿元的票房，数年来其系列电影票房已经超过 7 亿元；电视动画片《熊出没》好评如潮，2014 年其大电影《熊出没之夺宝熊兵》以 2.47 亿元的惊人票房刷新了国产动画片的最高票房纪录。其他的方式比如将电视台播放或者网络传播的动漫作品以 DVD、VCD 等激光视盘的形式在书店或音像制品店销售，以及以同名漫画书的形式在书店、报刊亭对外发行，均是版权运营中比较成熟的方式。

动漫电影的创作可以是基于动漫电视剧的衍生开发，也可以是独立制作的作品，一般情况下，基于既有的优秀动漫电视创作的动漫电影，其获得成功的机会比较大。

---

① 此处的改编，主要还是利用作品的名称和形象体系重新创作的新作品，与传统的将小说改编成电影剧本之类的改编还是有所不同。美国好莱坞有过很多将动漫作品改编成真人电影，大获成功，这属于版权法意义上的改编。

5. 国际版权贸易

国际版权贸易是将现有的动漫版权作品向国外用户销售（主要是对复制权、广播权、信息网络传播权、翻译权的许可，属于许可证贸易），以此获取版权使用费，动漫输出还有更深的意义：一是扩大作品的影响，这属于国家文化软实力的对外输出，具有重大的文化意义；二是在作品的对外传播过程中，可以为国外的受众所接受和熟悉，形成品牌优势；三是随着作品的国际传播，与作品相关的各类衍生品也可以借机进入相关市场，为企业带来源源不断的收益。

长期以来，我国动漫产品的出口是动漫企业的重要收入来源，2010 年我国动画节目的对外出口额为 11133 万元，为历史之最；2013 年电视动画节目对外出口 2507 小时，出口贸易额为 4894 万元，同期进口 2879 小时，进口贸易额为 4432 万元，实现贸易顺差 462 万元。主要出口到日本、美国、中国台湾、中国香港等国家和地区。比如华强动漫的动画作品的版权 2013 年出口到 24 个国家和地区，出口额达到 147. 08 万美元①。上述统计中尚未计算版权衍生产品的出口收益。

6. 作为美术作品进入收藏市场

动漫作品的基础是漫画，属于美术作品，许多动漫作品的底稿是以美术作品的形态存在的，日本的许多动画作品就是从动漫杂志中选择广受好评的漫画形象后创作的，所以，漫画的原作近年来成为收藏市场的宠儿。

在 2014 年第四届中国漫画拍卖会上，版画大师赵延年教授的版画连环画《阿 Q 正传》原稿以 178. 25 万元拍卖价成交；现代著名画家丰子恺的《满园春色关不住》20 万元起拍，经过近 30 轮激烈竞价，以 82. 8 万元成交；彭连熙《牡丹亭连环画》原稿，以 51. 75 万成交。中国首部彩色宽频动画长片《哪吒闹海》8 帧，以 5 万元起拍，经过 61 轮竞价，以 52 万元成交。在更早一些的法国艾德拍卖行里，《丁丁历险记》手绘插图则以 265 万欧元（约合 2255 万人民币）的天价成交，一举创下漫画拍卖的世界纪录。作品的原件之所以拥有很高的价值主要在于其稀缺性，可以作为收藏的对象。

---

① 《中国版权年鉴》编委会：《中国版权年鉴 · 2015》，中国人民大学出版社，2015 年 12 月，第 317 页。

动漫作品的原作就像富含钻石的矿藏，优秀的动漫作品的底稿和原作，值得动漫企业用心经营。

三、以动漫形象为核心的周边产业群的开发

动漫形象是动漫作品中各种形象，是动漫作品最具开发价值的衍生品。即使在动画电影发达的美国，票房也只能占到总收益的20%，衍生品才是盈利的主要部分。一旦动漫形象获得观众的接受和喜爱，动漫作品的衍生品开发就可以借势展开，如果运营的手段恰当，动漫形象可以产生品牌效应，使得衍生品市场可以经久不衰，持续盈利。

1. 游戏产品的开发

游戏与动漫具有天然的亲和性，其受众具有很大的重合性，许多国家将游戏和动漫作为一个产业进行开发和管理，动漫和游戏不分家，统称为ACG产业。一般来说，动漫偏重于故事内容，游戏则偏向于互动娱乐，传统的方式是游戏与动漫相互改编，人物与情节大同小异。在新型的互动关系中，主要是将动漫形象植入到游戏中去，或者利用游戏角色开发动漫作品。利用现有的动漫形象进行游戏开发，可以有效地利用动漫作品传播过程中积累的人气。

“很多经典的动漫形象深入人心，容易吸引玩家，而且有现成的角色，可以省去设计的麻烦，游戏厂商可借此加快产品投入速度，不仅在游戏形象上可以选择‘拿来主义’，连故事情节都可以直接套用，非常省事。”于是有人慨叹，“打开任何一个移动游戏下载平台，扑面而来的都是各种熟悉的动漫形象。”① 使用玩家熟悉的动漫形象的游戏产品很容易获得认可。游戏产品与动漫作品还可以做剧情方面的深度合作，将动漫作品的情节植入到游戏中，例如以日本著名动漫作品《名侦探柯南》制作了很多的游戏，玩家可以在游戏中像柯南那样发现证据，锁定罪犯。

仅2014年，我国源自动漫改编的游戏作品就有二十多部，排名前几位的有《熊出没》《我叫MT online》《疯狂的麦咭》《秦时明月3.0》《喜羊羊小顽皮》等。

---

① http://game.china.com/industry/news/11011446/20140122/18306576.html

2. 工业产品的形象使用

利用动漫形象制作各类工业产品，是许多动漫企业对衍生品开发的主要认识。工业产品与动漫形象的融合和嫁接，是动漫产业链的重要环节。例如湖南的山猫卡通就在国内动画明星山猫吉咪的基础上，开发了许多衍生产品，包括箱包玩具、服饰鞋帽、文化用品、家用电器等近3000种产品，产品出口到美洲、欧洲、非洲和东南亚各国，受到用户欢迎，年销量达到500万美元，许多外国商家由于衍生品大受欢迎转而购买山猫吉咪的原创动画片，动画片的版权贸易累计收入4500万美元。这是一个衍生品与原作品实现良好互动的很好的例子。

迪士尼公司是动漫形象工业产品开发的佼佼者，迪士尼公司与世界各地的生产企业合作，将旗下的动漫角色形象对生产企业进行授权，然后进行销售。生产商根据各地不同的情况，开发出符合市场需求的产品，很多产品深受用户的喜爱，有着巨大的销量。据统计，拥有迪士尼特定形象使用权，可在特定消费品类别进行使用、开发的经营商，中国国内共有约80家，而特许生产商约有170家。产品线领域有饰品配饰、首饰、摆设、浴室类等。授权产品进入市场前，生产企业还得向迪士尼申请、购买专门的防伪标志。据业内人士爆料，迪士尼的品牌授权期限一般是两年，费用为百万元，两年之后如果要续签合同，必须在第一次权利金的基础上至少增加百分之二三十。目前，迪士尼授权商品在中国拥有超过5000家零售点，每年交易额超过4亿美元。文具的品类因为不可能以年龄段划分，就把所授权品牌按不同阶段的设计风格分别授权，比如，授权给某些厂家的米奇老鼠是1990—1995年版本，而另外一些则是1995—2000年的版本，又或者将电影版本和动漫版本区别开来。目前，已有60多家特许授权商表示将通过迪士尼授权的网络平台进行网上销售，产品包括服装服饰、玩具、文具、家居、电子消费品等，超过5000种，并以4款最受中国消费者喜爱的卡通形象来分类①。

在日本，动漫形象主要的衍生品就是各种手办模型，稍有名气的各类动漫形象都会有角色模型。高达是日本动漫中有代表性且影响巨大的作品

---

① 谌远知：《文创产业中的商品化权与知识产权研究》，经济科学出版社，2012年2月。

形象，以高达系列作品形象制作的各类动漫模型受到全世界高达迷的喜爱。其中以万代公司的做工最为精良，质量优异，对于动漫原版高达的还原度极高，许多人争相购买、收藏。

我国也有比较成功的例子。《熊出没》的出品方深圳华强数字动漫有限公司在作品热播之后，自主开发并与授权商合作生产了许多包含动漫形象的工业产品，包括玩具、文具、食品、饮料、箱包、家居用品、电子设备等共百余种产品，这些制作精良的衍生产品拓宽了市场渠道，成为企业的主打产品，其收益远远超出了作品本身。

《海尔兄弟》是青岛海尔集团历时 8 年耗资 3000 万元倾力打造的一部 212 集的动画片，2001 年 9 月开始在央视和各地电视台播出，屡获国家级大奖，海尔兄弟的卡通形象深入人心，目前海尔集团的注册商标还是海尔兄弟的形象。随着海尔动画片的播出，该剧的 VCD、连环画也发行上市，取得了较好的销售业绩。实际上，《海尔兄弟》动画片还蕴藏着巨大的商机，可以进行全产业链的整体运营，可能是出于商标防淡化的考虑，海尔集团并未对海尔兄弟形象做进一步的开发，这未免让人觉得遗憾。

3. 数字授权使用

在互联网时代，数字技术的广泛使用，使得动漫产品的数字性使用成为巨大的市场需求，所以开发虚拟的数字衍生品是许多动漫作品的市场机遇。动漫形象因其较高的观众接受度、容易变形处理、应用范围广等特点，很容易开发成为网络虚拟衍生品，制作动漫表情包、动漫壁纸、输入法皮肤、虚拟礼品等数字衍生品成为动漫形象的互联网增值产品媒介，盈利模式是收取授权费或与合作商进行利润提成，看似利润不高，但是可以吸引更多的用户观看原创作品或购买实体的衍生产品。绿豆蛙、张小盒、小鸟彼尔德、小左小右等动漫形象已经成为网民常用的 QQ 表情。

电视、网络媒体的商业广告中，动漫形象也大有用武之地。利用公众喜欢的动漫明星做产品代言，从传播的角度看与利用现实的影视明星代言并无太大不同，许可商家使用知名的动漫形象制作广告，显然属于动漫作品的版权运营的范畴。动漫制作企业可以利用既有的动漫形象与商业广告主进行合作，在动漫作品中植入目标产品，甚至通过高质量的创意，将产品融入到剧情中，这样属于动漫形象商业利用的高级范畴：既不会因为牵强的后期植入而影响作品形象，也不会因为不合适的形象授权而影响动漫形象的观众评价。

4. 主题公园

主题公园是动漫产业突破其产业边界，衍生到旅游业的主要成果，是两大产业的融合发展。作为这一模式的创立者和成功的典范，迪士尼乐园最初就是在其拍摄了许多深受欢迎的动画影片，捧红了米奇老鼠、唐老鸭等卡通明星之后，通过技术渗透，由幻想工程师将科技和艺术完美地融合，将动画片所常用的色彩、刺激、魔幻等表现手法与游乐园的功能相结合，借助游乐园式的地域空间载体将许许多多的动漫形象予以真实的再现，取得了巨大的成功。迪士尼乐园作为实体的动漫衍生品，它完成了宣传、盈利、资产循环，在迪士尼整个动漫产业链中成为不可或缺的一环。

随着迪士尼乐园落户上海浦东，国内许多地区规划了动漫主题公园，浙江安吉的“Hello Kitty 主题乐园”、江苏盐城的“海贼王主题乐园”、浙江诸暨的“龙太子欢乐谷”等，但能否复制迪士尼乐园的成功还有待于市场的检验。

第六节 互联网企业的版权运营策略

随着互联网技术的发展，社会生活和生产的组织方式发生了翻天覆地的变化，新的技术、新的应用方式、新的产业模式都依托互联网而层出不穷。许多依托互联网运营或者为互联网服务的企业应运而生，发展壮大。互联网技术也带来了信息技术的巨大飞跃，信息的传播从未如此便捷，信息的数量从未如此庞大。对于版权作品而言，因此突破了以前的作品创作和传播、利用的模式，彻底地改变了传统的作品权利人、传播者和使用者三者之间的利益关系，版权的效能也发生了根本性的变化，从原有的以复制权为中心的古典版权体系迈进以信息网络传播权为中心的现代版权体系。

许多传统的文化企业面对新技术带来的挑战，也被迫适应网络时代用户对作品需求方式的变革，纷纷将传统的作品以数字化的方式放上网络，以满足读者的迫切需求，这种变革是痛苦的、被动的，这些企业还不能被称为互联网企业，只有那些纯粹依托互联网和服务互联网的企业才可以是互联网企业。

互联网企业种类繁多，对于版权作品的使用方式各有千秋，对于版权的获取和运营均需要进行深入地规划。互联网信息技术条件下，互联网企业可以有效地使用数字版权管理（DRM）系统实现对海量作品的分类检索和高效管理，以及按照企业不同阶段的经营策略高效地改变作品的利用模式，利用数字加密手段，阻止数字内容的非法传播，限制数字内容使用的方式，从而最大限度地保护版权。

一、文学类网站的版权运营

近年来，原创文学网站可以说是如雨后春笋，茁壮成长，短短十几年间，就发展成足以和传统出版社抗衡的内容提供商、内容服务商、内容运营商；“根据 CNNIC（中国互联网信息中心）《第 34 次中国互联网发展状况统计报告》显示，截止到 2014 年 6 月，我国互联网文学的网民使用率为 45.8%，用户规模高达 2.89 亿，较 2013 年底增长近 1500 万人，手机网络文学的用户规模也迅速增长至 2.22 亿。”[①] 因为原创文学类网站为读者提供了方便快捷的阅读渠道，可以满足读者各种需求的作品资源，深受广大受众喜爱。原创文学网站经过数年的产业化发展，已经形成了“阅文集团”“掌阅文学”“百度文学”“阿里文学”“中文在线”五足鼎立的局面，其中以 2015 年成立的“阅文集团”实力最为雄厚，读者人数名列前茅。

早期的文学网站基本上都是出于一个非功利的目的，作者自由地将自己创作的作品放到网站上任人浏览，后来随着网站规模的扩大，逐渐商业化，各个网站发展出不同的经营模式，有的开发付费阅读的方式，以读者阅读一定的字数支付相应的费用，网站与作者进行分成，比如起点中文网；有的是开发出广告的模式，采取网幅广告、文本链接等方式，向广告主收取广告费用，因为网络广告具有较强的交互性，效果较好，广告主纷至沓来，为网站带来不菲的收入；有的是门户网站开办的读书频道、名人博客之类的原创性栏目，可以与线下的出版机构保持良好的合作，主要目

① 中国互联网络信息中心：《中国互联网络发展状况统计报告》（2014 年 7 月）。

的是吸引流量，发掘优秀的作者。

文学类网站的版权运营应该紧贴网络传播的特点，开发文学作品的版权价值，以版权的利用为核心，设计版权运营的策略。

1. 优秀的版权资源获取策略

文学类网站大多发端于非盈利性的网站，聚合了各种类型的文学爱好者，基本上都是业余作者，他们将自己创作的作品以连载的方式放到网上供人浏览、欣赏，文学类网站在获取版权资源上具有得天独厚的优势：许多具有潜质的作者，在其作品尚未为读者所接触和接受时，纯粹是以“玩票”的心态进行写作，网站可以在非常有利的条件下与作者签订版权购买协议，约定该作者的某一部作品的版权的归属和运营的方式①。

文学类网站降低了文学创作的门槛，依据自身的聚合能力，可以将公众创作的零星的、过剩的的资源整合起来，这种“公众委制”② 的作品生产模式，使得文化产品的消费者与文化产品的生产者的界限模糊了，一些有潜力的、受到读者欢迎的网络文学作者脱颖而出，成为版权市场的宠儿。

文学网站直接面对终端读者，所有的作品均面对市场的选择，人气高、点击量大、阅读人数众多的作品自然其价值也就比较高，适宜做进一步的版权开发。这一模式，突破了传统的出版业听凭编辑主观臆断、盲人摸象式的出版模式，将出版风险降到了最低。通过网络的传播和读者的筛选，许多优秀的网络作者获得了市场的认可，许多人形成了自己的品牌，其作品也成为文学网站优秀的版权资源。比如唐家三少名列网络作家排行榜首位，仅2014年一年的版税收入就达到5000万元。文学网站通过各种措施，培养和扶持优秀的网络文学创作者，因此拥有了优质的版权作品。比如阅文集团旗下现在已经拥有超过400万个作家，创作出超过1000万部

---

① 比如阅文集团旗下的起点文学网，在网络作者申请成为其网络作家之后，起点中文网将会获得该作者文学作品的版权授权，授权方式分为三种，即“授权作品”、“驻站作品”、以及授权度最高的“专属作品”。如果授权成为其“专属作品”，作者不但需要首发在起点中文网，还需要承诺起点成为其版权作品的独家发布人，在运营筹备方面全权交给起点中文网代理。（参见起点中文网《作者投稿声明》）

② 所谓“公众委制”（public commissioning），就是将原来需要由专业的人员或机构承担的制作任务，“委托”给公众完成。

作品，其中原创部分大约90%以上，内容覆盖了50个类型，平台每天浏览量超过3000万。

文学网站应该建立完善而合理的版权资源获取模式，对优质的版权资源，尽可能地获取其全部的版权内容，这是进行版权运营的前提。

2. 多次售卖的版权营销策略

从《著作权法》的角度看，文学网站仅仅是一个作品发表的平台，文学作品的版权归属于作者。但文学网站通过合同可以获得作品的版权，以此可以对作品的版权进行营销，获取利益。

（1）付费阅读。根据网络作者的对作品的更新频率，设定不同的付费阅读费率，利用“微支付”等付费手段，向读者收取费用，该费用可以与作者进行分成，也可以向作者支付固定的费用而网站获取其盈余部分。这其实是对作品信息网络传播权的经典使用方式。

（2）出版实体书。许多作品在网络上获得成功之后，可以与出版社合作。比如盛大文学就与包括人民文学出版社、春风文艺出版社、中华书局在内的出版机构进行版权作品实体出版，出版了汉语、英语、越南语等多种图书，实现了对亚洲、美洲和欧洲的版权输出。其最为典型的例子就是《盗墓笔记》和《鬼吹灯》两部盗墓体裁的作品，从2007年开始，前者出版了系列实体书共计9本，十年间，取得巨大成功，累计销售1000多万册，其作者南派三叔也因此成为畅销书作家；后者则由安徽文艺出版社出版，长期占据图书销量首位。

（3）影视剧改编。文学网站拥有大量的原创性文学作品，有许多作品风格新奇、质量上乘、情节引人入胜、受到读者追捧，很适合做影视剧改编，许可电影、电视制作企业对文学进行改编拍摄，收取许可费用或者参与后期分成，这是网站文学版权运营的高级模式，可以获得巨大的收益。近年来一直在热播的电视剧《甄嬛传》就是改编自流潋紫的网络小说《后宫·甄嬛传》，电影《致我们终将逝去的青春》也改编于同名的小说，取得了7.18亿元的票房收入。

（4）网络游戏授权。据研究，网络文学用户与网络游戏用户的贴合度为78.4%，知名网络小说的游戏改编很受游戏制作企业的青睐。所以，文学网站可以将文学作品授权给游戏制作企业，改编成网页游戏和各种手机游戏。与受到影视剧改编热捧的都市、言情等题材不同，网络游戏喜欢选取玄幻、仙侠以及探险等想象力天马行空、情节紧张刺激的题材。盛大文学将《斗破苍穹》的版权许可给搜狐畅游开发成网络游戏，将《鬼吹灯》许可给上海游趣公司开发成即时战斗类游戏《鬼吹灯外传》等，均取得不俗的业绩。

（5）动漫改编许可。许多网络文学适合改编成动漫作品，国内的几大动漫杂志均会刊登改编自网络文学的漫画作品。比如《知音漫客》杂志连载的《斗破苍穹》漫画。

（6）舞台剧表演许可。许可演出企业将作品改编成话剧、歌剧等舞台剧。一方面可以扩大作品本身的影响力，另一方面也可以获得版权运营的效益。

（7）录音制品制作许可。许可广播电台行使广播权，许可音像制作企业将文学作品制作成录音制品对外销售或通过网络传播，均是版权行使的方式。许多传统广播电台和新兴的网络广播电台均会制作许多来自网络文学的小说演播类节目，这也是网络文学的一种重要衍生品。

（8）对外的版权贸易。我国网络文学的快速发展，吸引周边中华文化圈的许多国家也纷纷引进来自我国的网络文学版权，翻译出版我国的网络文学作品，尤以越南、泰国、日本、韩国等国为甚。比如越南在2009—2013年之间，总共翻译出版了中国840种图书，其中网络文学占617种[①]。版权的对外输出，不但可以为网站带来不菲的收入，还可以促进中华文化的对外传播。

3. 拓展文学作品版权的产业链条

文学网站对于文学作品需要具备全版权的视野，尽可能地扩展基于文学和文学形象、文学品牌等版权利用的产业链条。

（1）数字出版与电子阅读平台

在网站发表尚称不上数字出版，文学网站上的发表行为仅仅属于作者作品形成和发表的过程，没有经过编辑加工的流程，整个作品还是粗糙的

① 何明星、王丹妮：《文化接近性下的传播类型——中国网络文学在越南的翻译与出版》，载《中国出版》，2015年第12期。

甚至错漏百出的。只有利用数字化管理技术，对作品的整个出版流程进行数字化运作，并以数字化的方式在网络传播，才能形成数字出版物。文学网站可以与传统的出版机构合作，将网络作品制作成数字出版物，以电子图书形态在网店销售，亚马逊、京东商城、当当网等网站均销售电子图书。

文学网站还可以建立电子阅读平台，将高聚人气的网络文学作品向移动客户端推送，便于读者在碎片时间阅读作品，只要有合适的商业模式，比如广告链接、付费阅读均可以获得相应的版权收益。

（2）各类跨界合作与工业衍生品的生产与销售

目前，各大文学网站对作品的版权运营还主要是版权本身的多次售卖，而对文学作品的周边衍生品的开发尚不完善。文学网站应该根据作品的特点有针对性地进行周边衍生品的开发，展开各种跨界合作，比如与旅游业的合作，根据某部作品的展开背景开发出相应的旅游项目。也可以与玩具厂商合作生产相应的玩具，满足不同读者的需要。

二、视频类网站的版权运营

视频类网站主要是利用互联网技术，让互联网用户在线发布、浏览和分享视频作品的网络媒体。2004 年乐视网上线运营，开国内视频网站的先河，其后，随着互联网逐步普及①，视频分享类网站经过一段时间的野蛮生长之后，走向产业化的道路，呈现出欣欣向荣的局面，许多风险投资公司开始看好国内视频行业的发展，投入大量的资金支持，有效地推动了网络视频企业的快速发展。随着智能手机的快速普及，移动网络视频用户成为推动网络视频用户增长的主要推动力，许多视频网站开始纷纷着力于移动视频内容的开发。

各个企业的发展方向和侧重点各有不同，有些是侧重分享，比如酷 6 网；有的侧重点播，比如风行网；有的是综合运营，比如优酷土豆、乐视网、爱奇艺、PPS、PPTV 等；还有的是门户网站开设的视频频道，比如搜

① 截至 2017 年 6 月，中国网民规模达到 7.51 亿，占全球网民总数的五分之一，互联网普及率为 54.3%。(中国互联网络信息中心发布的第 40 次《中国互联网发展报告》)

狐视频、腾讯视频、凤凰视频等。

目前，视频网站的视频内容主要可以分成几大类：一是网友上传的视频；二是视频网站取得授权的影视剧、电视节目视频；三是网站自己投资制作的剧作视频；四是由体育比赛组织者授权网络直播或转播许可的体育比赛视频。

早期国内视频网站为众多视听作品权利人所诟病的是广泛存在的侵权行为。许多视频网站以用户上传视频建立自有的视频素材库，其中既包括用户自己的原创视频节目，也包括他人享有版权的作品，视频网站不再局限于提供单纯的“传输管道”和存储空间，而是利用不同的运营模式，通过用户上传的视频获利。其中最为典型的就是贴片广告的模式，用户每播放一次视频就会被强制播放一则或多则广告。

目前，视频网站在国内网民的使用率中名列前茅，在版权发掘、版权内容的创造、版权的运营方面有着巨大的潜力，相关企业可以通过对特定内容、细分市场版权，有针对性地进行内容的采购、制作及运营，最大限度地满足细分市场的需求，充分地释放版权资产的经济价值。

视频网站的版权运营可以从下列几个角度展开：

1. 以自制剧的版权为核心，建立全版权的运营策略

（1）视频网站的经营企业应该以网络用户的兴趣和需求为导向，制作优质的作品。网络企业具有强大的数据分析能力和精准的用户管理系统，根据用户偏好，创作出符合市场需求的作品。视频网站也可以从其他渠道获得原始作品比如小说、戏剧作品等加以改编，应该尽可能地获取更多的权利，如果能够以版权转让的方式获得相关作品的版权，就为以后的全版权运营打下了一个较好的基础。

视频网站可以与网络剧制作企业、影视制作企业、电视台等单位合作，利用他们制作视听作品的专业经验，实现优势互补，创作出广受好评作品。比如，优酷土豆与韩国的 SBS 电视台联合推出真人秀节目《Guest House》，制作成本由优酷土豆与 SBS 共同承担，节目具有中国特色，符合中国口味，其播出效果不错。

（2）以版权分销的方式，扩大作品的传播范围。由于享有完整的版权，视频网站就在作品版权的对外许可使用方面拥有绝对的话语权，既可以在自己的网站上供用户点播，也可以许可电视台或其他视频网站和平台播放，还可以通过设置不同的许可条件，针对不同的用户和使用条件，实行价格歧视策略，以此获得版权收益。对于优秀的作品还可以向国外进行版权输出。

（3）对于自制剧作的版权进行全产业链的布局。视频网站应该根据作品的特点开发相关的衍生产品，最大限度地激发版权价值。

2. 受让获得影视、电视节目、体育比赛直播（转播）的视频的信息网络传播权

视频网站为了获得优质电视剧、电影等节目的网络传播的机会，常常耗费巨资购买相关的版权，近年来，网络独播剧的价格屡创新高，2011年，搜狐视频3000万元购买《新还珠格格》（98集）、优酷2500万元购买《倾城雪》（33集）、乐视2000万元购买《甄嬛传》（46集）、PPS 2200万元购买《王的女人》（35集），每集价格都在30万元以上，而在2005年的时候，每一集的价格才几百元到一千元。这些电视剧的信息网络传播权一般是以独占性授权为主，获得授权的视频网站，可以许可证分销的方式，许可其他的视频网站、视频平台播放该作品，以此获得版权贸易的收益。

体育比赛的网络转播和直播也是视频网站进行版权运营的重要项目。对于体育比赛的网络直播，使得视频网站成为可以抗衡传统电视媒体的新型信息传播者，不但可以借此带来大量的广告收入，还可通过对比赛直播权利的分销许可，获取版权运营的盈利。

3. 对于来源于用户上传的共享类版权作品，寻找和发现其价值

对于用户随意上传的视频，内容纷繁芜杂，水平良莠不齐，权利构成不易厘清，进行版权运营难度较大。许多具有开发价值的视频作品（制品）隐藏在灰堆蔓草之下，没有沙里淘金的耐心和方法，很难发现优秀的作品（制品）的价值所在。

用户上传的共享类视频首先必须要做好侵权防范，对于用户原创的作品，可以通过缔结格式合同的方式取得作品的有限版权，而对于有可能是侵犯他人版权的行为，一旦发现，就必须要采取删除文件、断开链接等措施，免除自己的侵权风险。

视频网站上合法的各类视频，可以进行一定的分类筛选：有价值但价值不高的作品，可以尝试编辑成为素材资料，供用户有偿获取；价值比较高的作品可以在获得用户的许可后进行进一步的版权开发。

共享类版权作品的价值可能更大地在于为网站吸引人气，增加付费用户的数量，提高广告收入。故此许多网站即使被权利人屡次诉讼，也依然乐此不疲，但这已经超出版权运营的范畴了。

三、游戏类网站的版权运营

我国的网络游戏产业是国家鼓励发展的产业之一，相关数据显示，2015 年中国游戏市场（包括客户端游戏市场、网页游戏市场、移动游戏市场等）实际销售收入达到 1407 亿元人民币，较 2014 年同比增长了 22.9%。同时，中国游戏市场用户规模继续保持上涨趋势，2015 年，中国游戏市场用户数量达到 5.34 亿人，同比增长了 3.3%[①]。游戏产业已经超过电影、动漫等产业的规模，显示出欣欣向荣的发展态势。

网络游戏产品因其具有独创性，产生了可版权性，可以作为作品进行保护：首先是游戏软件，游戏软件因为具有独创性的代码指令序列，可以安装在计算机终端上运行，享有相应的著作权利；其次，美术作品，游戏产品展现出来的具有独创性的各类形象、场景，均可作为美术作品予以保护；第三是音乐作品，游戏中出现的独创性音乐元素可以作为音乐作品受到保护；第四是电影作品，游戏中出现的独创性的动画视频，可以作为电影作品受到保护。目前司法实践中，尚没有将游戏作为单一作品进行整体保护，而是以其中的某种元素确定保护的内容。

目前，游戏类网站的经营主要还是在游戏产品本身，以吸引游戏玩家，赚取广告费、道具费、会员费，等等。基本上立足于游戏产品本身的经营，而比较缺乏版权运营的规划和成熟的管理。

1. 优质的游戏版权的获取

游戏的产业链条，主要包括网络游戏用户、网络游戏出版运营商、数据中心、电信运营商和网络游戏开发商，更广泛地还带动了计算机软件和硬件生产商、网络软件硬件生产商、游戏零售渠道和传统的媒体出版企业

---

① http://www.chyxx.com/industry/201605/416959.html

等，每一环节都可以从游戏产业的发展中收益。就单个游戏作品而言，网络游戏开发和运营，直接收入来源是游戏软件面向终端客户的销售收入，游戏上线提供服务过程中游戏会员缴纳会费，贩售虚拟物品的收入，增值性的服务收入以及近来兴起的嵌入式广告收入等。所有的一切均离不开优秀的版权资源的获取，优质游戏版权是带动整个产业链条的火车头。

网络企业必须根据市场的需求，研究玩家的喜好，才能有针对性地创作出优秀的游戏作品。游戏作品的创作有两个途径，一是自行创作，二是根据其他作品进行改编。游戏与动漫的结合，从来都是珠联璧合，游戏和动漫的受众贴合度极高，深入人心的动漫形象改编为游戏作品可以利用动漫的市场接受度，为良好的运营效益和版权价值的进一步拓展，打下良好的基础。

我国拥有丰富的民族文化遗产，游戏素材浩如烟海，这为游戏作品的独立创作提供了保障，来源于本民族的素材具有符合受众习惯的价值观和审美习惯，容易获得玩家的喜爱以及传播。

2. 游戏形象权的运营

游戏中的形象可以是独特的动漫形象或者是各种奇趣的装置，适合于游戏玩家的收藏和欣赏。游戏作品中最容易为市场所接受的就是根据游戏形象制作的各种玩具、手办。以游戏场景或游戏人物形象做电脑屏幕的墙纸，或者是风格独特的招贴画，均可以直接带来收益。

游戏形象的产业链开发必须立足于游戏形象本身，与相关的文化企业进行合作，研发成各种合适的文化产品比如旅游、演艺产品，吸引游戏爱好者或其他用户的关注和消费。

3. 游戏的改编

一个游戏产品能在市场上经久不衰，合适的游戏题材，可以改编成电影，利用游戏被广泛接纳的受众优势，改编自游戏的电影，其受众群大部分都是忠实的游戏迷，只要游戏有较大的粉丝群，就有机会取得不俗的票房。

历史上有许多根据游戏改编的电影，比如安吉丽娜·朱莉主演的电影《古墓丽影》就是改编自其同名的游戏，电影与游戏同样都是以解密探险的方式推进，取得了不俗的票房业绩。国内也有游戏改编成电视剧的案例，《剑侠情缘》是由金山公司下属的游戏公司于1997年研发的一款角色扮演类游戏，该游戏由成都金山数字娱乐科技有限公司改编成古装武侠电视剧，但是似乎并不是很成功。

《仙剑奇侠传》是由台湾大宇资讯股份有限公司发行的系列电脑游戏，首发于1995年7月，荣获两岸无数的游戏奖项，被众多玩家誉为“旷世神作”，《仙剑奇侠传》系列现已衍生出漫画、小说、电视剧、舞台剧、声优剧、卡牌等相关作品形态。

第七节　表演艺术企业的版权运营策略

表演艺术企业简称演艺企业，主要是指组织进行营业性演出的各类企业。演出行业包括舞台剧、演唱会、音乐节、音乐会、旅游演出、传统戏曲、舞蹈等多个领域。其中舞台剧主要包括话剧、音乐剧、儿童剧等。

“演艺产业链各环节包括文艺表演团体、演出场所、演出中介机构和演出票务。演艺产业是文化产业体系中的核心产业之一，是一个创意密集和劳动力密集的产业，也是一项能耗低、可持续发展性强的低碳产业，具有极大的辐射和拉动作用。”① 根据道略研究《2016年中国商业演出票房报告》，最近三年全国商业演出市场票房、观众人数和演出场次持续增长。2016年全国商业演出市场票房收入达121亿元，较2015年的111亿元增长9.0%；2016年全国商业演出观众人数10761万人，较2015年的10107万人增长6.5%；2016年全国商业演出场次18.2万场，较2015年的16.6万场增长9.6%。

生产模式上，演出企业主要以剧组为单位，经过一段时间的编排后向观众表演。每个剧目具有相似的业务流程和差异化的内容、形式，最终演出方案以剧本为基础，在编排和多轮演出过程中，不断对演出方案进行优化后形成。销售模式上，演出行业因现场演出的特点，在一个时段一个场地，一组演员只能为一定数量的观众进行一个剧目的一场演出。

总体上看，我国演出产业仍处于发展初期，远未达到美国、英国、日

---

① http://bg.qianzhan.com/report/detail/361/150318-9126d407.html

本等国的市场化程度和商业化水平，具有较大的发展空间。我国的演出市场尚没有真正完善和成熟，演出企业的市场意识和版权的运营能力较弱，版权生产的投入产出失衡，投资回报过小，版权的产业链条过短。许多国有的艺术团体，不能适应市场的要求，只能依靠财政拨款维持，很难称得上是合格的市场主体。能够满足市场需求的艺术作品很少，一些演艺企业只管演出不管市场，或只管演出不管创作，导致观众流失，处境艰难。

从版权法的角度看，演艺产业就是一个由演艺作品的创作、生产、表演、销售以及经纪代理等环节构成的体系，演艺企业的核心财产就是艺术作品本身以及对艺术作品进行表演而形成的一系列版权资产，版权的利用和保护贯穿于演艺企业的创作（文字、音乐、造型、布景等）、表演、发行、宣传推广和衍生品的开发等部分，是演艺企业发展和获取经营利益的核心。

演艺企业的版权运营就是要以市场化为手段，以观众需求为导向，在版权作品的创作、版权的价值链的构筑、版权衍生品的拓展等方面展开。

一、开拓视野，创作优质的版权作品

无论是何种类型的演艺企业，其生产方式离不开舞台和观众，离不开优质的版权作品。表演是邻接于其他作品之上对作品的演绎，这些在《著作权法》上被定义为演绎作品①，有赖于原始作品的创意和表演的组织。各类的演出最终需要以舞台表演的形式与观众见面，为观众所接受和喜爱，是作品走向市场的第一步。在这个内容为王的时代，许多在市场获得认可的演艺企业均是因为拥有独创的优质版权内容，辅以精湛的表演，最后才是一系列的市场运作。

我国许多演艺企业尤其是具有国有背景的演出团体，要么将目光聚集于阳春白雪类曲高和寡的小众作品上，要么是固守传统的几个剧目上，不愿意开发新的演艺项目和创作新的版权作品。很多市场运营成功的演艺企业均是以优质的版权作为出发点的：比如开心麻花，这是北京开心麻花娱

---

① 当然，有部分即兴表演，并不存在所谓的“原始作品”，比如即兴的演讲、即兴的演奏、即兴的舞蹈等表演本身即构成了某种类型的作品。

乐文化传媒股份有限公司的品牌，2003 年推出首部爆笑喜剧作品《想吃麻花先给你拧》，情节爆笑，台词幽默，节目盘点全年时事，于笑声中批判了社会上的种种不良现象。这一剧目一改话剧舞台上正剧、严肃剧一统天下的局面，将轻松愉悦的喜剧呈现给观众，立马受到观众的热捧。其后，他们坚持这一创作模式，创作了二十多部幽默喜剧作品，还将作品形式拓展到音乐剧、网络剧、影视剧、演唱会等多种方式，成为国内著名的话剧演出机构。开心麻花的成功首先在于坚持独创，以优质的作品赢得市场。

1. 从中国优秀的文化遗产中汲取创作的灵感，根据当下观众的审美习惯，可以创作出市场接受度较高的艺术作品

许多的演出形式比如曲艺、杂技、戏曲等均是我国民族文化的瑰宝，是我们传承民族精神的重要方式，至今依旧活跃在舞台上，为广大观众所热爱。例如，北京德云社文化传播有限公司，以做真正的相声为追求，以剧场方式演出，用话剧和相声混搭的方式，为观众演绎从清朝、民国到新中国成立后各种风格流派的相声，常年坚持演出，取得了良好的社会效益和经济效益。

2. 引进优质的境外版权，是扩充企业版权资产的重要方式

音乐舞台剧《妈妈咪呀》于 1999 年 4 月 6 日在伦敦的爱德华王子剧院首演，被评为 2000 年后的新时代经典，这部作品在不到 15 年的时间里席卷全球，在世界各地的演出都能创下不俗的演出成绩，成为百老汇演出时间最长的音乐剧之一，甚至超过了经典的《音乐之声》。2007 年原版的《妈妈咪呀》全球巡演到北京，引得众多明星关注，反响空前。对这样的优秀作品，中国对外文化集团经过与英国版权方的不懈谈判，获得该剧在全球华语地区的 5 年的版权，该剧由亚洲联创文化发展有限公司负责制作和运营，2011 年 7 月 8 日在上海大剧院首演。高品质的剧本再加上创作团队的倾力打造，使得《妈妈咪呀》中文版展现出了不俗的商业价值，获得了巨大的票房收益，仅首轮就演出了 200 场，票房超亿元。而且运营方还对其音乐剧的原声 CD、乐谱等相关的版权衍生品的开发进行了尝试。这一案例对于许多演艺机构具有相当强的借鉴意义。

3. 将广受市场欢迎的网络文学、动漫、游戏等作品改编成可供演出的剧本，并搬上舞台，是赢得观众的捷径

许多网络上已经为读者或观众熟知的作品，原本就拥有了巨大的粉丝群，利用这样的作品改编成舞台剧目，将首先会吸引熟悉原作的人群关注，如果加以精心制作，很容易获得观众的认可。网络作家孔二狗创作了《东北往事》，被怪咖剧团改编成舞台剧搬上解放军歌舞剧院的舞台，一时好评如潮。话剧版的《步步惊心》，场场爆满。而将动漫改编成舞台剧在日本等动漫发达的国家是通常的做法，许多大家耳熟能详的动漫人物都能在舞台与观众重逢。2013 年 8 月，网络游戏《古剑奇谭》改编的同名舞台剧在北京上演，做了一次有益尝试。

4. 影视剧改编

很多情况下是将广受观众好评的舞台剧改编成电影和电视剧，例如《妈妈咪呀》就被改编成电影登上银幕，但是先有影视剧，然后再改编成舞台剧的也不乏案例。对于优秀的影视剧而言，舞台剧本身就是其版权的衍生，1994 年，美国电影《狮子王》问世后，作为其周边产品的音乐剧登上舞台时，立刻受到观众的欢迎：自 1997 年登上百老汇舞台后，其票房收入远远超过了原来的电影和该主题的各种消费品。

二、拓展产业链条

文艺演出与其他相邻的行业进行有效的整合，可以传递作品的版权价值。从艺术产业全局来看，演出业处于整个产业链条的中间环节，前段是文学艺术产业、动漫游戏产业、影视艺术产业，表演是将原始的作品形式进行演绎性的呈现，从而形成了以表演者权为其核心的版权资产。而该版权既可以向上游转化成新的作品形态，比如将演出的曲艺节目改编成小说出版，更多的时候，其版权的价值是向下游相关行业溢出，相关的产业链进一步对外延伸。

1. 开展文艺演出的跨界经营，拓展盈利渠道

旅游演艺是以旅游风景区作为背景支持，以旅游者为观众，充分展示当地的文化特色，重视观众的参与性和体验性，重视与观众的互动，是一种将旅游和演艺结合的很好的艺术形式。1995 年在北京太庙举办的《图兰朵》大型景观歌剧演出大获成功，使得景观歌剧成为我国歌剧演出的新概念。在此基础上，张艺谋等人创作出第一部山水实景演出《印象·刘三姐》，将山水作为舞台的背景，这一独特的形式一出现，马上受到观众的

热捧，随后各种以“印象”为题的同类演出在国内许多旅游区出现，比如《印象·丽江》《印象·西湖》《印象·海南岛》《印象·大红袍》《印象·普陀》等，这是一种演艺产业与旅游产业跨界经营的优秀例子，艺术家充分利用旅游产业所带来的文化和观众资源，创作出新的作品形式，旅游业则从文艺演出中摆脱了“白天看庙、晚上睡觉”固有模式，将山水旅游与文化旅游充分地结合起来，获得了巨大的成功。

杭州的宋城景区，是中国最为出名的主题公园，大型的歌舞表演《宋城千古情》，运用先进的声、光、电的科技手段和舞台机械，展示了杭州的地域文化，每年演出2000余场，总共演出了20000场，接待观众六千多万人。《宋城千古情》将旅游文化与文艺演出进行有机的结合，充分地发挥了文化的魅力，是文艺演出进行跨界结合的范例。

演艺企业最常见的跨界经营更多的是走向影视，“跨界”成为近期演艺圈内最热的词汇。嘻哈包袱铺不再满足于剧场的相声表演，开始涉足电影，拍摄出《兄弟，别闹!》，开心麻花也拍摄了多部影视剧，2017年上映的电影《羞羞的铁拳》就是改编自舞台剧，电影很受好评。跨界经营，可以依托其他行业的特点形成新的艺术作品，让表演本身以更加贴合观众需求的方式呈现出来，摆脱剧场演出小众化的局限，大有可为。

2. 与互联网结合，拓展演出新空间

互联网技术的发展给各个行业均带来革命性的影响，从艺术创作的方式到演出管理，再到受众文化消费的习惯等方面均产生巨大的变化。文艺演出的传播方式得到大大的扩展，对演出产品信息网络传播权的行使可以为演出企业带来丰厚的利润。对于演出的录音和录像制品，可以通过网络使得任何人在其选定的时间获得；甚至可以利用网络对现场的表演向全世界直播，这成为企业新的盈利点。

在娱乐直播领域，六间房是行业内产品线最全、业务模式最完整、盈利能力最强的娱乐直播平台之一。宋城演艺公司收购了直播平台六间房，利用网络传播技术，直接将现场表演通过直播平台向众多的“围观者”发送，这种新的传播表演的方式拓展了现场演艺的空间，使得更多的观众不用抵达现场就可以欣赏到表演，这已经打破了现场表演与电视转播之间的界限，成为一种新的表演模式。现场的表演，版权方（表演者）具有许可网络传播的权利。有效地利用这一权利，可以极大地激发版权作品所蕴含的巨大的商业价值。据说，2016 年，宋城演艺超过四成的收入来自六间房[①]。

3. 演出衍生品的开发

演出的衍生品一般是指与演出相关的商品和产品，既可能与演出的主题有关，也可能与演出的人员有关。主要下列几种类型：

（1）许可他人对演出进行录制。一般的演出场所不允许观众在现场进行音像的录制，而是由演出的组织者授权他人或者自行录制，形成录音录像制品。对于这些音像制品尤其是大型演出，比如众多的演唱会、音乐会、歌剧和戏曲演出中播放的音乐，可以 CD 的形式出版，也可以将现场的录像制品以 DVD 的方式对外发售。这是现场表演最为常见的衍生品。

表演的录音录像制品，在网络时代除了可以 CD 和 DVD 等数字形式出版外，还可以直接地许可视频和音乐网站对外传播，演艺企业既可以一次性向网站收费，也可以要求根据观众的点播情况按次收费。另外，艺术表演的音像制品还可以成为其他艺术创作者需要的素材，在艺术创作过程中使用录制有表演[②]的音像制品时，也需要支付费用。

（2）演出周边产品的开发。这主要是以表演者形象权为核心的系列开发行为。一些精明的演出商，在演出现场发售各种周边产品，包括 T 恤衫、马克杯、钥匙扣、项链、戒指、纪念手表、手机壳、海报、演出者形象的手办、签名照片等，这些不起眼的产品往往让演出组织者获得不菲的收益。在网络新媒体时代，周边产品的开发还应该包括可以在网络上存在的虚拟物品，比如利用演出场景制作的电脑桌面壁纸、演出者照片制作的微博头像图片、手机壁纸、输入法皮肤图片、截取演唱会音乐制作的付费铃声、微信表情包等，尽管每一件售价都不高，但在庞大的互联网用户的基数下，往往可以取得可观的收益。

---

① 《每日经济新闻》2017 年 07 月 10 日。

② 如果属于合理使用范畴，不需要获得许可。

第八节　影视企业的版权运营策略

影视企业是指独立生产电影和电视剧的企业，前者主要是各大电影制片企业，包括国有和民营的电影制片公司，后者则是专门从事电视剧制作的企业，包括从各大电视企业分离出来的专门拍摄电视剧的公司和民营资本设立的专门制作电视剧的公司，上述两者的业务经常发生交叉，电影制片企业也拍摄电视剧，专门拍摄电视剧的公司也牵头或与他人合作拍摄电影。

虽然在电影和电视从业者眼中，可以看出两者无数的差异，但电影与电视剧从制作手法上看并无根本的不同，所以在《著作权法》统一定义为“电影作品和以类似摄制电影的方法创作的作品”，可以简称为“视听作品”。在版权法的视野中，两者传统的发行渠道有所不同，前者主要是在影院或者院线放映，行使作品的放映权，后者则是在电视上播放，行使的是广播权。但是在互联网高度发达、多媒体融合的技术背景下，两者的差别越来越小。

一、电影企业的版权运营

世界首部电影诞生于1895年，法国的卢米埃尔兄弟开启了商业电影的先河。1905年，北京丰泰照相馆创办人任景泰拍摄了由谭鑫培主演的《定军山》片段，这是中国人自己摄制的第一部影片。建国以后，我国早期的电影制片厂均是国有事业单位，以拨款的方式支付拍摄成本，主要考虑的是电影作品的社会效益，几乎不用考虑其经济效益。直到1992年，才开始电影产业商业化的改革；2002年，允许民营资本进入电影摄制领域，许多民营电影制作公司如雨后春笋般崛起。到2012年，电影产业的行业增加值达到134.82亿元人民币，占GDP总值的0.06%，2015年中国各类电影产量为758部，达到历史的最高点，2003年全国的电影银幕只有1923块，而截至2016年12月20日，中国内地银幕数40917块，超过美国的40759块，成为全球银幕数最多的国家。

好莱坞有一个关于火车头的理论，即一部影片的后面跟着一条由许多相关业务连接而成的产业链，电影本身可以不赚钱，但它要带动相关产品的营销[①]。实际上这是一条以版权作为线索连接起来的产业链条，版权的各项内容如同线条，相关的产品如同珍珠，可以串成一条美丽的珍珠项链。

我国电影产业的收益主要还是依靠电影的票房本身，或者说是依靠电影产品本身在传播的各个环节上收取利益。比如，将作品本身以版权贸易的方式许可电视媒体、网络新媒体使用，收取许可费用，发行 DVD 激光视盘等方式获取收益，而对于其他衍生品的开发还处于比较原始和落后的阶段。中国电影著作权协会副理事长兼副秘书长李国民说："同欧美电影强国相比，中国电影的产业链延伸十分不够。后电影开发严重滞后，电影版权交易非常不充分。有关部门调研的结论是美国电影影院之内的票房收入与影院之外的其他收入之比 3：7；而中国电影影院之内的票房收入与影院之外的其他收入之比为 9：1。两相对照，这个差距就相当大了。可见，中国电影要增加收入，提高效益，除了要提高创作质量、扩大影院数量、继续增加影院票房收入之外，如何把电影产业链拉长，把后电影做好，拓展电影版权交易的空间，挖掘电影版权交易的深度就成为当务之急了。"[②]

美国的电影产业创造的增加值已经达到其 GDP 的 1%，其对产业链的开发和衍生品产业的重视值得我们学习。20 世纪福克斯公司依托影片《星球大战》总共开发了 240 多种玩具，衍生品销售额超过 45 亿美元；华纳兄弟电影公司拍摄的系列电影《哈利·波特》仅有 30% 的利润来自电影票房，其余的 70% 的利润源自电影的各种衍生产品。漫威影业出品的《复仇者联盟 2：奥创世纪》是一部科幻冒险电影，讲述美国的超级英雄拯救世界的故事，在电影上映之前，制作方就已经开始进行衍生品的产业开发：电影出品方就《复仇者联盟 2：奥创世纪》与阿里巴巴、天猫、奥迪、乐高等 40 余家企业进行了电影衍生品的产业合作，涉及玩偶、服饰等领域，业绩斐然；他们与德国大众公司合作，打造了雷神版奥迪 TT 限量跑车和美国队长版奥迪 TT 限量跑车，该车限量发售当日就被预订一空；中国多地的迪士尼专营店也开展了相应的营销活动，限量发售《复仇者联盟 2：奥创

---

① 金冠军、王玉明：《电影产业概论》，复旦大学出版社，2012 年 4 月。
② 《版权交易不充分使中国电影损失巨大》，载《中国艺术报》，2010 年 11 月 26 日第 003 版。

世纪》的周边产品，有的城市购买产品的顾客排队超过1000米。衍生品的销售不但为电影制作方带来巨大的营销收入，还使得观众对电影中的人物保有持久的印象，为电影续集的推出预留了伏笔，可以说是一举数得。

与美国人对电影版权产业链、衍生品开发的重视和驾轻就熟相比，我国的电影业界要不是视若无睹，要不就是举止笨拙。总体上看，我国的大部分电影作品的营销还是局限于票房，鲜有电影衍生品推向市场，比如国产喜剧电影《煎饼侠》在宣传上下了很大的功夫，影片最终收获票房11.59亿人民币，位居华语片影史第五名，从票房上看，应该是相当不错了。但是市场上几乎找不到电影衍生品的存在，哪怕是传统的玩偶、服饰、饰品都寥寥无几，更无法形成一个拥有一定规模的电影衍生品产业。这样电影上映一个多月后，大部分影迷就不再关注《煎饼侠》了，更别提产生一个经典的电影人物形象。

电影作品无论是起始于独立的剧本创作，还是源于对原始作品的改编，由于其独特的创作方式，需要巨大的投资和众多工种的紧密合作，法律规定电影作品的版权由实际投资的制片者享有，其他参与创作作品的人可以依据合同取得报酬，同时拥有署名权。这一制度设计为版权的运营扫清了障碍，权利由一个或数个投资者享有，权利行使相对简单，无须征得所有参与创作作品人员的同意。

电影企业的版权运营离不开以下几个方面：

1. 从版权作品的源头出发，进行版权作品的规划

优秀的电影作品是进行市场成功开发的源头，要进行市场的调查和观众心理的研究，创作出市场接受度较高的作品。有学者研究[①]，发现下列因素与电影票房的业绩息息相关，主要是续集、明星艺术家影响力、口碑、获奖、制片预算等。

(1) 续集。大量实证性研究证明影片是否是续集与票房的绩效高低有关，相比于非续集，续集更可能带来高票房。比如美国的《星际迷航》《星球大战》系列电影，均获得巨大成功。

(2) 明星。明星艺术家的参与意味着高昂的前期投入，片方往往需要

① 丁汉青：《传媒版权管理研究》，中国人民大学出版社，2017年6月，第234—236页。

提高影片质量才能有吸引更多的观众，弥补成本。所以是否有明星加入，与票房绩效具有正相关关系。

（3）口碑。观感评分在社交网络普及的今天，在市场交易中的作用越来越重要。口碑好的作品预示着票房绩效高。

（4）获奖。获奖可以看做是特殊的影评，是专家评委对影片做出了肯定性评价。获奖对于票房业绩具有影响。

（5）预算。高预算预示着出品方对于影片的质量有信心，希望可以吸引大量观众以弥补高投入。具有较高预算的作品往往会带来较高的票房。

2. 电影作品与电影院、院线合作，许可其行使电影放映权，赢取票房收入

这是电影企业最为娴熟的运营方式，但是应该注意与电影的衍生品售卖的同步进行。电影院有一个“爆米花”产业，对电影院而言，来自放映电影的收入往往还没有出售爆米花、炸鸡块等零食的收入高。如果电影上映期间，观众走出电影院就可以购买到与电影相关的玩偶、主人公同款的T恤衫，一定是不错的选择。但是我们在电影的制作过程中，往往只关注于票房的收入，心无旁骛，这是很可惜的①。

3. 基于电影作品的翻译权、复制权、发行权的行使，开展国际间的电影版权贸易

中国电影的海外发行刚刚起步②，由于文化与语言的差异，使得中国电影在海外的受众主要还是华人、华裔和亚裔为主，西方人不太愿意观看带字幕的电影，这使得中文对白的电影很难推广开来。但是电影版权的输出无论从哪个角度看都必然是一个发展方向。

---

① 但这一局面正在得到改观。“2014年，电影院从单一的票房盈利模式向多渠道盈利模式探索。影院作为社交场所的作用日益凸显，体验式消费也成为影院经营重点。这些经营方式收益很好。”（《中国版权年鉴2015》，中国人民大学出版社，第303页。）

② 根据中国电影海外推广公司的数据，2010年中国电影海外发行的总收入为35.17亿元，销往61个国家和地区，共计205部次，而2011年中国电影海外发行的总收入为20.24亿元（其中影片票房收入10.42亿元，影片后产品收入9.82亿元），销往22个国家、地区，共计163部次。2011年中国电影海外收入比起2010年下降了42.42%。2012年我国电影年产量700多部，但全年销往海外的影片共计75部，销往80个国家（地区），共计199部次，其中合拍片为46部，比例高达61.33%；海外票房及销售总收入为10.63亿元，不到国内票房的10%，比2011年海外营销额20.24亿元同比减少48%。2013年，共有17家制片单位在海外销售42部影片（33部为合拍片），销往49个国家和地区，共计247部次。2013年海外票房及销售总额为14.14亿元，同比增长33.02%。

4. 将电影作品通过版权贸易的形式许可电视台进行播放

电视台播放电影已经成为电影发行的重要渠道，因为院线和电影院的资源有限每年能够通过院线上映的电影毕竟属于少数，大量的电影必须寻求其他的途径与观众见面，其中电视媒体就是其中不错的选择。许多电视台专门开辟了电影频道，通过播放电影，获取广告收入。所以将电影作品许可电视媒体播放以获取收益是行使版权的方式之一，也是版权运营重要方式。

5. 将电影作品的信息网络传播权有偿许可给网络等新媒体行使

网络新媒体可以付费点播的方式实现电影作品得到更加广泛的传播和使用。这是目前许多电影的新的传播方式，其有利的地方是可以利用无所不在的网络将电影作品推送到各种客户终端上，通过价格歧视策略，获取后票房收益。观众通过后期在网络观看作品，其数据经常常远大于进影院观影的人数，中国电影著作权协会的统计显示，电影《非诚勿扰》的影院观众人次是 955 万，票房收入 3.2 亿元，但仅就搜狐等 4 家网站统计，截止到 2010 年 1 月，网络观看就达 4417 万人次，后期这个电影一直被点播。早先存在的主要问题是，许多电影作品在公映后，电影作品的制片方不太习惯于在与网络媒体的谈判中取得优势地位，致使网络传播权的许可或转让的价格较低，《非诚勿扰》的信息网络传播权的转让价格只有区区的 200 万元。但是到最近数年，情况有所改观，优秀的电影作品越来越得到新媒体的青睐，2014 年底，吴宇森执导的《太平轮》上下部已经卖到 5000 万元，平均每部 2500 万元，成龙主演的《天将雄师》则高达 3000 多万元，7 年涨了大约 30 余倍。

6. 行使作品的改编权，同步或逐步推出多种作品形式

出版同名小说，如果电影作品是改编自某种小说，则同步可以对该小说进行再版：比如改编自小说《没有什么可以永久》（1979）的影片《虎胆龙威 2》（1988）上映时，该书以《虎胆龙威》的电影海报作为封面在影片上映期间重版上市，电影的上映可以对小说的销售起到推动的作用；如果电影作品是直接通过编剧创作的，则可以改编成小说出版，也可以制作电影的互动图书销售：电影《赤壁》于 2008 年 7 月 10 日首映，其电影珍藏本也在同日上架，与《赤壁》相关的还有导演吴宇森的夫人牛春龙的

《〈赤壁〉侧写》，该书透露了影片拍摄的诸多细节内幕。

出版 DVD 光盘，应该限定光盘的播放区域，不能对正常的院线或影院的放映造成影响。制作相应的游戏软件，电影很适合改编成游戏软件作品，利用电影放映的市场热度，往往会取得很好的销售业绩。

7. 基于作品形象符号系统开发的衍生产品和周边文化产品

电影作品在进入发行网络上映之后，与电影相关的各种衍生品也进入销售环节。其实衍生品的开发，必须在电影制作之初就开始综合考虑，对于在电影中出现的物品综合考察是否有开发成衍生产品的可能，并制订相应的开发计划。可以做成玩偶的各种形象符号可以与相关的玩具企业合作，授权生产成玩具，在各类专门的玩具市场销售或者在影院设置专门区域销售；电影人物的服饰、饰品、使用的眼镜、手表、U 盘甚至汽车等器具，可以开发成同款限量定制物品对外销售；电影拍摄地可以开发成旅游景点；还可以利用电影中出现的各种元素建设专门的主题公园等等。好莱坞对于作品的衍生品的开发可谓相当老道，他们将产业链条中每一个元素都尽可能地发掘出商业价值，以 007 系列电影为例，米高梅公司作为投资商与游戏公司合作，根据剧情开发电子游戏，与出版商合作，开发根据电影改编的漫画读本；与品牌商合作，开发新的服饰品牌；与汽车商合作，开发出新的“神奇汽车”；与玩具商合作开发大量的仿真玩具。而国内的影视企业对于衍生品的开发颇有不足。国产电影《让子弹飞》大热之后，影片中的道具之一“麻匪面具”一下子风靡市场，到处可以看到售卖，但导演姜文遗憾地说，“市场上开发的衍生品的价值大约为 10 亿元，但没有一分钱支付到制片者手中”。如果在电影上映之前，就有意识地加以规划，将不会是这样的结果。

电影作为观众文化生活中的重要部分，中国电影的市场化是从上世纪九十年代开始，电影制片企业逐步脱离了国家事业单位编制，直到本世纪初，许多民营企业被准许进入电影产业，中国电影才开始大踏步地走进市场，而英美国家市场化的电影产业发展已经有近一个世纪的历史，而且中国有关电影的版权运营观念也是近几年才兴起的，远远落后于西方发达国家。所以，借鉴英美国家电影产业的先进经验，将版权运营作为产业提升的抓手，无疑是有广阔的发展空间的。

二、电视剧制作企业的版权运营

电视剧制作企业开始基本上都是脱胎于电视台的电视剧制作中心，1995年之前国家基本上只有国有的电视剧制作机构等准入资格，2003年[①]之后民营电视剧制作机构才获准入。2004年2月，广电总局颁布《关于促进广播影视产业发展的意见》，明确提出了制播分离的概念，允许各类所有制企业作为经营主体进入除了新闻宣传外的广播电视节目制作领域。制播分离模式的形成，成为一个巨大的驱动因素，大大加速了我国电视剧产业化发展进程。到2014年底，全国持有《电视剧制作许可证（甲种）》的机构共有133家，全年全国生产完成和获准发行剧目429部15983集，2015年有395部电视剧共计16560集完成生产并获准发行，呈现一片欣欣向荣的局面。

中国的电视剧产业从诞生之日起，就天然地带着计划经济的基因，早期由于各电视台制作电视剧的力量有限，电视台之间经常交换电视剧进行播出，直到1983年，才出现了第一个初具市场属性的全国省级电视台节目交易网，电视剧的发行方式是“物物交换、象征收费”，并没有采用货币的形式[②]。1992年中北电视艺术中心拍摄的百集电视剧《京都纪事》以每集都附带90秒广告的方式提供给全国137家电视台播出，以贴片广告来支付交易费用，赚了1200万元，这在很长时间都成为一种营销模式。1993年中央电视台斥资350万元的高价，收购了电视剧《爱你没商量》，播出后获得了显著的经济效益和社会效益，这一事件正式开启了中国电视剧货币化交易的历史。

电视剧的生产主要有两个环节需要协调，一是制作，一是播出。前者是作品的创作生产环节，是所有版权运营的前提；后者是版权的运营，主要是以广播权的许可获取收益。中国现有广播电视的准入模式，制止了民营企业主办的纯粹的商业电视台，这使得所有的电视剧制作企业所生产的剧目必须与国有的电视台进行交易，电视台内制作机构生产的电视剧与台

---

① 2003年8月，广电总局为八家非公有制制作机构核发了电视剧制作许可证（甲种），标志着电视剧产业正式向民营企业开放。

② 杨旦修：《中国电视剧产业发展研究》，暨南大学出版社，2015年8月，第34页。

外制作机构无法建立风险共担、利益共享的公平交易机制，许多台外的电视剧制作机构谈判能力很弱，没有能力从电视台获得更多的收益。据上海电视节组委会与央视索福瑞媒介研究合作推出的《中国电视剧市场(2005—2006)》统计，全国有将近四成的电视台每年70%～80%的广告收益依赖电视剧获得，全国每年用于电视剧购买的资金大约为22亿元，由此带来的效益却是200多亿元，带来的广告收入大约为400亿元①。但是电视剧的生产者无法从电视剧的播出方获得更好的收益，广电总局"一剧两星"的政策，使得许多电视剧企业想仅仅凭电视播出获利润变得更加困难。电视剧企业中大概只有10%～20%赚钱，10%左右收支持平，70%不同程度的亏损，约有20%血本无归②。电视剧的制作成为一个风险极大的商业模式。当然也有部分电视剧可以卖出令人咂舌的天价：例如新《三国演义》卖出了2.3亿元的高价，平均每集的成本为267万元；新《西游记》的单集价格达到280万元③。

对于电视剧制作企业，以版权为基础，做好版权的运营可能是规避风险，收取市场利益的法宝。

电视剧企业的版权运营，可以从下列角度展开：

1. 在电视剧的生产环节，获取优质的版权资源

电视剧的源头是小说的改编或独立创作的电视剧本。所以优秀的文学作品是电视剧成功的前提。电视剧的剧本创作一向是电视剧制作过程中的核心，好的剧本万金难求，所以需要制作机构学会沙里淘金。我国目前的电视剧质量较差，尽管每年有15000集以上的电视剧出品率，实际的市场影响力远远不及美韩等国家。美国的电视剧产量每年只有不到4000集，但是全球75%的电视节目却被美国所控制，其中大部分是电视剧。美国的电视剧生产紧贴市场需求，有着成熟的电视剧生产模式。每一部剧作在创意策划完成之后，通常会制作少量几集的成品，在小范围播放，测试市场的反应，如果观众欢迎，则继续拍摄，反之，迅速掐断，减少损失。边拍边播，电视剧生产过程与消费过程紧密不分，这样的生产模式可以最大限度

---

① 杨旦修：《中国电视剧产业发展研究》，暨南大学出版社，2015年8月，第103页。

② https://club.1688.com/article/29579112.htm

③ http://ent.163.com/special/zgdsj/

地保证作品的成功。

我国的电视剧创作模式多种多样，优质的剧本资源是最终形成优质的电视剧作品的前提，剧本创制是电视剧创作过程中的最前端，是作品版权的源头，决定着电视剧的题材、主题、情节和风格，决定着整个电视剧生产的和营销体系的成败。这需要电视剧生产企业通过创造性的选题，综合各个环节的力量，最终才能提升产品的价值含量。每年各个电视剧公司出品的大量电视剧产品最终因为品质的问题，无法进入电视播出的渠道，那么对其的版权营销就成了一句空话。

2. 与电视剧播出电视台合作，联合摄制电视剧产品，形成合作作品，依据双方或多方的协议，分享利益

收视率是衡量电视剧成败的重要指标，与电视台的广告收益息息相关，所以电视台也在到处寻找能够带来高收视率、为观众接受的作品，但是一部制作好的电视剧究竟能否提高电视台的收视率，实际上在作品播出之初通常是难以预计的。为了降低风险，许多电视台将是否有明星主演作为唯一的评判标准，花高价购得电视剧的首轮播映权，但是结果往往并不如意。反而推高了明星演员的身价，一个一线演员 30 万元每一集的片酬早已不再是新闻了。

从美国、韩国电视剧制作的体制上看，美国实行制播分离，韩国实行制播合一。美国的电视剧制作与播出分属不同的公司，一般制片公司下属有自己的电视台；韩国则制播一体①，即电视剧的制作与播放均由电视台来完成，电视台既是制作商又是播放媒体。美国、韩国的电视剧市场均很成熟，这与电视剧的制作与播出渠道畅顺不无关系。有了畅顺的播出渠道，电视剧制作就会有通盘的计划，可以根据市场的需求将电视剧一季一季地拍下去，培养稳定的观众市场。而我们目前的体制基本上拍好了电视剧就等着电视台的挑选。于是只好加大投入，邀请明星演员加盟，结果成本难以控制，风险因此增加了。而且，为了迎合观众的口味，跟风拍一些“热剧”，于是乎，谍战剧火了，各个电视台都播谍战剧，抗日剧火了，每

① 随着韩剧产业的深化，这种“制播一体”的制度存在的种种弊端已经很难适应市场的需求，韩剧的制作模式开始转为“制播分离”，即电视剧的制作业务与播出业务由不同的主体来完成。

个电视频道都在打鬼子，清宫剧活了，满屏都是大辫子……这种急功近利的做法，很容易造成观众的审美疲劳，而且许多电视制作公司为了迎合市场需求，赶工期，粗制滥造，拍出了许多的“雷剧”，市场不接受，电视剧制作成本难以收回，只能亏损。

与电视台联合制作，最大的好处是解决了电视剧的播出问题，电视台可以投资拍摄，也可以提供更好的剧本和策划，在剧作的前期造势、后期宣传方面都会有比较通畅的渠道，这样，双方可以共同承担风险，共同获取收益，保证剧作被市场接受。

3. 多层次的广播权的行使，这是目前电视剧企业主要的获利模式

实现电视剧进入电视媒体播出，一般是由电视台向电视剧制作企业支付相应的许可费用，该费用可能是现金也可能是贴片广告时间。这完全取决于电视剧的质量和制作企业的运营策略。电视剧的播出可以分别出让首轮播出权、次轮播出权和重复播出权，将广播权分拆行使，以最大限度地获取利益。每一轮播出的效果和市场热度不同，也影响着商家对广告的投入的力度，影响着电视台的广告收入，所以愿意支付的广播权的对价也有所不同。

（1）作品的信息网络传播权转让给网络新媒体行使

2006 年电视剧《武林外传》的新媒体版权，80 集一共只卖了 10 万元，平均每集 1250 元。而 2015 年的《芈月传》《虎妈猫爸》等剧，已经接近 200 万一集，10 年间涨了 2000 倍都不止。电视剧从作品形式上看，原本是供“电视”播出的“剧”，但是信息互联网技术的发展，已经将人从电视屏幕前解放出来，无处不在的各种移动终端，彻底地改变了人们的观剧习惯，许多电视剧甚至直接在网络开始首播，完全脱离了电视媒体。

在一般情况下，将电视剧在电视媒体播出后，将其信息网络传播权转让给视频网站行使，让观众可以在自己选定的时间内观看剧作。实际上传统的单向度的电视传播方式已经发生巨大的变化，随着 IPTV 技术的兴起，电视屏幕已经变成了单纯的显示器，点播技术也能够帮助观众可以在自己选定的时间获得作品，还可以在观看电视剧的时候利用时移电视（Time－shifted TV）功能实现暂停或回看，其实这已经离开了广播权，进入到信息网络传播权的范畴。所以信息网络传播权将会成为所有作品包括电视剧作品最为核心的权利，需要生产者对此有足够的重视。

作品的信息网络传播最为重要的特点是交互性，与传统的一对多的广播形式迥然异趣。网络新媒体在观众观看作品时，可以用技术实现观众边看边吐槽，边看边讨论剧情，改善观剧体验。所以在电视剧生产环节就需要充分地考虑这一状况，对于不同接收终端所展示的剧集可以进行不同的剪辑。比如，电脑版与手机终端就可以有不同的剧集长度，手机可以精华版的方式呈现，以满足手机用户在碎片时间看剧的习惯。

（2）电视剧的改编权的行使可以带来极大的经济效益

优秀而脍炙人口的电视剧剧作，可以改编成其他的作品形式，比如小说，在电视剧播出期间可以获得不错的销售业绩，对于一些优秀的电视剧，还可以改编成电影，在院线上映，获取票房和其他收益。比如电视剧《武林外传》就做了有益的尝试。2006 年，《武林外传》这部有点无厘头的情景喜剧在央视一套黄金时间播出，捧红了闫妮、姚晨、沙溢等青年演员，开启了情景喜剧的另类江湖。短短四年内，《武林外传》从单一的电视剧，被改编为网游、动画片、漫画书、手机视频、话剧、川剧、音乐剧等 10 多个作品形式。2011 年，电影版的《武林外传》甫一上映，即揽获 2 亿元票房。《武林外传》还制作数百集的同名动画片，收视率也很不错①。《武林外传》对于以电视剧为核心的作品的改编性使用，收到了很好的效果。实际上，各种形态的作品在市场上以不同的风貌影响不同的人群，只能使作品的整体影响愈加扩大，逐渐形成品牌效应，就可以在这一品牌之下，创作更多的系列电影或电视剧的第二季、第三季，显然会获得观众的期待和认可。

电视剧本身可能是来源于对原著作品的改编，比如 2012 年热播的《甄嬛传》就是根据流潋紫创作的同名小说改编的，小说的流行促进了电视剧的热播，也带动了流潋紫同名原著的再次出版，众多电视观众从电视剧转向原著，继续体会作品的精髓。而有些电视剧则是直接出版剧本，比如 2001 年的古装剧《大明宫词》播出后，直接将原剧本适当删减出版，也获得不错的销售业绩。

---

① http://ent.sina.com.cn/c/2010-06-30/11203003059.shtml

（3）对外的电视剧作品的版权贸易

作为文化传播的一部分，电视剧的对外输出一向为国家所重视。电视剧制作企业对于优秀的电视剧产品，可以通过许可国外电视媒体行使翻译权、发行权、广播权等方式，获取相应的贸易收入，这是电视剧版权运营的重要方面。

目前我国的电视剧作品版权输出的主要对象还是亚洲国家和非洲国家，有些电视剧在国外获得广泛关注和良好评价，比如中国电视剧《琅琊榜》在韩国迎来了收视狂潮，在韩国中华电视台播出时，创下了2015年的收视纪录；当时在韩国社交媒体上，每分钟都会涌现出与《琅琊榜》相关的评论①。而在越南电视媒体上，来自中国的电视剧一向受到观众的好评。

目前，电视剧对外输出的主要观众还是东方文化圈和华人群体，对非华语圈的输出还刚刚起步，整体上看，我国的电视剧版权贸易规模还比较小，远远地落在美国之后，也在韩国之后，主要的原因是国内的电视剧制作体制落后，缺乏好莱坞电视剧体系化的制作机制，导致许多剧作质量良莠不齐，自然难以获得国外电视台的认可。所以，电视剧制作企业应该具有全球意识，在电视剧中应该兼顾受众观剧习惯和文化、价值追求，在作品的题材上寻求突破和创新，而不是将眼光盯在国内市场，制作出文化闭塞、难以引起其他国家观众共鸣的作品。

（4）构筑版权的相关价值产业链

电视剧的价值产业链除了作品本身的版权价值之外，还包括以版权价值为核心的相关产品包括周边产品和衍生品组成的产业链条。在日韩和西方国家，电视剧衍生品已经形成了包括道具、服饰、游戏、音像、图书，甚至是主题公园等多格局、多方面、多层次的完整的价值产业链。仅仅依靠产业链产品的销售和授权，就能够极大地提升产业利润，甚至成为许多公司主要的利润来源："一些电视剧产品的衍生品开发收入已经远远超过电视剧产业常规部分的收入，比如韩剧《大长今》的衍生产品开发就是最

---

① http://epaper.xiancn.com/xawb/html/2016-11/07/content_452353.htm

著名的案例”①。我国的电视剧制作企业在这一方面还是比较滞后，大部分电视剧的收入只能来自版权费和植入式广告，许多电视剧衍生品的收入甚至是零。

电视剧的相关产品开发需要从作品创作之初就进行前瞻性的规划，创作团队应该有专门的相关产品的运营策划人员参与，根据作品的受众群体的定位，有针对性地将相关的服饰、用具，甚至是风景、食品等元素进行分类，找出可能被观众喜欢的元素，预先植入作品中，并且许可相关的企业开发成服装、玩具等产品，在作品热播期间进行销售，系列电视剧《爱情公寓》就推出了同款流行服装等产品；也可以将作品的人物元素和情节素材许可游戏企业开发成网游产品，比如《武林外传》开发了同名的手机游戏，《花千骨》上映之后，与美图秀秀修图软件联手打造的“花千骨妆容软件”也进入市场销售……

电视剧的工业化制作实际上是一个形成巨大价值产业链的过程，电视剧作品的完成仅仅是这个产业链的“火车头”，没有后面的一系列的版权运营，这个火车就不可能获取最大的利益。

从美国、韩国成熟的版权价值链开发经验来看，对于电视剧周边产品的开发下列热点可供借鉴：一是网络游戏。美国 CBS（哥伦比亚广播公司）和法国游戏开发商将人气剧《犯罪现场》改编成了以悬疑、推理、破解案情为卖点的网络游戏。国内的《爱情公寓》电视剧播出后开发了同名手机游戏和网页游戏。网络游戏主要是利用作品播出带来的观众的关注度，利用作品的角色元素和情节素材，重新创作出的版权作品（软件），许多电视剧制作者未必擅长制作游戏产品，但是可以授权的方式、合作制作的方式、委托创作的方式生产出游戏作品，丰富电视剧本身版权价值内涵，获取更多的收益。二是相关的旅游产业。经典韩剧《冬日恋歌》中男女主角少年时嬉戏打闹的江原道滑雪场被选为该剧的拍摄地之前，经营亏损十分严重，该剧播出后，该剧的许多粉丝慕名而来，滑雪场人气大增，扭亏为盈。我国也有这样的例子，2005，《神雕侠侣》剧组在四川九寨沟景区完成拍摄，许多粉丝慕名前往游览，将观光当做对电视剧拍摄地的巡

---

① 杨旦修：《中国电视剧产业发展研究》，暨南大学出版社，2015 年 8 月，第 140 页。

游。可见，将旅游业作为电视剧开发的周边产品，利用电视剧带来的高人气，促进拍摄地的旅游开发，扩大电视剧的产业价值。三是时尚服装产品的开发。韩国电视剧《来自星星的你》曾风靡一时，女主角千颂伊每一集都有多个服装造型，该剧热播之后，女主角所穿的服装顿时受到无数年轻女性的追捧，同时带火的还有千颂伊所用的同款口红，据说该口红在全球都出现了断货的情况。

第九章　版权运营方式举要

全版权的运营模式是许多版权企业应该具有的视野，这并不意味着所有的版权企业、所有的版权作品均有条件进行全版权运营，但是只要是版权资产，均可以通过一定的方式加以运营，以获取经济效益。

第一节　版权质押与融资

版权质押属于权利质押范畴，是指以版权中的财产性权利通过合法的登记程序作为债权担保的行为。版权之中的经济性权利因为具有可以转让的属性，能够进行权利变现，因此就具有了交换价值，可以作为担保物在融资的过程中出质。现行的《著作权法》规定，著作权和著作相关权利可以出质，但要进行登记。我国的《物权法》第二百二十三条也规定，可以转让的商标注册专用权、专利权、著作权等知识产权中的财产权可以出质。版权作为一种市场交易的载体，已经呈现出多种形态，既可以授权使用，也可以将版权转让给他人，既可以是无期限的转让也可以设定一定期限转让。正如文化创意之父霍金斯所说，“版权产业不仅是法律意义上的，更是产业、商业、融资方面的意义”①，拓展版权的融资功能，对于版权资产的运营具有重要意义。

权利质押不同于动产质押，需要转移标的物或者是标的物之物质载体。依据《担保法》第七十九条的规定，“以依法可以转让的商标专用权，专利权、著作权中的财产权出质的，出质人与质权人应当订立书面合同，并向其管理部门办理出质登记。质押合同自登记之日起生效”。因为知识产权是一种无形的财产权，无法移转占有，故以质权登记作为生效的

---

① 蒋慰慧：《约翰·霍金斯：城市文化引领中国创意经济》，参见 http://www.kankanews.com/a/2016-11-19/0037772017.shtml。

要件。

依据《著作权质权登记办法》规定，申请办理著作权质押登记的，应当向国家版权局提交的资料包括：（1）著作权质押登记申请表；（2）出质人和质权人的身份证明；（3）主债权合同及质押合同；（4）委托代理人办理的，应提交委托书和受托人的身份证明；（5）以共有的著作权出质的，应提交共有人同意出质的书面文件；（6）出质前授权他人使用的，提交授权合同；（7）出质的著作权经过价值评估的，质权人要求价值评估的或者相关法规要求价值评估的，提交有效的价值评估报告；（8）其他需要提供的材料。著作权质押登记对于符合质押登记要求的质押登记申请，国家版权局向出质人和质权人发放《著作权质押登记证书》。国家版权局设立《著作权质权登记簿》，记载著作权质权登记信息供社会公众查询，如果《著作权质权登记证书》的内容与《著作权质权登记簿》的内容不一致的，以《著作权质权登记簿》为准，但是有证据证明《著作权质权登记簿》的记载确有错误的除外。

近年来，政府部门为了解决科技文化企业的融资困难，大力推进以企业的版权等无形资产为质押物向银行贷款融资的工作。2010 年，中宣部等九部门发布《关于金融支持文化产业振兴和发展繁荣的指导意见》，将完善知识产权法律体系作为金融支持文化产业发展的配套机制之一，提出抓紧制定和完善专利权、著作权等无形资产评估、质押、登记、托管、流转和变现的管理办法。国家知识产权局、财政部等六个部门发布的《关于加强知识产权质押融资与评估管理支持中小企业发展的通知》，提出建立知识产权质押融资评估管理体系和有利于知识产权流转的管理机制。

我国首例见诸报道的版权质押融资项目发生在软件版权领域。2001 年 6 月，广东省同望科技股份有限公司以工程造价软件的版权向珠海市商业银行出质，双方签订贷款合同，同年 7 月珠海市商业银行向珠海金山软件股份有限公司以同样方式提供贷款 1500 万元，这两项合同均进行了质押合同登记。

版权质押融资在我国还处于起步阶段，而且由于版权的非物质性特点，致使其融资过程异常复杂和困难。为了突破中小型创意类企业的融资瓶颈，利用版权质押融资的模式，已经成为缓解企业资金困难的手段之一。版权所具有的经济属性，可以通过质押融资方式，充分得到体现。目前金融机构的版权质押贷款产品，是以版权为质押标的，有的是以一项版权质押，有的是以一组版权打包质押，以此获得一部或多部电影、电视剧的拍摄和制作所需的费用。版权质押融资适应了影视剧拍摄周期长，所需的资金多、回报周期长等特点，在目前的影视制作行业适用比较多。许多商业银行为此开发了相应的产品，比如，建设银行的“知贷通”、中国银行的“智贷通宝”、农业银行的知识产权质押贷款、交通银行的“智融通”、中信银行的版权或发行权质押贷款、民生银行对依法可转让的版权及其邻接权中的财产权设定质押的融资产品等。版权质押还有一些其他的变化形态，比如利用企业与对外的版权交易的应收账款作为质押对象，以某版权的未来可期待的收益权作为质押对象等。但是这并没有从根本上改变版权质押融资的行业性困境。

目前制约版权质押融资的因素主要有以下三点：

第一，版权质押的评价体系存在缺陷，缺乏对版权价值的科学和动态的评价方法。

按照《伯尔尼公约》的规定，只要具有创造性和可复制性的作品就受到版权保护，《著作权法》则以列举的方式说明了作品的范围是文字作品、口述作品等九类，但在现实中这些作品保护范围不能作为作品价值的评价依据，所有的作品的版权价值实际上是来源于市场的接受程度和利用的方式，故此针对单纯的作品进行评价和估值是非常困难的。比如电影票房的收入就波动很大，同样是高成本、大制作的电影，其票房收入可能差距很大。一部小成本的电影能够获得超过10亿元的票房奇迹，而投资上亿的大制作电影也可能票房惨淡。但是由于版权与其他知识产权门类一样，其财产性价值具有可变性，难以对其进行评估，随着时间的流逝，其交换价值既可能升高也可能降低，具有不确定性。比如一部电影可能在上映的档期由于有较高的关注度，版权价值较高，其后价值慢慢降低。其次，版权的人身权利与其经济性权利密不可分，如果个人或法人的声誉受损，或者是法人的经营效益不好，都会影响版权的财产价值的变化。再次，版权的权利主体经常非常复杂，还以电影为例，部分电影的原始作品的摄制权、发行权、放映权、广播权等分属不同的主体，同时又存在权利范围交叉和重叠的情况，当其中的某一权利主体以某种权利为出质对象向金融机构申请贷款时，复杂的权属关系经常让银行望而却步。

作为质押标的物的版权价值评估高低，直接关系到可融资的债权授信额度、风险的合理分配与承担。高估版权的经济价值，会导致质押标的物的虚假膨胀，出质人会因此获得超出合理范围的贷款数额，转嫁了投资风险，侵害了债权人的合法权益；低估版权的经济价值，则减少版权人或出质人的融资数额，因此制约了文化创意产业的发展。

第二，融资质押的登记不完善。

由于版权不同于商标和专利，版权的取得因创作完成自然获得，无须进行版权登记，而且版权登记仅仅获得初步的权利证据，并非不可推翻。普通的动产实物以转移占有作为质押生效和质权公示的方式，权利质押只能向不动产抵押登记那样采取强制登记模式[①]，这与版权自然获得相矛盾。《物权法》第一百二十七条规定，“知识产权中的财产权出质后，出质人不得转让或者许可他人使用，但经出质人与质权人协商同意的除外。出质人转让或者许可他人使用出质的知识产权中的财产权所得的价款，应当向质权人提前清偿债务或者提存”。仅仅规定了对于出质的版权不得转让和许可他人使用，对其权利性质并不明晰，质权的效力究竟如何？是否能够对抗第三人？如果权利人违反了质押合同的约定将出质的版权转让给第三人是否有效？由于版权不同于商标专有权和专利权以登记为生效要件，权利的流转也不以登记为生效条件，所以，版权的质权很容易被虚化，导致质权人的利益被悬隔，这是利用版权融资的最大障碍。

依据国家版权局于2010年颁行的《著作权质押登记办法》规定，由国家版权局负责著作权质权登记工作，出质人和质权人双方应当订立书面的质权合同，共同向登记机关办理著作权质权登记，著作权质权的设立、变更、转让和消灭，自记载于《著作权质权登记簿》时发生效力。由于该办法属于部门规章，位阶较低，仅仅属于程序的规章，并没有根本改善登记困局。

---

① 现行有效的国家版权局制定的《著作权质押登记办法》规定，国家版权局负责著作权质权登记工作，著作权的质权的设立、变更、转让和消灭，自记载于《著作权质权登记簿》时发生效力。

第三，版权价值变现难。

版权质押不像实物抵押和质押那样被金融机构广泛认可，很重要的原因包括实物有比较公开活跃的交易市场，一旦债务人的还款违约，债权人可将担保物拍卖变现以弥补损失，但版权价值的变现却十分困难。这一方面是由于版权价值的实现除了受作品内容和质量等因素影响外，受经营主体的影响也很大，即一旦经营主体发生变化，版权价值很可能出现大幅贬值；另一方面是版权交易市场不够透明和活跃，一旦出质人的还款出现问题，质押给银行的版权很难在公开市场进行交易变成现金，而自己经营版权又缺乏专业的能力。这就给版权质押带来了很大的不稳定因素，导致金融机构在版权质押贷款上不得不慎之又慎。

目前，版权质押贷款案例多集中在影视版权领域。2006 年，华谊兄弟以电影版权质押方式获得招商银行 5000 万元贷款投拍电影《集结号》。除此，还有王中军、王中磊兄弟和阿里巴巴集团董事局主席马云的个人名义担保以及电影票房收入进专设账户监管之类作为担保等一系列条件。这是我国影视行业首例真正的版权质押贷款。为了控制风险，招行提出了非常苛刻的要求：第一，华谊公司的自筹资金用完后招行的贷款才被允许支出；第二，每一笔贷款资金的使用及电影的拍摄进度都要受招行的严格监控。电影热映后，根据双方协定，票房收入的回款陆续打入招行的专项账户，并且偿还招行贷款。第一笔贷款从 2006 年 8 月开始发放，利率在央行的基准利率基础上上浮了 10%。至 2008 年第一季度，整个项目结束时，华谊兄弟连本带利归还招行 5500 万元左右。

随后，北京银行、交通银行、工商银行等都开始主动寻求与影视行业合作的机会，主要以版权质押的方式进行贷款，版权质押成为影视行业融资的重要方式。2007 年 10 月，北京天星际影视文化传播公司将电视连续剧《宝莲灯前传》的版权质押给交通银行，获贷 600 万元。2008 年 5 月 14 日，北京银行与华谊兄弟签署战略合作协议，以版权质押方式向华谊兄弟提供 1 亿元打包贷款，用于其多个电视剧项目，开创了“版权质押”打包的先河。中国农业银行和华谊签下了 2009 年度 4 部电影的贷款。2008 年 8 月，北京银行和光线传媒合作，贷款上限为 1 亿元，2009 年授信额度调至 2 亿元。2009 年中国工商银行为华谊兄弟提供 1.2 亿元两年期贷款。2009

年6月中旬，保利博纳影业获得了工商银行的贷款支持，首批项目贷款5500万元，用于三部影片《十月围城》《大兵小将》《一路有你》的制作发行费用。

版权的质押融资还主要局限在科技软件行业和具有品牌影响力的影视企业，这样的质押贷款对于金融机构而言，风险相对较小。而对于其他的版权类型由于缺乏具有公信力的版权评估，仅仅依靠版权质押而从金融机构获得贷款的机会微乎其微。这是目前我国版权融资面临的最主要的困难。

破解这一难题的关键在于如何化解版权自身特点所带来的交易风险，使得企业的融资风险得到合理的分散。否则，金融机构将更加审慎地对待文化科技企业提供的版权出质，不敢或不愿意发放贷款；企业的经营者将不得不以自己的个人财产或个人信用为企业的版权质押融资增信，使得经营者个人承受风险。在这一境况下，可以考虑由第三方提供融资的信用担保服务。

第三方信用担保既可以由现有的保险公司担任，也可以由专业的信用担保公司提供。保险公司和信用担保公司可以创设专门化的服务产品，设立专业化的服务机构，对于版权的销售、风险处置、产品的再开发方面积累资源，创新渠道。第三方信用担保机构可以在版权产品的项目开发之前就参与其中，进行第三方专业的评估和调研，对产品的价值做出评估，对于后期融资的使用也可以作为第三方承担监理的责任，这样可以大大减少银行贷款的风险，使得版权质押融资得以有效运转。

第二节　版权出资与版权评估

以版权资产作为公司的出资，是发挥版权经济效用的重要方式，是激活版权资产的价值、化解文化企业融资困难的有效方式。而版权评估则是版权出资和版权贸易过程中必须要面对的问题，其本身尚不能算是版权运营的方式之一，只是具体的版权运营方式的前奏而已。

一、版权出资

版权出资，是指版权人将自己拥有的可以依法转让的版权（包括相关权）作价，投入到目标公司以获得股东资格的出资方式。

现行的《公司法》第二十七条规定，“股东可以用货币出资，也可以用实物、知识产权、土地使用权等可以用货币估价并可以依法转让的非货币财产作价出资；但是，法律、行政法规规定不得作为出资的财产除外”。

股东以版权作为出资向公司入股，股东必须是该版权的合法拥有者，并经过法律程序的确认。股东以版权作价出资，必须对版权进行评估作价，不得高估或者低估作价，并应在公司办理登记注册之前办妥其转让手续。

利用版权资产出资设立公司，是版权价值实现的重要方式。2006 年以前的《公司法》只准许使用货币、实物、工业产权、非专利技术、土地使用权作价出资。工业产权是指商标专有权和专利权，并不包括版权。这主要也是考虑到版权出资有许多的障碍，估价不易，转让的公示方式不明，可能损害企业的债权人利益。现行的《公司法》对此有了较大的突破，将版权也包含进来，而且也取消对知识产权入股占比的限制，也就是说，版权出资最多可以占到 100% 的股份。这既是对版权价值的确认，也可以缓解文化、科技类公司融资的困难。版权人可以利用自己享有的版权，设立公司或者与他人合资设立公司，对版权资产进行有效运营。

版权出资的主体必须是能够对版权资产进行实质性处分的版权人或邻接权人，前者包括作者和其他依法视为作者的公民、法人或其他组织，这类主体享有完整的版权；后者包括出版人、表演者、录音录像制作者、广播电台、电视台等，这类主体是传播者，依据《著作权法》享有相应的财产权利。因合同取得的他人转让的著作财产权可以作为出资，而取得他人版权的许可使用权的，是否能够作为出资，视合同约定而确定。依据《公司法》的规定，作为出资的著作权或邻接权必须是权属清晰且没有争议的，所以已经设定质押的著作权不得用于出资。具体出资的方式主要是转让和许可使用两种。转让是直接将作品的著作权转让给公司，既可以是完整的权利，也可以是某一项权利内容，比如发行权、信息网络传播权等，只要做好版权的价值评估，按照股东间协议执行，并将相关内容记录在公司章程中即可。而股东以其获得的作品许可使用权入股的，必须依照原有《版权许可使用合同》的约定，获得的许可证可以转让给其他人的，方可用于出资。

《公司法》第二十九条规定，股东缴纳出资之后，必须经过依法设立的验资机构验资并开具证明。对于以版权这样的无形资产出资的，必须依法进行评估，对于出资的版权的价值由依法成立的评估机构出具评估报告后，将相关的版权资产转移给公司，最后由验资机构验资，方完成出资义务。

二、版权评估

在进行版权资产运营过程中，由于版权本身的复杂性，其评估难度远远高出其他的财产和权利。版权的价值应该依赖于其可以依附的全部物化形式，任何单一的形态均不足以表达其市场价值。版权评估作为现实版权交易和版权利用的重要环节，目前我国对版权评估的研究还远远不够，版权评估事业还处于起步阶段，不能满足文化产业运营版权的需求。“著作权资产作为无形资产的一种，包含的具体权利种类复杂，而且随着社会科技水平的发展，其作品及权利种类也在不断增加和变化，对著作权价值的评估一直是资产评估的难点，这也制约了以不同方式利用版权资产、实现其最大化价值的进程。”①

2006 年 4 月财政部、国家知识产权局联合发布的《关于加强知识产权资产评估管理工作若干问题的通知》规定知识产权占有单位符合下列情形之一的，应当进行资产评估：

根据《公司法》第二十七条规定，以知识产权资产作价出资成立有限责任公司或股份有限公司的；以知识产权质押，市场没有参照价格，质权人要求评估的；行政单位拍卖、转让、置换知识产权的；国有事业单位改制、合并、分立、清算、投资、转让、置换、拍卖涉及知识产权的；国有企业改制、上市、合并、分立、清算、投资、转让、置换、拍卖、偿还债务涉及知识产权的；国有企业收购或通过置换取得非国有单位的知识产权，或接受非国有单位以知识产权出资的；国有企业以知识产权许可外国公司、企业、其他经济组织或个人使用，市场没有参照价格的；确定涉及

---

① 《资产评估助力文化产业高成长》，参见 http://www.cas.org.cn/xwdt/zhxx/40960.htm。

知识产权诉讼价值，人民法院、仲裁机关或当事人要求评估的；法律、行政法规规定的其他需要进行资产评估的事项。

非国有单位发生合并、分立、清算、投资、转让、置换、偿还债务等经济行为涉及知识产权的，可以参照国有企业进行资产评估。

可见，版权评估涉及到版权企业的方方面面，在企业的经营过程中，必须经过评估确定版权资产的实际价值。

影响版权评估价值的法律、环境因素主要有以下方面：

1. 作品的类型

作品的类型不同往往意味着作品的生命力也不同，不同类型的作品其版权价值的评估结果也有所不同。比如，软件作品的法律保护期为 50 年，但其市场价值的周期不过是 3 ～5 年，超出这些期间，其评估价值接近于零。再如，原创作品和演绎作品的价值有所不同，前者的权利是完整的，而后者只有禁止权而不能许可他人使用作品，其价值当然不能同日而语。不同的作品类型对应不同的市场和使用方式，影响着作品最终的版权的评估价值。

2. 权利的内容

版权是一束包含着各项内容的权利聚合体，我国的《著作权法》第十条规定的著作权内容包括人身权和财产权共达 17 项之多，而每一项著作财产权内容是可以分开转让和许可他人使用的，其评估价值因权利的内容不同而有所不同。

3. 版权的收益方式

著作财产权的收益方式主要有两种，一种是直接收益型，是通过销售其作品的原件或复制件而直接获得收益，比如图书出版就是通过销售作品的副本而获得收益的；另一种是间接收益型，是通过其受益人使用其作品的方式体现其收益的，比如产品设计图本身受到《著作权法》的保护，但其价值是凝结在最终的产品中。版权的两种不同的收益方式，其价值评估方式有所不同，直接受益型版权一般采用市场上或法律规定的一定比例的版税或提成费的评估标准，而间接收益型的版权其价值就需要考量更多的因素。

4. 版权登记状况

版权属于自动取得，登记与否并不影响其法律属性。但是登记可以作为版权归属的初步证据，有利于节省权利人在维权和对抗诉讼中的成本，间接地提高了版权的价值。

5. 作品保护的司法环境和版权使用的社会环境

由于作品受到保护的基本条件是独创性和可复制性，对于某一类型的作品司法保护的强度并不相同，这是版权评估需要考虑的现实因素。版权产业的发展与区域的经济发展密切相关，根据国际经验，当人均GDP接近或超过5000美元时，文化消费会呈现“井喷”态势，而消费的增加会带动对文化产品的需求，加速版权资产价值的实现并增加收益。因此，版权资产交易如果发生在经济发达地区，其价值会高于经济落后地区。评估时还需要关注版权交易的市场活跃程度，在交易活跃的市场中，版权的市场价值就容易实现，比如一些畅销出版物、音像制品等，很容易发生市场交易。

6. 作者的知名度和作品的艺术水平

有些版权资产的价值与创作者的知名度有很大的关系，如文字、摄影、动漫、电影等作品，创作者的知名度越高，其作品更受欢迎，市场对其的需求就更大，未来取得收益多，价值也就更高。而作品的艺术水平，决定着作品的艺术寿命，作品的艺术寿命与作品的价值息息相关。

7. 版权资产的运营模式

不同的版权运营模式对于版权资产价值的实现具有较大的影响。由于作品的版权涉及的财产权利类型众多，每一种又都可以衍生出更多类型的作品形态，且这些衍生作品财产权利都是以原始作品的著作权利为基础，从价值上，原始作品与衍生作品相互影响，互为基础。需要全面地考虑版权资产的价值。

目前主要的版权评估方法有三种：收益法、市场法、成本法①。

1. 收益法

收益法是通过估测被评估资产未来预期收益的现值，来判断资产价值的各种评估方法的总称。收益法是以现值考虑版权未来的期望收入，是目前运用最广泛的评价方法。收益法评估基于这样一个原理，一项财产的价

① 王家新、刘萍等：《文化企业资产评估研究》，中国财政经济出版社，2013年9月，第57页。

值等于它在未来带给其所有者的经济利益现值，是从收益的能力的角度来看待一项资产，因此它只适用于直接产生收益的资产即经营性资产，版权属于生产要素或称经营性资产，比较适合使用收益法进行评估。收益法必须要考虑的参数包括以下几点：（1）有版权所衍生的未来收入，必须从公认的收入中将无关收入剔除；（2）可获得收入的持续时间，即版权能够为权利人带来收入的时间；（3）实现此收入所伴随的风险。利用上述三个参数即可以把版权的价值计算出来，然后再以现金流量折现法换算为现值。

2. 市场法

市场法是利用市场上同样或类似资产的近期交易价格，经过比较或类比分析以估测资产价值的各种评估技术方法的总称。市场法只有存在于被评估资产相类似的资产交易市场时才适用。其基本假设是：一个精明的投资者或买主，不会用高于市场上可以买到相同或相似资产的价格去购买一项资产。这是评估替代原则的具体应用。市场法具体层面分为直接法和类比法，前者是直接在市场上找到可以与被评估资产完全相同的已成交资产，可以其交易价格作为被评估资产的现行市场价格，但由于作品必然具备独创性，不可能出现完全相同的版权作品可供比对，所以直接法不可能用于版权评估，但不排除可以找到各方面条件相似的可以进行比较的版权，例如一部作品的作者已有若干部作品上市，待评估的作品版权与已上市作品版权在交易价格方面有可比较之处；类比法是指公开市场上可以找到与被评估资产相类似的自己交易实例，以其成交价格做必要的差异调整，确定被评估资产的现行市场价格。市场法的条件是必须宏观了解产业现状，以横向、水平方式寻找相同或相近领域（也就是所谓的“行情”）最近交易市价为参考价值的基础，再予以评价。版权的授权类交易，可以利用市场调查，选择一个或数个性质相同、类似，具有相似的获利能力的版权作品，将其与尚待评估的版权加以比较，从其成交价格与交易条件来进行比对，估算资产价格的市场法的逻辑起点是：最近有类似买卖事例时，一般的卖家不会以低于类似买卖事例的价钱要价。

3. 成本法

成本法是指首先估测被评估资产的重置成本，然后估测评估资产存在的各种贬值因素，并将其从重置成本中予以扣除而得到被评估资产价值的各种评估方法的总称。其基本假设是，“知识产权的开发成本或购置成本不得低于其所贡献的经济价值”。成本法的评估依据不同分为两种，一是复原重置成本法，又称历史成本法，以被评估的资产历史的、实际的开发条件作为依据，再以现行市价进行折算，求得评估值；另一种是更新重置成本法，以新的开发条件为依据，假设重新开发或购买同一资产，以现行市场计算，求得评估值。一般是选择重置成本法进行评估。成本法在估价时不考虑市场状况或其他因素，只需就其投入的成本进行估算，属于评估法中比较简单的方法。一般只适用于评估企业中不产生收益的那些设备和不动产，用于评估版权并不能准确反映版权的价值。成本法评估版权的价值，只强调创造版权资产本身所投入的成本价值，而不是衡量其资产在未来所产生的收益。

上述三种评估方式，无疑适用收益法最能体现版权的价值，在进行版权的贸易、质押融资、版权出资时，适用收益法进行价值评估比较合理；而在版权的许可使用收取使用费的场合，也可以使用市场法对许可费率做出评估；成本法不能反映版权的实际价值，但是在缺乏有效的版权评估的情况下，企业记账常常采用成本法计算版权的价值。

第三节　版权贸易

版权贸易是基于对版权作品的使用而产生贸易的行为，它是由版权人将其对作品拥有的部分或全部经济权利（客体）通过许可、转让等方式授权给使用者而产生的，本质上都属于许可证贸易范畴。

习惯上，业界一般将国际间的版权许可和转让行为称为“版权贸易”，而国内基于版权的许可使用和版权的转让一般简单地称为“版权交易”。但笔者认为国内主体之间与国内外主体之间的基于作品的经济性权利所做的交易，并无不同，以“版权贸易”定义这样的交易行为更为准确，尤其是将版权作为一种资产的情况下，版权的贸易与企业的其他资产的贸易并无本质上的不同，只不过是将实物财产的所有权换成无形财产中的版权而已。

版权贸易是版权企业优化资产结构、实现版权价值的重要途径，精明的版权经营者可以在版权价值未明时，买入作品版权，等到作品的版权价值处于高位时，既可以自行使用作品，获取收益，也可以许可他人使用作品，收取许可费，还可以将版权转让给其他人，获取高额的收益。在2017年3月举办的伦敦书展上，许多影视媒体公司出席，“他们如扫荡般拿下了绝大多数图书的影视改编权和有声书改编权”①。这就是企业通过版权贸易引入优质资产的鲜活的例子。

从性质上看，有版权转让和版权许可；从地域上看，有国内版权贸易和国际版权贸易；从形式上看，有直接版权贸易和间接版权贸易，等等。

版权资产企业可以根据自己拥有的作品版权的内容，究竟是版权还是邻接权，是完整的权利还是部分的权利，是某一时间段、某一地域（法域）的权利持有人还是完整的权利所有人，采取不同的贸易方式不同的情形下版权的内容各有不同，进行版权贸易的方式就会有所不同。在版权贸易过程中，无论是买入还是卖出，首先必须确定权利的所有人，有时候，一项权利内容比如某一小说的电影摄制权，可能早已经过多轮转让，远离原作的作者控制，如果对这一版权进行市场交易，就应该考察权利流转的所有环节，明确当下的权利人及权利内容，才可以进行版权贸易。

一、版权许可他人使用，收取使用费

版权的许可使用，是指作者或者其他版权人采取合同的方式授权他人以一定的方式使用其作品财产权并获得报酬的贸易方式。版权的许可使用使得版权人获得了经济利益，作品实现了社会价值，也满足了他人对作品的不同需求。

对于作品的有偿许可使用，是最为常见的版权贸易形式。需要签订许可合同，一般是由作品的作者和其他的权利继受主体作为许可方，与作品的使用者就一定的期间内，以一定的方式使用作品的全部或部分财产权并支付报酬进行约定，按照该约定，使用者获得作品的使用权，有义务在特定时间内以约定的方式使用作品，超出约定的时间和方式使用作品，既是一种违约行为，也是一种侵权行为。比如某畅销书的作者，许可某网站在

① 《中国出版传媒商报》，2017年3月17日第10版。

某期间将作品放到网络上供读者阅读或下载，这属于版权人将作品的信息网络传播权许可给网站行使，如果网站将该作品编辑成线下图书出版，就侵犯了作者的复制和发行权。版权人可以依据许可合同的约定收取报酬，作为版权贸易的对价。

版权许可使用的方式，依据我国现行《著作权法》第二十四条规定，一般要订立合同，即许可方与被许可方订立《著作权许可使用合同》，这样的好处是双方的权利与义务约定得比较清楚，便于履行。对于涉及到专有使用权的许可时，应当采取书面的方式。

从版权资产的运营角度，如何订立许可使用合同非常重要，一定要明确作品版权的内容，究竟是一项权利还是多项权利，其权利的行使范围到底是某一地区或者法域的，还是全球的，又或者是某一语言区的，权利到底是一般性或者是独占性的权利。独占性使用权在《著作权法》上称为“专有使用权”，非独占性权利为“非专有使用权”。一般说来，独占性的权利比一般性的权利价值更高，比如一张摄影作品许可某广告公司印制一个平面广告，以独占性的方式许可，则意味着权利人本人不能再将该作品的同一方式的使用权许可其他人行使；反之，则可以反复许可不同的主体使用。《著作权法实施条例》第二十四条规定：“专有使用权的内容由合同约定，合同没有约定或者约定不明的，视为被许可人有权排除包括著作权人在内的任何人以同样的方式使用作品。”也就是说，如果许可合同相关条款订得不清楚，法律是按照有利于被许可人加以推定。

版权的许可期限是版权价值的重要指征，可以约定特定的期限比如 1 年、2 年或 5 年、10 年，等等，一旦到期非经续订合同自然终止；如果没有约定许可期限则为不定期合同，许可人可以随时终止。不同许可期限对应着不同的版权价值和不同的交易模式。有的时候，版权买入方不知所购买的版权的市场价值，可能只愿意获得短期许可证以节约成本，而版权方可能相反，希望颁发长期许可证，以更快地获取利益。这两种取向在作品受到市场追捧后，情形可能完全倒过来。这种“盲婚哑嫁”的交易方式，很有可能对双方均不公平，可以设定特别的条款，使得双方的利益得到平衡。比如，有些电影或动漫作品许可视频网站播出时，可以先定一个比较低的入门许可费用，然后从作品被点播的频次中收取第二次费用，如同收取版税那样，这样双方的风险都可以有效降低。而不定期的许可合同除了双方约定不明外，多数出现间接交易的场合，也就是版权人将作品许可给某个中间商，由中间商在许可给终端客户使用，双方在许可费中进行分成，这时候采用不定期合同对版权人相对有利，可以随时终止合作。

版权许可合同需要约定获得许可证的被许可人是否有权对外颁发分许可证。分许可，也叫从属许可，是指版权的被许可人取得作品的许可使用权后，对其所获得的许可使用权是否有权以颁发许可证的方式许可第三人使用。依据《著作权法实施条例》第二十四条规定："除合同另有约定外，被许可人许可第三人行使同一权利，必须取得著作权人的许可。"因为对于作品的许可使用，通常会产生新的演绎性的作品，而对演绎作品的使用还需要得到原作品的版权人的许可，因为这可能会影响原作的经济价值，所以对于版权的被许可人颁发分许可证需要在版权许可合同中加以明确的约定。但是有时候，被许可人之所以花钱购买许可证就是为了对外许可其他人使用，颁发分许可证是其营利的商业模式，比如对于电影作品的发行方而言，获得作品的发行权之后主要就是将电影向各大院线和影视网站、电视媒体发售分许可证；一些专业的影像企业，也是从原始的作者那里获得作品的许可权，再向终端用户售卖分许可证，借以获利。

关于订立许可合同的方式问题，《著作权法》只要求版权许可应当订立合同，没有明确要求订立书面合同①，这是为了交易的方便和快捷。可以采取多种方式签订许可合同，既可以协商缔约方式，经过双方多次的要约、承诺过程，缔结合同；也可以用格式合同的方式，比如购买音像制品，在包装盒上会有音像播放的场所提示（有时在播放时也会在开头部分提示），这就是属于格式合同，用户购买即需要接受合同的条款，属于"要么接受要么走开"的缔约模式；还可以是单方许可证的方式，比如被许可方向版权人支付一定的费用之后，由版权人向买方出具权利许可证，

① 《著作权法实施条例》规定，许可权利是专有使用权的，应当采用书面形式，但是报社、期刊社刊登作品除外。合同约定不明时，视为专有性权利。

比如用户购买微软的系统软件时，通常会得到一个正版标识。

二、版权的转让，获取转让价金

版权转让就是平常所说的“卖绝版权”的情形，是指版权的所有人将版权经济性的权利转让给他人，自己失去了相应的权利。除了德国坚持著作权的人身属性，不同意作者将权利转让给其他，其他大陆法国家基本都有限度准许作者将版权内容中经济性权利全部或部分转让给他人，而不允许将版权中人身性权利转让给其他人；而英美法系的版权法视版权为无形的财产权，当然许可转让。我国现行的《著作权法》也准许权利所有人将经济性的权利转让给其他人。

版权转让应该签订书面的转让合同，如果没有订立书面合同的，容易在以后履行中产生纠纷，在实践中，法院一般会依据《合同法》36 条和 37 条[①]的规定审查适合是否成立。但是为了避免麻烦，版权企业以转让或受让的方式获取版权时，应该采取书面的方式。

版权转让，必须将使用、收益、处分的权能一并转让，版权转让之后，原始的版权人就失去了对于版权经济性权利的控制权，而受让人获得了相关的权利，成为版权的持有人。版权持有人可以像经营自己的其他财产一样，利用版权创作新的作品，利用作品的权利获利，许可他人有偿使用作品等等，获取版权的收益。进行版权转让的过程中，需要明确下列的问题：

1. 版权转让的期限

由于完全的版权原本是掌握在作者或其他的权利人手中，依据版权法所给予保护期享有版权的经济性的权利，原则上可以约定版权转让的期限，比如 10 年，时间一到，所有的权利自动回归原始作者或其他权利人。而版权受让方经营受让的版权时也必须遵守这一期限，因为到期后，版权将回归原始版权人，超期使用，将构成侵权，

---

① 第 36 条规定“法律、行政法规规定或者当事人约定采用书面形式订立合同，当事人未采用书面形式但一方已经履行主要义务，对方接受的，该合同成立”。第 37 条规定，“采用合同书形式订立合同，在签字或者盖章之前，当事人一方已经履行主要义务，对方接受的，该合同成立”。

2. 版权转让的内容

根据现行的《著作权法》，版权经济性权利有十三种之多，如果按照作品的使用和传播的方式区分权利内容将更多，比如一部小说的信息网络传播权就可以划分为：电脑客户端、手机客户端、平板电脑、读书器等传播方式，所以在版权转让合同中必须明确约定转让的具体版权类型，可以依据作品的使用方式加以定义。

3. 版权转让的区域

版权是依据法律获得的，在各个不同的法域，依据共同参加国际公约对来自其他法域的作品给予保护。在这样的情况下，各国依据其国内法保护外国作品，可能会产生保护的方式和权利的类型有所不同。所以对于版权的转让需要有明确的法域约定，比如，将在某国的全部或部分权利转让给受让人、将某一语种的翻译权转让给某某人。当然也可以概括性地将全球范围内将全部或部分的权利转让给受让方。一般说来，受让人获得全部的版权受让，有利于制定综合性的版权运营战略，进行全版权的规划。

4. 作者人身权的处理

版权人身权包括署名权、修改权、保护作品完整权和发表权四种，因为具有人格属性，所以属于版权贸易不可交易的权利，这些权利将会永远保留原始版权人手中。作者对作品的人身性权利对于版权受让人而言可能构成消极资产，成为版权运营时的定时炸弹，比如，使用作品时没有正确地为作者署名，作者就有权要求停止侵权，使得作品的发行和传播被终止。所以在进行版权转让的过程中，有必要对人身权利进行特别的约定，对于署名的方式、受让人是否有权对作品进行修改、对作品修改的幅度是否受到限制、作品的发表方式和时间等等，在合同中清楚地约定，既有利于合同履行，也可以避免日后被控侵权的麻烦。

版权许可和版权转让并没有根本性的区别，均属于获得原始版权人的权利许可，被许可人的权限有所不同，版权许可仅仅可以在授权的具体范围使用作品，后期进行版权运营限制比较多；而版权转让，则受让人的权限最大，后期进行版权运营的限制比较小。对于优质的版权作品，企业应该立足于自身的实际，尽可能以版权转让的方式获得相关作品的权利，以利于后期的版权运营。

三、版权贸易中的代理

版权贸易中的代理，是传统的民法代理制度中一种具体使用方式，在具体版权贸易中是连接版权人与作品使用人之间的桥梁，对于版权贸易发挥重要的作用。

1. 版权代理

主要是指由代理人或代理公司经版权人授权后行使版权人的部分财产权利，包括推荐作品、组织洽谈、签订合同、收取样书和版税，采取法律措施维护版权人的权利等。代理人与被代理人签订版权代理协议，通过向版权人收取佣金（或称代理费），作为自己的服务收入。

人们通常认为世界上最早的版权代理机构产生于法国：1777 年，法国建立了剧作家与作曲家协会，代理作家从事版权事务。这是世界上历史最为久远的版权代理机构。目前西方国家的版权代理的范围已经相当广泛，涉及不同载体（如图书、电影、电视、电子媒介、移动媒体等）的各类作品的各种类型的使用方式。英国有 200 多家版权代理机构，而美国有 700 多家版权代理机构，是世界上版权代理机构最多的国家。

中国大陆于 1988 年成立了第一家版权代理机构即中华版权代理总公司（CAC），截至 2002 年年底，经国家版权局批准的版权代理机构仅有 28 家，其中 23 家图书版权代理公司不足百人，大多数公司仅两三个人。很多时候，出版机构充当了作品的版权代理人角色，在作品对外输出、对内许可使用上发挥联系和协调的作用。

版权代理在版权交易中实际上是起到不可替代的作用，相当于权利人与使用者之间的居间人①，通过代理人的牵线搭桥，版权作品通过转让和许可使用，实现了经济价值和文化价值。实践中，版权代理机构主要在几个方面发挥作用：1. 代理版权转让和许可；2. 提供版权咨询；3. 解决版

---

① 但与居间人也颇有不同，版权代理人可以在代理权限内独立意思表示，而非完全受制于版权人。

权的侵权和违约纠纷；4. 代为收取版税和交易费用等①。

版权代理机构可以利用自己的专业优势为单个作者提供代理服务，以避免作者因为不熟悉版权业务和不了解版权需求信息而付出巨大交易成本；另一方面，许多版权作品的使用方式越来越多，权利的流传越来越复杂，权利的源头越来越模糊，对于任何一个想通过合法渠道获得使用许可证的市场主体而言，有时找到权利非常困难，有时甚至是不可能完成的任务。对于优秀的版权资源，版权代理人可以在版权人的委托下，向版权需求方推荐，节省了双方的搜寻成本；版权代理人还可以利用自己的专业能力，选择最有利于版权价值发挥的合作对象，比如，在《哈利·波特》热销之后，我国许多出版社纷纷要求引进该书中文版权，但《哈利·波特》的版权代理人克利斯托夫·利特先生并没有选择出价最高者，而是综合分析了各出版社的历史、图书出版情况后，最终与人民文学出版社签订了版权合同。在英美国家，版权代理人就相当于是作者的经纪人，作者愿意拿出10%左右的佣金使得自己安心创作，免受出版商的打扰和压榨。

国内的版权代理还没有完全为版权人所接受，这与我们基本国情有关，但是也有通过版权代理而产生市场奇迹的例子，比如路金波创造的“亿元女生”郭妮的出版奇迹，是其中比较另类的部分。

国内的版权代理还主要存在于图书的对外版权贸易业务领域，其他的作品形式还非常少，而西方国家的版权贸易已经涵盖了多种作品形式，很多作品通过版权代理的方式得以传播，促进了艺术市场的繁荣。

2. 版权的集体管理

版权贸易另外一种常见的方式是通过著作权的集体管理组织进行对外的版权许可以获取许可费用。主要的方式是，“权利人可以与著作权集体

---

① 比如，中华版权代理总公司的主要业务范围为：(1) 为著作权人查询和联系作品的使用者；(2) 代著作权人与他人订立作品使用许可合同或著作权转让合同，并督促合同的履行；(3) 代著作权人向使用者收取使用报酬；(4) 为著作权人和使用者在国内外宣传推广有关作品；(5) 向著作权人、使用者及社会公众提供有关的法律咨询服务；(6) 接受著作权人或使用者的委托，承办有关作品使用许可和著作权转让的洽谈会；(7) 接受著作权人的委托，协助或代表著作权人解决与他人之间的著作权纠纷，包括作为诉讼代理人参加诉讼；(8) 向出版者、表演者、音像制作者、广播电台、电视台等享有与著作权有关的权利的个人或单位提供类似的代理性或非代理性服务。(参见国家版权局版权管理司编《著作权法执行实务指南》，法律出版社，2013年1月。)

管理组织以书面形式订立著作权集体管理合同，授权该组织对其依法享有的著作权或者与著作权有关的权利进行管理”①。集体管理组织受全体权利人的委托，集中行使权利人的权利，可以自己的名义与作品的使用者签订版权（包括作品的邻接权）许可使用合同，并向使用者收取使用费，然后向权利人转付使用费；集体管理组织还有权以自己的名义对相关作品的版权或邻接权的侵权行为提起诉讼和仲裁。

版权的集体管理制度是在众多版权人或者邻接权人无法行使自己的权利或者行使自己的权利过于困难时，授权给集体管理组织，以监督作品的使用，对外发放使用许可证，收取使用费等。

版权的集体管理制度解决了一批持有大量“小版权”，比如摄影作品、音乐作品、美术作品、小篇幅的文字作品等权利人进行版权贸易时遇到的困难，这些作品数量大，整体的使用率高，但单个作品的版权的交易价值相对较低，对于作品的权利人和作品的使用人而言，彼此的搜寻成本都比较高，双方均以著作权集体管理组织作为中介，则可以节约交易成本，实现双赢。同时，对于权利人而言，发现侵权和制止侵权无论从经济上还是从能力上均有所欠缺，而著作权集体组织可以利用自身的优势，解决这一问题。1992 年，我国成立了第一个著作权集体管理组织即中国音乐著作权协会，成为海量音乐的使用者和为数众多的音乐作品的词曲作者之间的一个桥梁，使用者通过集体管理组织获得词曲作者的授权，而词曲作者通过集体管理组织获得应得的词曲著作权使用费，仅 2014 年，通过协会获取的许可使用费便达到 1.37 亿元。

著作权集体管理组织，只能进行版权的许可，而不能从事版权的转让。加入集体管理组织的权利人，需要与著作权集体管理组织签订《著作权集体管理合同》，依据该合同将某项著作的权利种类，以信托②的方式让渡给集体管理组织，使得集体管理组织成为名义上的权利人，得以自己的名义许可他人使用作品，收取使用费。

---

① 《著作权集体管理条例》第十九条。

② 许多《著作权集体管理合同》中均以“信托”为其权利依据，但权利人与集体管理组织之间所形成的是否为信托法律关系，在学界还存在争议：因为版权人与集体管理组织之间没有版权转让的程序，未能形成一种“真实出售”的效果，所以信托是否成立，值得怀疑。

从著作权集体管理组织获得作品使用授权，也是许多文化企业比如表演艺术、出版、广播电视等企业获得作品版权的重要方式。

目前，我国成立了5个著作权集体管理组织，即中国音乐著作权协会、中国音像著作权管理协会、中国文字著作权协会、中国摄影著作权协会、中国电影著作权协会。

第四节 版权信托

信托制度最早产生于英国的衡平法，是一种资产转移、资产管理、资产运用的制度与手段，为版权资产运营提供了全新的观念。我国的《信托投资公司管理办法》和《信托法》明确版权等知识产权可以作为信托资产，这为我国开展版权资产的信托业务扫清了障碍。

信托是委托人基于对受托人的信任，委托人将其财产权委托给受托人，由受托人按照自己的意愿以自己的名义，为受益人的利益或者特定的目的，进行管理和处分的行为[①]。依据《信托法》的基本原理，信托创设了一种灵活的财产权结构，信托财产在严格意义上其权利不归属于委托人、受托人和受益人中的任何一方，所以信托具有天然的破产隔离的效果。

版权信托管理制度并不是法律上的概念，是将金融领域内的资产管理方式移植到法律上的版权保护而形成的版权信托制度，以信托制度为管理模式，将版权保护的内容纳入信托管理之下，以实现版权保护的一种法律制度[②]。在版权信托场合，版权人将作品版权委托给受托人管理，受托人负责运营版权，版权人获得运营收益，同时向受托人支付信托报酬。

版权信托从其目的上可以分为管理型信托和融资型信托。版权具有经济性的属性，从书面上的各种权利内容转化为实际的经济收益，需要经过一系列的授权、使用、转让等版权运营方式才能达成。但是版权收益的获取需要版权人发现合适的版权项目、寻找版权使用人、计算和收取版权使

① 《信托法》第二条。

② 菅成广：《版权信托制度创新研究》，载《商业时代》，2012年第25期。

用费、制止侵权使用行为，而一部可以获得巨大收益的版权作品问世，需要创作者长时间的脑力劳动，已经耗费了作者的大部分精力，况且，长于创作的作者未必擅长许可合同的谈判、制定合理的许可费标准、进行衍生品的开发等，如果作者陷于这些事务中，将失去宝贵的创作时间，作品的数量和质量将会受到影响。第二种情形是因继受取得的版权，比如因继承获得的版权，继承人对于版权及其运营情况通常没有更多的了解，遑论对版权进行运营和管理。第三种情形是拥有众多版权的企业，并非都能够很好地进行版权运营，反而是大量的版权资产都处于沉默状态。在上述情形下，将版权委托给专门的版权运营团队，实现版权的价值，无疑是很好的选择。

1. 版权的管理型信托

受托人必须具有版权运营的专业知识、投资意识和风险规避的能力，可以较好地实现版权价值。受托人运营版权的主要方式为：第一，出售版权资产以获利，可以出让全部的版权或者是版权的一部分（比如信息网络传播权）；第二是许可他人使用版权而收取许可费；第三是维权收入，受托人有权以自己的名义向版权的侵权行为人提起侵权诉讼，并主张损害赔偿，而赔偿额可以作为信托收益；第四，受托人利用风险投资对版权进行产业化运作，或者对版权进行深度开发后再转让出去，在受托人向投资人发放投资收益后，剩余部分为信托收益。这是版权的管理性信托。

依据《信托法》的规定，将信托的受托人仅仅规定为“具有完全民事行为能力的自然人、法人”①，并未加以特别的限制，理论上，具有版权资产管理和运营能力的个人和法人均可以担任版权资产的受托人。依据信托法的规定，受托人“必须恪尽职守，履行诚实、信用、谨慎、有效管理的义务”②。目前主要的障碍是信托的登记问题，依据我国《信托法》第十条规定，“设立信托，对于信托财产，有关法律、行政法规规定应当办理登记手续的，应当依法办理信托登记”。同时规定，不办理登记的，信托不

① 《信托法》第二十四条。信托法没有将“其他组织”（非法人组织，比如合伙）纳入受托人范畴，但有学者认为，“合伙组织成为信托受托人似乎并没有为法律所完全禁止”。（赵廉慧：《信托法解释论》，中国法制出版社，2015 年 9 月。）

② 《信托法》第二十五条。

发生效力。那么对于信托的版权该如何进行登记呢？登记什么，向谁申请登记没有法律规定，可以参照的是《著作权法》二十六条关于版权出质的登记，依据《著作权质权登记办法》向国家版权局申请登记①，但依据信托合同进行的登记是否会被受理，殊未可知。具有操作性的做法是由权利人以“真实出售”的方式将版权资产让渡给信托，该转让可以依据《著作权实施条例》二十五条的规定向版权行政管理部门备案，以此作为公示公信的方式。

版权资产管理信托的受托人，依据“信托合同”的约定，成为相关的版权资产的权利人，有权以自己的名义对相关的资产进行管理、运营，所得的收益归本信托所有；受托人除了依据合同的约定收取特定的报酬之外，无权从信托财产中获取利益。受托人应该依据信托合同的约定，向受益人支付信托利益，也应该在信托终止时向受益人交付信托财产，亦即将信托的版权转让给信托受益人。版权资产的信托的委托人可以同时是信托的受益人，这就是所谓的“自益信托”。

2. 版权的融资性信托

版权的融资性信托是利用版权价值的另一种方式。文化产业的发展需要大量的资金投入，而大部分文化性企业最具有价值的部分就是版权资产，由于无形资产存在许多不确定的风险，导致银行不太愿意以版权质押的方式提供贷款，即使提供贷款，也会附加其他的担保方式才行。所以文化企业迫切需要有效的融资方式来获得资金支持，而版权融资信托是欧美等国家成熟的融资方式，被广泛地应用于电影拍摄、动画片制作等短期需要大量资金的文化产业的资金筹措。

版权融资信托经常是通过版权资产的证券化来实现的。在版权资产证券化的过程中，发起人通过将设定证券化的版权资产“真实出售”给“特殊目的载体”（SPV），又通过破产隔离的方法保障设定证券化的版权具有相对独立的特征，在这一过程中，可以采用信托的模式，发起人是委托人，SPV 是受托人。目前，SPV 的承担者一般由具有营业性信托经营资质

---

① 既然没有法律和法规明确版权信托必须要登记才能生效，是否可以认定版权信托属于不是“有关法律、行政法规规定应当办理登记手续的”，无须登记？但是如果不登记又如何使信托成立获得公信的效力呢？

的信托公司来担任。

版权资产证券化一般有九个步骤：

第一步，发起人将拟进行证券化的版权资产或资产包建成资产池；

第二步，由信托公司设立“特别目的载体”，作为证券发行的机构；

第三步，将资产池转让给“特别目的载体”，这种转让必须构成“真实出售”，其目的是为了实现证券化资产与原始权益人之间的破产隔离——即原始权益人的其他债权人在其破产时对已证券化资产没有追索权；

第四步，由发起人或第三方对“特别目的载体”的资产或资产池进行“信用增级”，比如提供担保；

第五步，由中立的信用评级机构对“特别目的载体“拟发行的证券进行“信用评级”；

第六步，“特别目的载体”以特定的资产或资产池为基础发行证券；

第七步，“特别目的载体”以证券发行收入为基础，向发起人支付资产转让的款项；

第八步，由“特别目的载体”或其他机构作为服务商，对资产或资产日常管理和经营，获得资产或资产池的现金流收入；

第九步，“特别目的载体”以上述现金流收入为基础，向持有证券的优先投资权人还本付息，劣后权益人享有剩余版权资产的利益。

在版权资产证券化的过程中，发起人是版权资产的所有人，通过对版权资产证券以获得融资，发起人将版权资产“真实出售”给“特别目的载体”后，就与自己的现有资产产生了隔离效应，资产自身的信用与发起人的信用相隔离，资产也从发起人对外责任财产中剥离开来，这就是所谓的“破产隔离”。一般情况下，信托的受托人没有专业的管理版权资产的能力，会要求发起人对资产进行实质的管理和运营。“特别目的载体”是版权资产信托的受托人，是既可以接受发起人让渡的版权资产，也可以对外发行证券。受托人而可以委托专业的证券承销商在资本市场上发行证券，并按照所募集的资金收取一定比例的服务费。投资者包括个人投资者和机构投资者，机构投资者包括商业银行、保险公司、养老基金、对冲基金等。

世界上最早进行版权资产证券化运作的国家是美国。1997 年 1 月，美国著名摇滚歌星大卫·鲍伊（David Bowie）由于短时间内缺少流动资金，于是通过在美国金融市场出售其音乐作品的版权债券，向社会公众公开发行了为期 10 年利率为 7.9% 的债券，为自己的音乐发展之路募集了资金 5500 万美元，这样，其后期音乐制作就获得了有力的金融支持，这一融资行为的大获成功，也被认为是世界上第一起典型的知识产权证券化案例。1997 年，梦工厂就用 14 部电影作为基础资产，发行证券进行筹资；2000 年，又在资产池中加入了 24 部制作中的电影，发行了总额约 5.56 亿美元的证券；2002 年，继 1997 年和 2000 年之后进行了第三次证券发行，共募集资金 10 亿美元，用于卡通片和电影制作。

我国目前通过版权信托所开展的资产证券化业务主要以电影作品为主，这是由于电影创作需要巨额的资金，电影的版权归属一般没有争议。具体的操作方式主要有两种，一种是电影版权的持有人将版权资产转让给“特别目的载体”，形成信托关系，由“特别目的载体”作为证券发行人，资产按照份额对外发行信托产品，其主要目的是融资。第二种方式是信托投资公司作为“特别目的载体”发行信托产品，募集社会闲散资金，成立信托关系，以所募集的资金购买原始权利人的版权资产，其主要目的是经营版权资产。比如 2009 年 5 月，北京国际版权交易中心旗下的版权产业融资平台正式开通，该平台由国家开发银行、北京银行、中信信托、北京东方文化资产经营公司共同建立，通过版权信托的模式为《赤壁》《奋斗》等电影项目获得融资。

西方国家的版权资产的证券化运作，已经从传统的电影产业拓展到音乐、动漫、游戏等产业，一方面为版权生产企业带来了资金，另一方面也为投资者提供新型的投资工具。我国的版权信托与版权资产的证券化大有可为。

第五节　数字版权的运营模式

历史上，从未有一次技术革命能够像互联信息技术这样对作品和版权产生如此大影响，从作品的生产方式到作品的传播方式、从版权的内容到行使版权的模式、从版权的维护到版权的贸易形式都产生了巨大的变化。在数字网络环境下，许多作品都是以数字的方式存在，通过互联网络传播，作品的生产者群体也大大地扩大了，有时，文化产品的消费者与生产者的界限被慢慢泯灭了。传统的出版方式受到极大的冲击，公众成为了许多网络作品的创作和消费者，对于版权资产企业，其版权的获得方式和运营模式势必因应技术的变革做出调整。

一、数字网络技术对版权运营模式的冲击

1. 互联网络使得版权贸易方式发生根本性的变革

在网络环境下，通过技术措施节约作品搜寻成本，使得版权贸易缔约模式可以虚拟合同的方式进行。各种以数字形式出现的文字、图形、图像、视频、音频、游戏、动画、教育培训等作品形式，可以通过计算机技术、通信技术和信号处理技术得以迅速复制和分发，按照传统的授权使用模式远远不能满足市场需求，必须利用数字版权管理系统（DRM），实现在线授权。

对于摄影、美术、视频、音乐等小版权的作品，具有作者众多且分散、作品数量巨大水平参差不齐等特点，通过传统的报刊杂志、出版社发行等途径，根本无法容纳如此众多的作品，许多的作品可能就此湮没，无法获得传播，数字出版方式为这些作品找到了出路，一大批优秀作者和众多的获得市场认可的优秀作品得以面世。作者通过网站设置的在线提交系统，可以将作品以版权转让或者是专有权许可的方式，交由网站代为进行版权运营。而网站通过格式合同方式，向在网站上有需求的注册用户发放作品使用许可证。

利用DRM系统聚合各类作者的版权资源，以形成规模优势。国内许多图片供应商，比如视觉中国，就是与很多的优秀摄影师签约，独家获取其摄影作品的版权，所有的网络用户可以通过注册成为其会员，按照一定的价格在数据库中选择相应的作品，所得收益由视觉中国与摄影师进行分成。

一般而言，利用DRM系统进行版权贸易的合同，均是由系统运营一方预先制作，除了允许以表单选择的方式确定交易的内容之外，基本上很

少有谈判的可能，大多属于“要么接受、要么走开”的霸王条款，这样的合同最大地保证了交易的便捷性，由于缺乏合同谈判的弹性，对于有些作品而言未必能够体现出准确的市场价值。

2. 数字图书馆式的版权运营模式

数字图书馆（Digital Library）是用数字技术处理和存储各种图文文献的图书馆，实质上是一种多媒体制作的分布式信息系统，它把各种不同载体、不同地理位置的信息资源用数字技术存贮，以便于跨越区域、面向对象的网络查询和传播；它涉及信息资源加工、存储、检索、传输和利用的全过程①。

数字图书馆技术可以大幅度降低版权资产的运营成本，可以将没有经营价值的微小版权产品和一些市场需求少、消费群体狭窄的版权产品进行有效的整合，发挥规模优势，具有了价值激活的机会。

数字图书馆技术不同于传统的图书馆主要提供文献资料的公益性的利用方式，利用数字图书馆技术整合中小版权人的版权资产，进行规模化、集约化的运营，可以催生出新的商业模式。既可以满足公众对于版权资源合理使用的需求，促进文化产品的快速传播，也可以利用数字图书馆数字、网络的技术优势，对于不同的作品形态提供不同的浏览方式，对不同的用户群体提供不同的权限，收取版权许可费用，甚至可以附加网络广告等方式获取利益。还可以开发对读者提供增值的服务，比如版权贸易中介服务。

利用数字图书馆所独具的网络平台资源、庞大的作品资源和快捷的作品传输技术，可以开发相关版权产业业务，获取利益，比如信息的云存储业务、网络办公自动化业务、培训教育业务等。

3. 利用网络大数据技术分析市场对作品的需求程度，有针对性地增加版权资源储备

大数据技术为市场准确的分析提供工具，过去我们的出版社在进行新的作品策划时，基本上是凭借编辑人员的主观好恶，处于一种盲人摸象决策法，所以风险很大，有些音像、图书的出版后销量很低，最终导致亏

---

① http：// baike. baidu. com/link？ url = keVD4L6Uj5kNrwDub617rzQyzmRxQ9TEGn2HwbV FB-CetYS8QoWWvUIrLT2D_9S91ouVahT2EMtl5GpCPQdM_EGyMAL9h9sUEjRUNRCmVQp2Tm7ZzW1wD8Z1YS9CgMTX_wdjGyMWohTDFcKk09gKs3a

损。而如果有了大数据，就可以精准地了解一段时间什么样的作品会畅销，什么样的作家具有潜力，什么样的传播方式会效果更好，等等。版权企业可以据此有针对性地进行版权开发，获取更多的版权资源。比如，爱奇艺公司依靠大数据，通过对用户属性、兴趣爱好、需求图谱和演员阵容、编剧信息等影响收视的关键性指标进行分析，综合判断影视作品市场潜力①，以此作为版权资源获取和版权作品生产的依据。

大数据的技术还可能为作品的对外销售提供很好的支撑，大数据可以根据用户的搜索记录和既往的消费情况，分析出用户的作品偏好，有针对性地向其推送作品目录，可以极大地提高推销的成功率。

4. 利用网络技术对侵权行为进行监控，促进正版作品使用率

互联网络对于版权而言无疑是一枚双刃剑，一方面促进了作品的传播和扩大版权的内涵，另一方面使得版权侵权行为更为方便，计算机技术的发展，使得数字内容的复制变得十分容易，成本极为低廉，甚至是零成本，无论是文化类的各种文学作品还是技术类的科学作品，利用功能强大的系统和应用软件，一切都是唾手可得。而且进行网络的非法传播变得极为简易，一部刚刚上映的电影可以在正式发行后一两天内就在网络上肆意传播，侵权者除了支付可能发生的通信费用外，几乎不需要付出其他成本，而且非法传播的途径很难查清。但是，救赎当在苦难中寻找，利用网络传播作品，也可以利用网络技术对作品进行保护。

比如利用数字水印、数字指纹等技术，在数字化的作品中植入相关的印记，可以通过专有的软件对其进行跟踪，所有未经许可的盗版行为均可以被监测到，权利人可以根据需要进行必要的维权行动。

通过维权促进正版的交易，是版权贸易中常用的策略，依据《著作权法》规定，对于版权的侵权行为需要承担停止侵权或赔偿的义务，严重的还需要承担刑事责任。那些对于许多的作品具有刚性需求的客户，就不得不转而与权利人进行谈判，寻求获得相关作品的合法许可。

---

① 丁汉青：《传媒版权管理研究》，中国人民大学出版社，2017 年 6 月，第 341 页。

二、数字版权管理及运营模式的实例①

数字与网络技术的高速发展，面对新型的数字作品和数字版权，出现了一些新的运营模式，甚至是借此创造了新的商业模式。

数字作品如何借助数字版权的管理技术与系统，解决数字产品在网络传播过程中的价值链的缺失，进一步促进版权产业发展，寻找到一种能够“起作用”的运营模式是其中的关键。国内外的内容发行商、服务提供商和设备制造商将数字版权管理技术运用于数字作品的运营中，形成了很多成功的案例，研究这些案例，在我们制定数字版权的运营规划时，可以提供有益的启示。

1. Apple 商业运营模式

Apple 公司采取的是“硬件 + 软件”的商业运营模式，即“ipod + iTunes”方式，这是让所有盗版行为束手无策的方式。利用 iTunes 和 iPod 的组合，苹果开创了一个全新的商业模式——将硬件、软件和服务融为一体，这种创新改变了两个行业——音乐播放器产业和音乐唱片产业，把设备提供商（iPod 生产商）、内容提供商（全球四大唱片公司）、渠道运营商（iTunes 网上商店）有机地整合到一条战线上，将设计精湛的播放器终端、丰富优质的音乐内容、方便低廉的购买方式打包在一起，向消费者推出。

消费者由于购买了 iPod 硬件终端，而不得不到 iTunes 在线音乐市场上下载音乐，以供 iPod 播放；同样，消费者为了能够播放 iTunes 在线音乐市场的音乐，也不得不去购买 iPod。这都是由于 Apple 公司对 iTunes 在线音乐市场上的音乐文件加载了 DRM 程序，从而使其只能通过 iPod 终端播放；而嵌入在 iPod 中的 DRM 程序也限制了消费者利用其他在线音乐市场享受音乐下载服务。2008 年 Apple 公司又将在数字音乐领域运作成功的模式运用到其他数字内容战场，推出了比 iPod 更为诱人的 iTouch 播放器，试图一举吞并所有可以数字化的内容产业，iTouch 播放器除了可以播放音乐外，还可以播放电子书、视频节目甚至可以进行通话。

---

① 张文俊、倪受春、许春明：《数字新媒体版权管理》，复旦大学出版社，2014 年 6 月，第 8 章。

Apple 公司实施的商业模式其实是一种垄断经营，尽管为此不断地遭受质疑，但仅从商业角度看，无疑取得了巨大的成功。但是这种模式不太容易被模仿和超越。

2. 费城和 Moviebeam 商业运作模式

费城模式是广播电视网络中运用 DRM 的成功案例，美国有线地市运营商 Comcast 公司于 2001 年推出了一种视频点播系统（VOD）业务模式。由于这一模式最先在费城地区实验，而后才推广到全美，故此被称为“费城模式”。这个视频点播系统根据观众的要求播放节目，把用户所点击或选择的视频内容，传输给所请求的用户。从根本上改变了用户过去被动式看电视的不足。

费城模式是基于丰富的节目源、多样化的数字内容提供的多样化的收费模式，在有线电视网络的数字新媒体市场取得了显著的成绩。Moviebeam 模式与费城模式相似，在版权管理上略有不同，费城模式是基于客户的请求，即时发送节目内容，客户端不存储作品的副本；Moviebeam 则预先将 100 部带有版权认证方式的电影存储在用户终端中，用户对这些电影可以即需即取，每次只需要对数字内容的版权加以认证付费即可观看，可以克服网络带宽不足带来的不良用户体验。

目前，我国各地利用 IPTV 机顶盒传播的数字有线电视 VOD 系统基本上即是采取上述模式。

3. Movielink 商业运作模式

Moviellink（影片链路）公司的商业运作模式是率先运用 DRM 技术在互联网上提供正版影片点播的典型案例。由于害怕盗版等种种原因，好莱坞的主要制片厂多年以来一直都不太愿意以数字形式销售新影片，在 DVD 和录像带市场上，每年由于非法交换数字文件引起的盗版损失巨大。2001 年，Movielink 公司由美国的四家老牌电影制片公司华纳兄弟、米高梅、派拉蒙、环球和日本的索尼电影娱乐公司共同创办，主要是为了解决互联网上日益猖獗的盗版行为而建立的，其后又有多家电影公司加入。2006 年，MovieLink 公司首席执行官 Jim Ramo 在接受路透社采访时说：“这表明通过网络发布高价值内容的数字信息时代已经来临了。”①

其商业模式是允许用户购买的影片在硬盘上保留30日，逾期后自动消失，在这30天内，用户可以累计观看24小时，依据影片的新旧程度，用户为每部影片付费3至5美元。由于采取了微软和Real－Networks两家公司开发的版权保护技术，下载后的影片不可能被复制，也不可能被转移到其他装置上。DRM系统有效运行，消除了影片被下载后的盗版隐患。

4. Google电子书商业运作模式

Google的电子书销售平台是通过两种途径（图书馆计划和合作伙伴计划）向消费者提供电子书籍。图书馆计划是与大学图书馆和公共图书馆合作，将图书馆中馆藏书目编目到Google的电子书销售平台中，消费者可以通过这个平台看到每本图书的部分信息，而那些过了保护期的内容就可以全部呈现。合作伙伴计划是与出版社合作，出版社授权Google公司将自己销售的图书的部分内容呈现在Google的电子书销售平台上。这一模式，可以让作者和出版商的作品有更多的机会接触市场，消费者也可以在免费或者支付少量费用的情况下初步接触到更多的书籍，图书馆也借此扩大了服务的对象。

Google提出，“在任何设备、任何地点读任何书”，提供了无缝阅读服务，利用云计算技术，将电子书储存在云端，手机、平板电脑、个人电脑都可以访问，既可以在线阅读，也可以下载到终端阅读，提供了良好的用户体验。目前，Google通过几个方面获得收益：（1）Google自营的电子书店的内容销售收入；（2）与合作伙伴内容销售收入分成；（3）广告收入，Google的云技术可以通过数据分析，了解客户的需求，为精准的广告投放提供了可能。

5. 日本KDDI商业运作模式

日本的KDDI商业运作模式，开创了在移动通信网络领域运用DRM系统提供数字内容的先河。主要是采取将音乐数据与手机号码建立关联的方式来防止盗版和任意传播的。其自主开发的“chakuutafull”版权管理系统

---

①《网络电影服务使好莱坞迈入数字信息时代》，载http：//tech.qq.com/a/20060404/000155.htm。

只允许在对应号码的手机中播放音乐文件，对数字内容做出严格地管控，禁止将其存储到其他介质上。

6. DMD 商业运作模式

DMD 是针对 CDMA 的数字内容业务的商业运作模式，允许消费者无限量地下载自己喜爱的数字音乐，但是只允许消费者手机终端上保存 30 至 40 首歌曲，当消费者删除了手机中存储的歌曲后，DMD 会自动将消费实现点击的候补歌曲保存到 SD 卡中，供消费者播放。DMD 模式还可以根据客户的位置和点击的音乐类型来判断客户的需求，向客户发送精准的广告，作为增值服务。

7. YouTube 商业运作模式

YouTube 网站创办原意是为了方便朋友之间分享录像片段，后来逐渐成为网民的回忆储存库和作品发布场所，为全球成千上万的用户提供高水平的视频上传、分发、展示、浏览服务。YouTube 主要是利用 DRM 系统解决可能侵犯他人版权的问题。其主要做法是：

（1）将内容所有者上传的视频内容及使用协定录入数据库，每当内容拥有者将内容上传到 YouTube 时，除了将该视频内容存入数据库以外，还要随之上传一份使用协定，明确如果有副本（指该视频的复制版本）出现时，应采取哪些惩罚措施。

（2）每当有一个视频上传到 YouTube 时，YouTube 内容识别系统会自动将其与数据库中的所有文件进行比对，来判断这个新上传的文件是否是数据库中文件的副本。

8. 方正商业运作模式

方正公司主要是国内的数字图书运营之一，其他还有书生、超星、中文在线等。早期的操作方式是由数字运营商与传统的出版商签订协议，对传统纸本书进行扫描，加工制作成数字格式文件，放在网上提供在线阅读，以及出售给图书馆、信息机构等机构客户。经过长期经营，方正积累了上百万本图书的内容资源，为产业转型奠定了基础。方正模式是典型的数字图书 B2C 模式，将内容资源价值向下游延伸；在内容平台上，方正与中搜联手打造数字图书门户——番薯网，为用户提供图书搜索、多平台阅读、互动分享、个性出版，推出了“云阅读平台战略”，试图将众多的内容提供商、手持终端厂商聚合于一条完整的链条上，打通上下游产业链。

9. 盛大文学商业运作模式

盛大文学及其旗下的网络原创文学网站是一种全新的数字出版模式，被西方媒体称为“数字阅读的三种主流模式之一”，其操作流程是：作者将作品提供给网站，网站经过审核以后进行发布，读者免费阅读部分内容，其他内容或更新章节则需要支付每千字两到三分钱的费用，所得收入由网站与作者共同分成，比例由 5：5 到 3：7 不等。这一模式下，写作、发布、购买、阅读等流程均在网上完成，使得数字出版呈现一种新的形态。目前，盛大文学已经开始由在线付费阅读向移动阅读发展，由数字图书的运营商变成了内容提供商。

10. DRM – X 商业运作模式

海海软件公司成立于 2004 年 3 月，是全球数字版权管理领域的领先者之一，为数字内容提供商及数字版权所有者提供安全和便捷的数字版权管理服务及相关解决方案，应用领域覆盖软件、信息发布、教育培训、政府部门等诸多行业。DRM – X 提供了灵活多样化服务模式，包括对内容进行加密保护和分发，对用户进行账户金额管理、存取权限管理、IPD 地址管理、硬件绑定管理以及超级账户管理等，允许管理者根据具体内容自行设置价格、播放次数、有效期、动态数字水印、是否允许翻录等许可证权限。

DRM – X 商业模式采用了灵活多变的服务模式，特别适合当下新媒体受众个性化和多样性需求的发展态势。

三、数字版权运营模式的分类

1. 数字内容销售

数字内容销售就是消费者通过渠道运营商搭建的网络平台购买数字内容，数字内容一经购买，消费者可以终身享有，但是只能有条件地在自己的其他终端间进行分享和传播。这以 Apple 公司的 iTunes 为代表。

2. 数字内容的租赁

数字内容的租赁不像数字内容销售那样，用户每下载一首歌曲就支付一首歌的费用，而是让消费者以包月或包年的方式购买租赁时间，在租赁期内可以不受数量的限制下载自己所喜爱的数字内容。现在许多视频网站采用的会员制，就是采取这一模式，在用户缴纳会员费之后，即享有在一定时间段内不受限制地获取数字内容的资格。

3. 数字版权管理的分级模式

通过对消费者的终端设备分级，相对应地将数字内容也予以相应的分级标号。这样当数字内容到达消费者终端时，通过嵌入终端设备的处理器对其进行审查认证，符合分级标准的可以播放，否则该数字内容将会拒绝访问。这一模式将具有相同特点的消费者的需求作类型化处理，抹杀了消费者的个性化需求，DRM 系统必须有足够多的分级才能满足市场需求。

4. 数字版权的权限转让模式

其基本原理是：当消费者提出请求并通过验证后，DRM 系统将相应的数字内容及其转移权限同时传输给消费者；消费者在消费此数字内容后，DRM 系统会相应地对其权限进行扣除，消费者也可以将此数字内容与所持权限转移给下一个消费者；下一个消费者消费此数字内容后也会被扣除权限，可以再将此数字内容和剩余权限向下转移，直到权限被扣完为止。这一模式，解决了用户自由共享数字内容的难题。

5. 基于家庭网关的模式

家庭网关包含一个调制解调器和一个接口装置。其基本原理是：首先将消费者请求并获得验证的合法数字内容通过接口装置传送到家庭网关，由其中的调制解调器对其进行解密处理，凡是通过家庭网关的终端设备都可以按照预定的规则对解密后的数字内容进行播放。这在一定程度解放了对播放终端的严格限制，消费者在一定范围内可以与亲朋好友分享所购买的数字内容。

6. 免费的商业运作模式

其实，许多用户在内心都把“免费”当作网络时代应有之意，所以，“免费”也可以成为一种商业模式。免费并非不要求利润回报，而是利用免费的商业运作，吸引更多的消费者，并不断增加消费者对本商业运作的黏性，然后再去寻找可行的盈利模式。

下编

版权资产的保护

第十章 版权的行政与刑事保护

版权作为一种私有财产权，是国家给予作品创作者在一段时间内的垄断性权利，对于未经权利人同意而使用或利用作品的行为应予以法律上的制裁。

我国的版权保护采取两种模式，一是公力救济，主要是当版权受到侵害时权利人请求以公权力排除侵害，实现其权利，包括三种法律责任形态，即刑事责任、行政责任和民事责任。二是私力救济，主要是权利人自己利用各种手段保护自己的版权资产，阻止侵权行为的发生，比如限制他人接触、获得和传播作品。

第一节 版权的行政法律保护

版权的行政保护是指国家行政机关，根据相关法律规定，通过法定程序，运用行政手段，协调版权管理各方关系的活动。由于版权主要对应文化产业，文化产品具有天然的公共产品属性，易于传播和扩散，对其进行恰当的保护，既有利于促进文化事业的发展，符合公共利益的需要，又要能够促进创新，激发创作者进行文化产品生产的积极性，增进社会公益。"政府以维护公共利益为核心，是政府自身的逻辑与建立政府的目的决定的。作为国家代表的政府行为是以公共利益和维持政权为依归的，……公共管理的最终目标应该是确保公共利益的增长和分配，促进社会公平与正义实现。"[①] 所以，国家行政机关在版权保护中可以通过对版权的有效管理来促进版权产业发展和文化事业的进步。

版权的行政保护，首先是采取行政手段对版权作品（含制品）的生

---

① 陈丽琴：《公共利益：新公共服务与治理理论的联结点》，湖北省社会主义学院学报，2004 年第 6 期。

产、使用作出限制，以此保护权利人的版权。比如，为了加强对国内外录音制品、计算机软件的保护，专门建立版权认证制度，包括权利认证制度[①]和特别识别码[②]制度。

《著作权法》第四十八条明确规定，“有下列侵权行为的，应当根据情况，承担停止侵害、消除影响、赔礼道歉、赔偿损失等民事责任；同时损害公共利益的，可以由著作权行政管理部门责令停止侵权行为，没收违法所得，没收、销毁侵权复制品，并可处以罚款；情节严重的，著作权行政管理部门还可以没收主要用于制作侵权复制品的材料、工具、设备等”。也就是说，行政机关进行版权行政执法的前提是侵权行为同时损害公共利益，如果仅仅是损害私权的行为，比如发生该法第四十七条规定的侵犯作者的人身权等情形，与公益所涉甚微，当事人可以循私法的途径解决，无须直接运用国家公器介入。由于版权作品具有天然的外部性，尽管是一种私权，但作品不仅仅关乎权利人自己，还与整个社会公益息息相关，一部好的作品成为一代又一代人的精神力量源泉，而一部坏的作品则可能成为毒化心灵的鸦片；所以由司法行政机关主动对违法行为进行查处和制裁，符合公共利益。《著作权法》第四十八条的规定主要针对作品的传播行为，国家版权局在回复浙江省版权局的请示时表示，“就一般原则而言，向公众传播侵权作品，构成不正当竞争，损害经济秩序就是损害公共利益的具体表现”[③]。

对于权利人而言，行政执法行为可以有效地制止侵权，而且行政执法并不能妨碍民事赔偿程序，受害人可以在行政执法之外另行要求获得民事赔偿。

版权行政保护具有主动性、有效性和及时性的特点。主动性是指版权

---

① “权利认证”，是指从事复制、生产或出版境外音像制品或以激光只读存储器形式出现的计算机软件的个人或单位必须在国家版权局或地方著作权行政管理部门登记他们的合同，否则，不准从事生产活动。

② 所谓的“特别识别码”是指国家新闻出版署、文化部、国家工商行政管理局联合发出的《关于实施激光数码储存片来源识别码（SID）的通知》规定的，从1995年8月1日开始，复制激光唱盘、激光视盘和所有激光只读存储器的厂商，将被发给一种特别识别码，并将其标在其复制品的显著位置上；对任何没有达到特别识别码要求的生产激光唱盘、激光视盘和激光只读存储器复制品的生产者，将视情节予以行政和司法处罚。

③ 《国家版权局关于查处著作权侵权案件如何使用损害公共利益有关问题的复函》。

行政管理部门对违法侵权行为主动查处并采取行政强制措施或处罚措施。这些保护措施不同于民法中“不告不理”原则，是积极行动、主动出击。国家版权局公布的《著作权行政处罚实施办法》第十一条规定：“对本办法列举的违法行为，著作权行政管理部门可以自行决定立案查处，或者根据有关部门移送的材料决定立案查处，也可以根据被侵权人、利害关系人或者其他知情人的投诉或者举报决定立案查处。”所以行政法保护是主动保护。有效性是指版权行政保护的手段方式可以更有效地制止和打击损害公益的侵权行为[①]。民事责任与行政责任的承担方式不同在于前者主要制止侵权，赔偿损失。后者通过严厉的手段，尽快恢复社会正常秩序。行政执法常用的方法是责令停业整顿或者吊销证照、终止行政许可等，通过提高违法成本遏制版权侵权。及时性是指版权行政诉护程序简便，能及时制止版权侵权行为。

行政保护和司法保护相比程序简便，费用少，执行力强，结案快。而诉讼程序则较为复杂，不仅需经一审、二审，判定侵权赔偿数额，而且判决之后如果侵权人不主动履行还需要申请执行，相对时间较长。

《著作权法》授权的著作权行政管理部门亦即行政执法的主体，是国家版权局和地方版权行政管理部门，此处的地方版权行政管理部门，指地方政府有版权行政执法权的部门。除国家版权局外，各省、自治区、直辖市单独普遍设立了版权局或者新闻出版局，负责查处本地区发生的版权违法行为；省以下的版权行政处罚机关，各地区实践各不相同，有的单独设置了版权执法机构，有的则纳入文化、广电、商标专利等部门。

依据《著作权行政处罚实施办法》第三条的规定，著作权行政管理部门有权对下列情形进行行政处罚：

（一）著作权法第四十七条[②]列举的侵权行为，同时损害公共利益的；

（二）《计算机软件保护条例》第二十四条列举的侵权行为，同时损害

---

① 为了获得版权违法的线索，国家版权局于2007年9月20日专门颁行了《举报、查处侵权盗版行为奖励暂行办法》规定由国家版权局设立反盗版举报中心，举报中心有免费举报电话和举报邮箱，接受社会公众针对盗版行为的举报，对查处或协助查处重大侵权盗版案件有功单位和个人进行奖励。

② 2010年《著作权法》修订，原四十七条变为四十八条。

公共利益的；

（三）《信息网络传播权保护条例》第十八条列举的侵权行为，同时损害公共利益的；第十九条、第二十五条列举的侵权行为；

（四）《著作权集体管理条例》第四十一条、第四十四条规定的应予行政处罚的行为；

（五）其他有关著作权法律、法规、规章规定的应给予行政处罚的违法行为。

对于上述行为，著作权行政管理部门可以依法责令停止侵权，并且给予下列行政处罚：

（一）警告；

（二）罚款；

（三）没收违法所得；

（四）没收侵权制品；

（五）没收安装存储侵权制品的设备；

（六）没收主要用于制作侵权制品的材料、工具、设备等；

（七）法律、法规、规章规定的其他行政处罚。

作为版权的权利人，在自己的版权作品被他人非法复制和传播的情况下，可以选择向版权行政部门投诉，发挥其行动快、执行力强、结案迅速的特点，尤其针对视听作品、畅销书籍等侵权高发且对正版市场影响较大的作品，通过行政执法行为可以迅速制止侵权，减少可能的损失。《著作权行政处罚实施办法》第十五条规定，执法人员在执法过程中，发现违法行为正在实施，情况紧急来不及立案的，可以采取下列措施：（一）对违法行为予以制止或者纠正；（二）对涉嫌侵权制品，安装存储涉嫌侵权制品设备和主要用于违法行为的材料、工具、设备等依法先行登记保存；（三）收集、调取其他有关证据。所以说，行政执法可以有效地制止侵权，避免损失的进一步扩大。受理著作权行政投诉的机关为各级著作权行政管理部门。权利人发现侵权行为后，可以根据情况向侵权行为实施地、侵权结果发生地（包括侵权复制品储藏地、依法查封扣押地、侵权网站服务器所在地、侵权网站主办人住所地或者主要经营场所地）的著作权行政管理部门投诉①。

投诉人向著作权行政管理部门投诉时，应当提交下列材料②：

（一）调查申请书，其中应当写明投诉人、被投诉人的姓名（或者名称）和地址，投诉日期，申请调查所根据的主要事实和理由；

（二）投诉人的身份证明（如果投诉人委托代理人进行投诉，应当同时提交委托书和代理人的身份证明）；

（三）权利归属的初步证据，如作品原稿，由投诉人署名发表的作品，作品登记证书，取得权利的合同，或者认证机构出具的证明等；

（四）侵权证据，包括侵权复制品，涉及侵权行为的帐目、合同和加工、制作单据，证明侵权行为的公证书，有关照片等。

投诉材料可以直接提交给著作权行政管理部门，也可以通过邮寄方式提交。投诉人提交的投诉材料如果文字部分是外文，应当附带相应的中译文。

为了防范猖獗的网络侵权行为的发生，2005 年，国家版权局颁行了《互联网著作权行政保护办法》，加强对互联网信息服务中的信息网络传播权的行政保护，主要规范在互联网上的用户对作品和录音录像制品下载、存储、链接或搜索等行为，对侵犯权利人的信息网络传播权的行为可以按照《著作权行政处罚实施办法》进行处罚。国家版权局还建立了重点作品预警机制，扩大版权的主动监管范围，对热播的视听作品、音乐作品进行主动监管，定期公布重点作品的预警名单，并将相关信息发送给各大网站，要求各网站对是否侵害相关作品的行为进行自查自纠，否则将依据《著作权行政处罚实施办法》启动行政处罚的程序。这些举措是版权行政保护另一方面，对于制止侵权行为，保护权利人的著作权，起到了很好的作用。

版权的行政保护是中国版权保护的重要特点，“十二五”期间，全国版权行政处罚案件 35280 件。国家版权局联合相关部门持续开展打击网络侵权盗版行为的“剑网行动”，共查处网络案件 2765 件，依法关闭侵权盗

① 国家版权局《著作权行政投诉指南》第二条。
② 国家版权局《著作权行政投诉指南》第六条。

版网站1193个，有效打击和震慑了网络侵权盗版行为。“十三五”期间，国家将加强行政执法力度，突出网络版权的监管，持续开展打击网络侵权盗版行为的“剑网行动”，强化分类管理，加强对网络文学、音乐、影视、游戏、动漫、软件等重点领域的监测监管，及时发现和查处侵权盗版行为[①]。

第二节　版权的海关法律保护

知识产权海关保护，指海关依法禁止侵犯知识产权的货物进出口的措施，海关保护实际上也属于行政保护的范畴，在《与贸易有关的知识产权协定》中被称为知识产权的边境措施（Border measures）。1995年10月，我国首次颁布实施《知识产权海关保护条例》，开始建立符合世界贸易组织规则的知识产权边境保护制度。

根据《知识产权海关保护条例》第二条的规定，我国海关保护的知识产权应当是与进出口货物有关并受中华人民共和国法律、行政法规保护的商标专用权、著作权和与著作权有关的权利、专利权。这是目前版权海关保护适用的最为直接的法规。

中国海关对知识产权的保护可以划分为“依申请保护”和“依职权保护”两种模式：

依申请保护，是指知识产权权利人发现侵权嫌疑货物即将进出口时，根据《知识产权海关保护条例》第十二、十三和十四条的规定向海关提出采取保护措施的申请，由海关对侵权嫌疑货物实施扣留的措施。由于海关对依申请扣留的侵权嫌疑货物不进行调查，知识产权权利人需要就有关侵权纠纷向人民法院起诉，所以依申请保护也被称作海关对知识产权的“被动保护”模式。

依职权保护，是指海关在监管过程中发现进出口货物有侵犯在海关总署备案的知识产权的嫌疑时，根据《知识产权海关保护条例》第十六条的

① 国家版权局《版权工作“十三五”规划》，见 http://www.chinaxwcb.com/2017-02/16/content_351881.htm。

规定，主动中止货物的通关程序并通知有关知识产权权利人，并根据知识产权权利人的申请对侵权嫌疑货物实施扣留的措施。由于海关依职权扣留侵权嫌疑货物属于主动采取制止侵权货物进出口，而且海关还有权对货物的侵权状况进行调查和对有关当事人进行处罚，所以依职权保护也被称作海关对知识产权的“主动保护”模式。

知识产权权利人向海关申请采取依职权保护措施前，应当按照《知识产权海关保护条例》第七条的规定，将其知识产权及其他有关情况向海关总署进行备案。版权人在向海关备案的时候，应该提交申请书，申请书必须载明：（一）权利人的名称或姓名、国籍；（二）作品的名称和作品的主要内容及其他相关信息；（三）作品的许可使用情况；（四）权利人合法行使知识产权的货物的名称、产地、进出境地海关、进出口商、主要特征、价格等；（五）已知的侵犯权利人版权货物的制造商、进出口商、进出境地海关、主要特征、价格等。版权人还需要提交权利证明，主要是包括涉及版权作品的底稿、原件、合法出版物、作品登记证书、著作权合同登记证书、认证机构出具的证明、取得权利的合同，等等。每次备案自海关总署准予备案之日起生效，有效期是十年，到期后可是申请续展备案十年。各地海关可以根据权利人的权利备案情况进行有针对性的海关执法，查扣和没收侵权产品，中止嫌疑产品的通关程序。

依据《知识产权海关保护条例》第十三条规定，权利人可以主动请求海关扣留侵权嫌疑货物的，应当提交申请书及相关证明文件，并提供足以证明侵权事实明显存在的证据。申请书应当包括下列主要内容：（一）版权人的名称或者姓名、注册地或者国籍等；（二）版权的名称、内容及其相关信息；（三）侵权嫌疑货物收货人和发货人的名称；（四）侵权嫌疑货物名称、规格等；（五）侵权嫌疑货物可能进出境的口岸、时间、运输工具等。侵权嫌疑货物涉嫌侵犯备案版权的，申请书还应当包括海关备案号。

权利人请求海关扣留侵权嫌疑货物的，应当向海关提供不超过货物等值的担保，用于赔偿可能因申请不当给收货人、发货人造成的损失，以及支付货物由海关扣留后的仓储、保管和处置等费用；知识产权权利人直接向仓储商支付仓储、保管费用的，从担保费用中扣除。

海关主动发现货物有侵犯权利人的版权嫌疑的，应当书面通知权利人，权利人在海关扣留货物之后，应该在 3 个工作日内按照《知识产权海关保护条例》第十三条规定提出货物扣留申请，并且提供担保，否则海关不得扣留货物。海关在扣留嫌疑货物 30 个工作日内对被扣留的侵权嫌疑货物是否侵犯知识产权进行调查、认定；不能认定的，应当立即书面通知知识产权权利人（第二十条）。一旦经过海关调查认定为侵犯权利人的版权的，海关将对货物予以没收（第二十七条）。同时依据《海关行政处罚实施条例》第二十五条规定，“进出口侵犯中华人民共和国法律、行政法规保护的知识产权的货物的，没收侵权货物，并处货物价值 30% 以下罚款；构成犯罪的，依法追究刑事责任。需要向海关申报知识产权状况，进出口货物收发货人及其代理人未按照规定向海关如实申报有关知识产权状况，或者未提交合法使用有关知识产权的证明文件的，可以处 5 万元以下罚款”。

版权人在向海关提出采取保护措施的申请后，也可以依照《中华人民共和国著作权法》第五十条的规定，在起诉前就被扣留的侵权嫌疑货物向人民法院申请采取责令停止侵权行为或者财产保全的措施，由法院向海关发出有关责令停止侵权行为或者财产保全的协助执行通知，海关应当扣留相关货物。

目前海关行政执法中，主要是海关依照职权主动查扣，涉及到的知识产权侵权门类主要是商标权，2016 年，全国海关查处的知识产权侵权案件涉及货物 4205.82 万余件，涉及版权的仅 57193 件，相对较少①。

第三节 版权的刑事法律保护

版权的刑法保护，就是以刑法作为手段对版权进行保护，主要是国家司法机关按照《刑事诉讼法》规定的程序对涉嫌侵害版权犯罪的行为进行侦查、起诉、审判，以实现对版权的刑事救济。

---

① 海关总署《2016 年中国海关知识产权保护状况》，引自 http://www.customs.gov.cn/publish/portal0/tab49564/info846639.htm。

作为一项无形财产权，版权已经成为构成社会财富的重要类型，侵害版权的行为属于严重破坏财产秩序的行为，符合犯罪的本质特征——具有严重的社会危害性。《与贸易有关的知识产权协定》第六十一条明确规定："各成员至少对于具有商业规模的故意假冒商标或盗版行为应当规定刑事程序及刑事制裁，可提供的救济应包括足以起到威慑作用的监禁或罚金，或二者并处，并应于同等严重的犯罪所适用的刑法一致。在适当的情况下，可使用的救济还应包括扣押、没收、销毁侵权货物和主要用于其他知识产权侵权案件的刑事程序和制裁，特别是故意并具有商业规模的侵权行为。"所以我国的《著作权法》和《刑法》确立了侵害版权行为的刑事制裁程序。

刑事犯罪行为必须具有严重的社会危害性，因此需要接受刑事制裁的侵犯版权的行为必须要具有两大特征：（一）侵害行为必须是以营利为目的，主观上是出于故意，这是刑事救济与民事救济的一大区别，对于民事救济而言，即使侵害人出于过失、并非故意，也应当承担相应的民事责任，而非以营利为目的的侵权行为，尚不足以构成严重的社会危害性，不需要承担刑事责任。（二）侵害人必须具有违法所得数额较大或有其他的严重情节。

侵犯版权犯罪在我国的刑法中规定于分则中第七章第七节"侵犯知识产权罪"中，涉及两个罪名：侵犯著作权罪、销售侵权复制品罪。

一、侵犯著作权罪

刑法第二百一十七条：以营利为目的，有下列侵犯著作权情形之一，违法所得数额较大或者有其他严重情节的，处三年以下有期徒刑或者拘役，并处或者单处罚金；违法所得数额巨大或者有其他特别严重情节的，处三年以上七年以下有期徒刑，并处罚金：

（一）未经著作权人许可，复制发行其文字作品、音乐、电影、电视、录像作品、计算机软件及其他作品的；

（二）出版他人享有专有出版权的图书的；

（三）未经录音录像制作者许可，复制发行其制作的录音录像的；

（四）制作、出售假冒他人署名的美术作品的。

本条主要规定了侵犯著作权罪的犯罪构成与处罚。《著作权法》第四十七和四十八条规定了 19 种侵权行为，《刑法》仅将四种行为界定为犯罪，涉及的作品主要是文字作品、音乐、电影、电视、录像作品、计算机软件及其他作品，少于《著作权法》第三条规定的作品类别，涉及上述作品的主要是复制权和发行权，这些权利是著作权人的专有权利，行使该权利应该获得权利人的许可；而图书的专有出版权、录音录像制作者的复制权均属于邻接权，是形成于他人作品上的权利，与图书出版者和录音录像制作者的经济利益相关；而制作、出售假冒他人署名的美术作品属于侵害公共利益和权利人的人格利益。

侵犯著作权犯罪构成中，区分罪与非罪的界限是有没有达到“违法数额较大或者有其他严重情节”。如何界定“违法所得数额巨大”“有其他严重情节的”以及“有其他特别严重情节的”在实践中产生了诸多争议。有鉴于此，最高人民法院、最高人民检察院、公安部出台了四个司法解释，分别是：1.《关于审理非法出版物刑事案件具体应用法律若干问题的解释》（1998 年），对本罪构成要件中“违法所得数额较大”“有其他严重情节”和“违法所得数额巨大”进行了明确规定，从而增强了法条的可操作性。2.《关于办理侵犯知识产权刑事案件具体应用法律若干问题的解释》（2004 年）（以下简称“解释二”），降低了本罪入罪的数额门槛，扩大了入罪的具体情节，将网络盗版纳入到刑法打击的对象范围，同时降低了单位犯罪的入罪门槛。3.《关于办理侵犯知识产权刑事案件具体应用法律若干问题的解释（二）》（2007 年），进一步降低了本罪入罪门槛，将复制品数量从“解释二”规定的1000 张/份降低到 500 张/份，确定了罚金刑的处罚标准，简化了追究侵犯著作权犯罪的刑事诉讼程序，允许被害人自诉，从而提高了追究的效率。同时加大了对单位犯罪的打击力度，对单位实施侵犯著作权犯罪的，按照相应个人犯罪的标准定罪量刑。4.《关于办理侵犯知识产权刑事案件适用法律若干问题的意见》（2011 年），针对近年来网络信息技术高速发展，网络领域著作权犯罪逐步蔓延的严峻形势，明确了网络传播的数量认定标准，将许多以网络方式利用作品的侵权行为确定为刑法规制的对象，加大了刑法打击力度。

根据《最高人民检察院、公安部关于公安机关管辖的刑事案件立案追诉标准的规定（一）》第二十六条的规定，以营利为目的，未经著作权人许可，复制发行其文字作品、音乐、电影、电视、录像作品、计算机软件及其他作品，或者出版他人享有专有出版权的图书，或者未经录音、录像制作者许可，复制发行其制作的录音、录像，或者制作、出售假冒他人署名的美术作品，涉嫌下列情形之一的，应予立案追诉：

（一）违法所得数额3万元以上的；

（二）非法经营数额5万元以上的；

（三）未经著作权人许可，复制发行其文字作品、音乐、电影、电视、录像作品、较量争论机软件及其他作品，复制品数量合计500张（份）以上的；

（四）未经录音录像制作者许可，复制发行其制作的录音录像制品，复制品数量合计500张（份）以上的；

（五）其他情节严重的情形。

以刊登收费广告等方式直接或者间接收取费用的情形，属于本条规定的“以营利为目的”。

本罪的犯罪主体为一般主体，即达到刑事责任年龄并有刑事责任能力的自然人，而依据《刑法》第二百二十条的规定，单位也可以成为本罪的主体，单位犯本罪的，实行两罚制，即既对单位判处罚金，又对其直接负责的主管人员和其他直接责任人员追究刑事责任。

根据现有相关规定，侵犯著作权罪的刑罚适用情形为：

（一）处3年以下有期徒刑或者拘役，并处或者单处罚金的情形：

1. 违法所得数额较大，指违法所得数额在3万元以上的。

2. 有其他严重情节，指具备以下情形之一：(1) 因侵犯著作权曾经两次以上被追究行政责任或者民事责任，两年内又实施刑法第二百一十七条所列侵犯著作权行为之一的；(2) 非法经营数额在五万元以上的；(3) 复制或传播他人作品的数量合计在五百件、份（部）以上的；(4) 传播他人作品的实际被点击数达到五万次以上的；(5) 以会员制方式传播他人作品，注册会员达到一千人以上的；(6) 数额或者数量虽未达到第（二）项至第（五）项规定标准，但分别达到其中二项以上标准一半以上的。

（二）处 3 年以上 7 年以下有期徒刑，并处罚金的情形：

1. 违法所得数额巨大，是指违法所得数额在 15 万元以上的；

2. 有其他特别严重情节，是指具有下列情形之一：（1）非法经营数额在 25 万元以上的；（2）复制品数量合计在 2500 张（份）以上的；（3）其他严重情节。

（三）罚金刑适用的标准

罚金数额一般在违法所得的 1 倍以上 5 倍以下，或者按照非法经营数额的 50% 以上 1 倍以下确定。

有学者通过对各地的关于此罪的判决结果进行统计，发现各地已入罪的案例总体数量较少，主要是非法经营罪架空了本罪的适用，当行为人的非法所得难以查清或者是没有达到法定标准时，无法定性为侵犯著作权犯罪，司法机关认为必须加以惩处的时候，就不得不采取变通的办法，以非法经营罪这一“口袋罪”处罚，实践中存在大量的以非法经营罪处理侵犯著作权罪的情形①。

二、销售侵权复制品罪

《刑法》第二百一十八条：以营利为目的，销售明知是本法第二百一十七条规定的侵权复制品，违法所得数额巨大的，处三年以下有期徒刑或者拘役，并处或者单处罚金。

本条规定了销售侵权复制品罪的犯罪构成与刑罚。本罪的犯罪对象是侵权复制品，所谓侵权复制品，依本条规定，主要是指未经著作权人许可而复制发行的文字作品、音乐、电影、电视、录像作品、计算机软件及其他作品，擅自出版的他人享有出版权的图书，未经录音录像制作者许可，复制发行其制作的录音录像制品，假冒他人署名的美术作品。销售，是本罪客观行为的具体内容，销售仅指将侵权复制品向消费者出卖，非销售营利行为不能构成销售侵权复制品罪。如果行为人不是销售而是赠与、出借或收买自用等，均不符合本罪行为特征。应该注意的是，对这里的“销

① 彭辉、姚颉靖：《实践与探索侵犯著作权罪刑罚适用的理论与实证研究——以 33 例判决分析为视角》，载《云南大学学报》，2012 年 3 月第 25 卷第 2 期。

售”之理解不应过于狭窄，如仅限于“出卖”的行为，对于出于营利目的把侵权复制品大量出租的也应视为一种“销售”行为，以防止犯罪分子以此逃避罪责。

行为人销售侵权复制品还必须是违法所得数额巨大的才能构成犯罪行为。根据最高人民法院《关于适用（全国人民代表大会常务委员会委员关于惩治侵犯著作权的犯罪的决定）若干问题的解释》的精神，违法所得数额巨大，指个人违法所得数额在二万元以上或单位违法所得数额在十万元以上。违法所得数额未达到上述标准的不能构成本罪。

从犯罪主体上看，属于一般主体即达到刑事责任年龄并有刑事责任能力的自然人，而单位也可以成为本罪的主体。

本罪与侵犯著作权罪有两处不同：

1. 主体要件不同。销售侵权复制品罪的主体只能是侵权复制品制作者以外的其他自然人或单位，侵犯著作权罪的主体一般是制作者，也可能是与制作者通谋的发行者或销售者。

2. 犯罪客观方面不同。销售侵权复制品罪在客观方面表现为销售侵权复制品且违法所得数额巨大的行为；侵犯著作权罪的行为方式则可以是复制发行或出版，也可以是制作、出售，且违法所得数额较大或有其他严重情节的就构成犯罪。在实践中，行为人如果实施侵犯著作权或与著作权有关权益的行为构成犯罪，又销售其制作的侵权复制品而且违法所得数额巨大的，后一行为属于刑法理论上的不可罚之事后行为，对其只以侵犯著作权罪论处，而不能再定一个销售侵权复制品罪而实行数罪并罚；如果行为人销售的侵权复制品并非其本人制作的侵权复制品，其两个行为又符合构成犯罪的数额或情节要求的，则应对其定两个罪实行数罪并罚；如果销售侵权复制品的行为人事先与侵犯著作权罪的行为人通谋的，对其应以侵犯著作权罪论处，这属于共同犯罪问题。

第十一章 版权的民事法律程序

版权的民事救济是指权利人与版权有关的合法权利受到侵害，权利人主动寻求的以民事诉讼、民间调解和第三方仲裁等方式解决版权纠纷的方式。民事救济程序，既包含向人民法院提起诉讼的公力救济方式，也包括通过民间调解、当事人的自力救济等私力救济方式。

第一节 版权民事法律责任

民法体系中，版权具有人身权和财产权的二元属性，版权资产也兼具物权和债权的双重属性，因其特殊的外在表现形式和特殊的经济价值，在权利属性上被定性为无形财产权。版权法是以作品及其衍生品为保护对象，版权是以不同的专有权利为表现形式的无形财产权，集诸多专有权利为一体，具有权利束的特征。

版权资产被侵害一般因两种行为而发生，一是侵权行为，一是违约行为。

依据《民法总则》第一百二十三条规定，“民事主体依法享有知识产权。知识产权是权利人依法就下列客体享有的专有的权利：（一）作品”。《侵权责任法》规定受到该法保护的权益中包括“著作权”（第二条），《著作权》本身则做了更为详尽的规定。可见，版权属于一种绝对权、对世权，任何人均负有不得侵害之法律义务，否则将承担侵权责任。《著作权法》所称的侵权行为是指违反《著作权法》规定的义务，侵害他人依《著作权法》享有的人身权或财产权的行为。

而版权作为一种经济性的无形财产，可以依法进行转让、许可和交换、投资等利用方式，上述法律关系是基于缔结平等的经济主体之间的版权许可、版权转让和版权投资等合同。如果侵害他人的财产权是直接因为合同相对方违反合同约定的义务而发生的，这种行为通常仅视为违约行为，而由行为人承担违约责任。

一、版权侵权的归责方式

民事侵权的归责原则有二：一是主观归责原则，以行为人的主观意志作为确定责任归属的根据，即以当事人主观上的过错作为构成责任的必要条件，“有过错始有责任，无过错即无责任”，被称为“过错责任原则”；二是客观归责原则，以人的意志以外的某种客观事实作为确定责任归属的依据，即将特定损害结果或致害原因作为构成责任的充分条件，只要有特定损害结果或致害原因存在，即不得免除其责任。这一原则称为“无过错责任原则”“严格责任原则”，比如产品缺陷致人损害、高度危险作业致人损害、环境污染致人损害等。对于一般的侵权行为，各国普遍实行的是过错责任原则，如我国的《侵权责任法》第六条规定，“行为人因过错侵害他人民事权益，应当承担侵权责任。”在一些受害人难以证明被告人有过失的情况下，如动物致损、建筑物致损，总采用过错推定原则，即原告若能证明其所受到的损害是由被告所造成的，而被告不能证明自己没有过错，法律上就推定被告负有过错并应承担民事责任，它是适用过错责任的一种。

对于版权的侵权诉讼而言，到底是采用过错责任原则还是无过错责任原则，多有争议。

郑成思先生认为侵害知识产权行为适用无过错责任原则已经为许多国家所确立，主张放弃传统的过错责任原则，普遍适用无过错责任原则；而有些学者则主张在知识产权侵权诉讼中同时适用过错责任和无过错责任原则[①]；而原最高人民法院知识产权庭庭长蒋志培则坚持应该适用过错责任原则，唯有在某些情况下，法官可适用过错推定责任原则：“一般的过错责任的举证责任在受害人，推定过错的举证责任倒置，即把举证责任加给侵权人，侵权人须证明自己无过错，如果侵权人证明不了自己无过错，则推定其有过错，因而承担民事赔偿责任。”“适用过错推定原则，从损害事实中推定侵权行为人有过错，那么就使受害人免除了举证责任而处于有利

---

① 孟祥娟：《版权侵权认定》，法律出版社，2001 年 12 月。

的地位。”①

在司法实践中，版权侵权认定时应适用过错责任，还是无过错责任，已成为司法实践中一个亟待研究解决的重要问题。如果完全采用过错责任原则，很难起到打击侵权行为，保护权利人版权的作用。面对目前我国许多人侵害他人版权而不知其为侵权的现实，无过错而给他人版权造成损害的普遍性，这也是版权侵权行为的特殊之处；同时，在版权侵权纠纷中，原告要证明被告“有过错”往往很困难，而被告要证明自己“无过错”却很容易，这也是具有普遍性的。而如果采用无过错责任显然又没有法律依据，因为，无过错责任适用场合和对象在《民法通则》②、《侵权责任法》均有明确的规定，依照法律对于知识产权侵权只能采用一般性的过错责任规定，尽管很多学者提出了中肯立法建议，但在新的《著作权法》没有颁布之前，对于无过错责任并无适用空间。

在司法判决中，法官在审理案件中似乎刻意地回避这一基本问题。在确定侵权的场合，基本上是以类似于无过错责任的方式，只要具有侵权事实即认定构成侵权；但在承担侵权责任，则主要是过错责任原则，或者是过错推定责任原则，如果有过错或不能证明自己没有过错则承担停止侵权和赔偿损失等责任，而能够证明自己没有过错的一般仅须承担停止侵权责任，无须赔偿。

为平衡各方的利益，根据司法实践的可能性，可以将版权侵权责任细分为直接侵权责任和间接侵权责任，进一步对两类侵权行为实施不同的归责原则。

1. 直接侵权行为

这是一种直接非法行使版权人或邻接权人的权利或妨碍他们行使这

---

① 蒋志培：《论论我国著作权侵权损害赔偿的归责原则》，载《人民司法》，1997 年第 8 期。现行的《著作权法》第五十三条规定，“复制品的出版者、制作者不能证明其出版、制作有合法授权的，复制品的发行者或者电影作品以及以类似摄制电影的方法创作的作品、计算机软件、录音录像制品的复制品的出租者不能证明其发行、出租的复制品有合法来源的，应当承担法律责任”。此处明显采用的是“过错推定”的归责原则，但是仅涉及复制、发行、出租等少数权利，是否能推而广之地类推适用，法律没有明确规定。

② 《民法通则》第一百零六条第二款规定：“公民、法人由于过错侵害国家的、集体的财产，侵害他人财产、人身的，应当承担民事责任。”明确了民事法律关系中的过错责任原则，该法第三款规定，“没有过错，但法律规定应当承担民事责任的，应当承担民事责任”。现行的《著作权法》立法体例上，也没有明确规定版权的侵权行为没有过错的也需要承担责任。

一权利的行为，侵权行为直接涉及作品。比如未经版权人的同意而以任何方式对作品进行复制、发行，以信息网络传播、改编、翻译、广播、表演、展出、摄制电影等，这是对版权经济权利的直接侵犯；而未经表演者、广播组织者、音像制作者的同意而擅自使用其表演、广播节目、音像制品，也是对其经济权利的直接侵犯。对于上述行为，应该直接认定侵权成立，以类似无过错责任方式认定，否则，权利人的权利就会悬隔：假设以过错责任甚至是过错推定责任对上述行为加以归责，其结果是如果侵权人能证明自己无过错，侵权不成立——可以继续先前的状态，法院不能判处其“停止侵权”，这将是很可笑的事情。所以，只要是未经版权人的许可而使用和利用其作品的，均构成侵权行为，无须考虑其主观状态是否有过错，必须尽快将该行为定性，也保护权利人的版权不受进一步侵害。对于直接侵权责任的承担则应该以过错推定原则来确定，能够证明自己没有过错的，可以仅承担停止侵权责任而不承担赔偿责任，否则承担赔偿责任。这样，对于大部分的直接侵权行为的实施者，均无法以“不知道”而免除赔偿责任，只要法院课以“应当知道”的证明责任即可。

2. 间接侵权行为

侵权行为并未直接涉及到受版权保护的作品或受邻接权保护的表演、音像制品、广播节目，而是为他人的侵权行为提供了便利条件，处于一种间接性的帮助侵权的地位。在间接侵权中，比较有代表性的是网络空间提供商的责任，侵权人利用了网络空间进行侵害他人版权的行为，行为人本身无疑构成直接侵权行为，而网络空间提供商，处于帮助侵权的地位。对于其法律责任，准许其利用“避风港”原则进行抗辩①，但需要其采取措施制止侵权行为包括移除相关侵权作品、断开侵权链接、向权利人提供侵权责任人的信息等。对于间接侵权人，只要及时停止实施帮助侵权的行为，可以认定其构成侵权但无须承担赔偿责任；否则，即属于主观上有过错（明知行为侵权而继续提供便利），应该就其对权利人损失扩大的部分

① 《最高人民法院关于审理侵害信息网络传播权民事纠纷案件适用法律若干问题的规定》第八条，“人民法院应当根据网络服务提供者的过错，确定其是否应当承担教唆、帮助侵权责任”。

承担连带赔偿责任。

二、侵权行为的认定

根据《侵权责任法》《著作权法》的规定，侵权行为的构成应该具备下列条件：

1. 行为人未经权利人许可使用其享有的作品（制品）或者直接侵犯其著作人身权利。这是侵权行为的起点，没有使用作品或者经过许可使用但损害了权利人人身权的行为，则侵权行为无从谈起。

2. 权利人的版权或相关权遭受损害。加害行为必须造成了权利损害的后果，否则行为人的侵权责任就成了无源之水、无本之木，损害赔偿更无从谈起。

3. 行为人的使用行为与权利人损害结果之间具有因果关系。侵权行为只有在加害行为与损害事实之间存在因果关系时，才能构成。如果加害人有加害行为，也有民事权益受损害的事实，但二者毫不相干，则侵权行为仍不能构成。

4. 行为人行为没有合法的依据。如果行为人对作品的使用行为符合《著作权法》对版权的限制性规定，属于合理使用，版权的侵权行为也不能构成。

侵权行为的构成要件仅仅是认定侵权行为成立的前提，对于被控侵权行为是否能够真正构成，还会有许多技术性问题需要解决。有时行为人在使用他人的作品时会采取比较隐晦的方法，改头换面或者非法挪用他人的作品，此时在技术层面上的认定就很考验法官的智慧。实践中有两种常见确认侵权的方式：

第一是所谓的“三段论”原则。1992 年，美国第二巡回上诉法院就“计算机国际联合公司诉阿尔泰公司”案的审理，提出了著名的版权侵权理论“三段论”侵权确认法，由于其易于操作，成为司法上被广泛推崇的侵权行为认定方法。著名的“李淑贤与王庆祥就《末代皇帝的后半生》一书诉贾英华”案①，是我国司法实践中运用“三段论”原则的一个实例。

“三段论”侵权认定法指的是在判定某一被告作品中的结构 、顺序及组织是否真的侵犯了原告作品的版权时，应分三步进行，而不能一上来就不加分析地判定只要结构、顺序及组织相同，就一定构成侵权。

第一步，抽象法。首先要把原、被告作品中不受保护的“思想”本身，从“思想的表达”中删除。如果只是创作或设计思想本身相同，即使这种相同表现为结构的相同，也不构成侵权。

第二步，过滤法。即把原、被告作品中虽然相同但又都属于公有领域的内容删除。即使这些内容不再是“思想”本身，而是“思想的表达”。

第三步，对比法。只有在“抽象”和“过滤”之后，被告作品中剩下的部分仍旧有实质性内容与原告作品相同，才有可能认定为侵犯版权。在这时才可以将原、被告的作品进行比较，考察是否存在剽窃与抄袭的情形，以此认定侵权行为是否成立。

第二是所谓“接触＋实质性相似”方法。这主要用于判断是否侵犯复制权的方法。

1999 年美国第二巡回法院在审理“Hamil Am. , Inc. v. GFI, Inc”一案中认为，认定版权侵权主要分析被告是否抄袭了原告的作品，而认定抄袭则要看被告在其作品创作前，是否接触过原告的作品以及两部作品之间是否足够相似（sufficient similarity）。如果原告没有被告接触原告作品的证据，只有在原告展示两部作品具有显著相似的情况下，侵权请求才能获得法院支持。所以在判定被告是否构成抄袭的场合，原告需要证明：1. 被告

---

① 1989 年，贾英华出版了《末代皇帝的后半生》一书，在海内外引起了极大反响。1990 年 11 月，李淑贤与王庆祥向北京市西城区法院起诉，状告贾的《末代皇帝的后半生》一书，抄袭了《溥仪的后半生》一书达 70% 以上，构成侵犯版权，要求被告公开赔礼道歉，销毁存书，不再印刷出版，赔偿经济损失等。针对被告作品是否构成抄袭，法院在审理过程中使用了“三段论”的原则作出认定。首先，主审法官就要求原告举出来既不属于创作思想、又不属于公有事实的（被告书中与原告书中）相同之处。原告提出的关于被告之书的主题思想（如“末代皇帝”与“溥仪”与之相同），史实排列顺序（如从溥仪被特赦写起，写到其病故）与之相同，均被法官作为“创作思想”的相同而排除在“构成侵权”之外了；原告关于被告之书在细节描写上的几十处自认为“最能说明抄袭”的“相同”，则由被告当庭举出的其正当来源（出自被采访人、出自当时新闻报道或出自其历史档案馆资料）予以排除了。其次，主审法官又一次要求原告继续提供既不属于创作思想、又不属于公有事实的相同点，以便法庭对比，尽管历时两年，原告再也未能提供任何这类证据。故此，法院最终作出了否定侵权的判决，驳回了两原告的诉讼请求。

曾经接触或者有机会接触原告的作品；2. 被告的作品和原告的作品构成实质性相似。我国的司法实践中不乏使用此方法判决侵权成立的判例。但是有学者对此持有不同看法，以为在我国立法体制内，并无“接触+实质性相似”原则的适用空间①。

三、版权侵权的法律责任

依据《著作权法》第四十七条规定，侵害著作人身权和邻接权等行为，主要包括：（一）未经著作权人许可，发表其作品的；（二）未经合作作者许可，将与他人合作创作的作品当作自己单独创作的作品发表的；（三）没有参加创作，为谋取个人名利，在他人作品上署名的；（四）歪曲、篡改他人作品的；（五）剽窃他人作品的；（六）未经著作权人许可，以展览、摄制电影和以类似摄制电影的方法使用作品，或者以改编、翻译、注释等方式使用作品的，本法另有规定的除外；（七）使用他人作品，应当支付报酬而未支付的；（八）未经电影作品和以类似摄制电影的方法创作的作品、计算机软件、录音录像制品的著作权人或者与著作权有关的权利人许可，出租其作品或者录音录像制品的，本法另有规定的除外；（九）未经出版者许可，使用其出版的图书、期刊的版式设计的；（十）未经表演者许可，从现场直播或者公开传送其现场表演，或者录制其表演的；（十一）其他侵犯著作权以及与著作权有关的权益的行为。对于这些行为，主要承担停止侵害、消除影响、赔礼道歉、赔偿损失等民事责任。

《著作权法》第四十八条，主要是对版权经济性权利的侵害，包括：（一）未经著作权人许可，复制、发行、表演、放映、广播、汇编、通过信息网络向公众传播其作品的，本法另有规定的除外；（二）出版他人享有专有出版权的图书的；（三）未经表演者许可，复制、发行录有其表演的录音录像制品，或者通过信息网络向公众传播其表演的，本法另有规定的除外；（四）未经录音录像制作者许可，复制、发行、通过信息网络向公众传播其制作的录音录像制品的，本法另有规定的除外；（五）未经许

① 熊琦《“接触+实质性相似”是版权侵权认定的“神器”吗?》，载中国知识产权资讯网，见 http://www.iprchn.com/cipnews/news_content.aspx? newsId=101383。

可，播放或者复制广播、电视的，本法另有规定的除外；（六）未经著作权人或者与著作权有关的权利人许可，故意避开或者破坏权利人为其作品、录音录像制品等采取的保护著作权或者与著作权有关的权利的技术措施的，法律、行政法规另有规定的除外；（七）未经著作权人或者与著作权有关的权利人许可，故意删除或者改变作品、录音录像制品等的权利管理电子信息的，法律、行政法规另有规定的除外；（八）制作、出售假冒他人署名的作品的。对于上述行为可能同时侵犯公共利益的情形，则侵权人承担行政或刑事责任，而民事责任的承担方式主要是停止侵害、消除影响、赔礼道歉、赔偿损失等。

可见，我国《著作权法》是从使用的角度出发设定权利类型，直接地将某些使用行为界定为侵权行为，然后承担相应的民事法律责任。

四、版权侵权的损害赔偿

损害是侵权行为法中的核心概念，是侵权损害赔偿的最重要构成要件。行为人侵犯他人的版权，给权利人造成了损害，需要承担赔偿责任，以填平权利人因侵权行为所遭受的损失。所以，在整个侵权责任诸类型中，赔偿责任是最为核心的法律责任，而如何确定赔偿数额往往是民事侵权诉讼中的难点。

1. 版权侵权损害赔偿的原则

全面赔偿原则。按照传统的民法理论，侵权损害赔偿的目的在于恢复被侵权人受到损害的民事权益，知识产权侵权损害赔偿的性质首先仍然是对受害人财产损失和精神损害的一种补偿，同时也是对侵权不法行为的一种法律制裁。全面赔偿是指知识产权损害赔偿责任的范围，应当以加害人侵权行为所造成的财产损失范围为标准，由加害人承担全部责任，赔偿额既不能多于被侵权人的损失，也不能少于被侵权人的损失。在确定损失时，应当实事求是，全面考虑。

惩罚性赔偿原则。惩罚性赔偿是指为惩罚或阻吓严重或恶意的侵权人或阻吓未来其他具有相似行为的侵权人而进行的损害赔偿，是一种给付权利人超过其实际损失的一种金钱补偿方式。《商标法》第六十三条第一款规定，“对恶意侵犯商标专用权，情节严重的，可以在按照上述方法确定数额的一倍以上三倍以下确定赔偿数额”，即对恶意侵权、情节严重者，可以施以惩罚性赔偿。这是知识产权法首次确立惩罚性赔偿的原则，但其适用范围仅仅在于《商标法》，其他部门法如《著作权法》《专利法》等并未有如是之规定[①]。很多学者参照国外的立法先例，纷纷建言国内立法确立对版权等知识产权侵权的赔偿适用惩罚性赔偿原则，以提高侵权成本，遏制高发的知识产权侵权行为。我国的现实状况是侵权成本低，维权成本高。目前的实际情况是，知识产权侵权案件中受侵害的权利人所遭受的损失非常巨大，但所获得的损害赔偿却非常少。

侵害作品的版权，其行为给版权人带来的不利，统称为损害。损害既可以指人身或者精神方面的损害，也包括财产性权利的减损。前者主要是侵犯著作人身权造成的损害，后者主要是侵犯著作财产权造成的损害。精神性损害的救济方式主要是赔礼道歉、消除影响和抚慰性的损害赔偿；对于财产权损害，其救济方式主要是赔偿损失。

《著作权法》第四十九条对于版权侵权的赔偿标准作出了原则性的规定。“侵犯著作权或者与著作权有关的权利的，侵权人应当按照权利人的实际损失给予赔偿；实际损失难以计算的，可以按照侵权人的违法所得给予赔偿。赔偿数额还应当包括权利人为制止侵权行为所支付的合理开支。权利人的实际损失或者侵权人的违法所得不能确定的，由人民法院根据侵权行为的情节，判决给予50万元以下的赔偿。”对于版权侵权首先要按照版权人的实际损失计算赔偿，无法计算实际损失的，可以按照侵权人的违法所得给予赔偿，两者都无法确定时由法院依法在50万元以下给予赔偿。

2. 以版权人的损失确定赔偿额

一般认为，版权侵权中，直接损失是指版权人为创作或发行作品所支出的费用；间接损失是指版权人创作、发行作品在未遭受侵权的情况下可能获得的合理预期收入；其他损失是指版权人为调查和制止侵权行为及在

---

① 国家版权局的《著作权法》修改草案送审稿第七十六条第二款规定：“对于两次以上故意侵犯著作权或者相关权的，人民法院可以根据前款计算的赔偿数额的二至三倍确定赔偿数额。”《专利法》修改草案建议稿对现行《专利法》第六十五条修改增加第三款：“对于故意侵犯专利权的行为，管理专利工作的部门或者人民法院可以根据侵权行为的情节、规模、损害结果等因素，将根据前两款所确定的赔偿数额最高提高至三倍。”均规定了惩罚性赔偿的内容，但两部法律的修正尚未获得人大通过。

版权侵权诉讼过程中所支出的调查费、鉴定费、律师费、交通费、材料费等必要支出的费用。

《最高人民法院关于审理著作权民事纠纷案件适用法律若干问题的解释》第二十四条规定，“权利人的实际损失，可以根据权利人因侵权行为所造成的复制品发行减少量或者侵权复制品销售量与权利人发行该复制品单位利润乘积计算。发行减少量难以确定的，按照侵权复制品市场销售量确定。”该规定是确定权利人实际损失大小的基本方法。一般情况下，在版权侵权案件中，都会有侵权人发行其侵权复制品的情形，而且一些案件中，侵权复制品的数量也是可以查清的，比如图书盗版案件中，可以根据被告委托印刷机构的复制委托合同，确定侵权复制品的数量，原告也可以提供其他证据以证明实际印刷数量。如果原告有充分的证据证明由于被告的侵权行为而导致权利人的复制品减少的数量，也可以按照这个减少的数量作为计算依据。

对于电影的票房，可以通过因侵权复制品的发行和传播导致电影票房的减少的数额，确定侵权行为造成的实际损失；也可以根据侵权人发行的侵权复制品的数量、网络传播侵权作品的访问数量来估算实际的观影人数，以此确定权利人的实际损失。在互联网络时代，网络的版权侵权行为不需要借助有形复制品的发行，也无法计算侵权复制品的数量，权利人的复制品减少的数量如果也难以确定，权利人的损失也就很难确定了。

北京市高级人民法院《关于确定著作权侵权损害赔偿责任的指导意见》对于计算权利人的实际损失，提出更为具体的方法，其第七条规定，权利人的实际损失可以依据如下方法计算：（一）被告侵权使原告利润减少的数额；（二）被告以报刊、图书出版或类似方式侵权的，可参照国家有关稿酬的规定；（三）原告合理的许可使用费；（四）原告复制品销量减少的数量乘以该复制品每件利润之积；（五）被告侵权复制品数量乘以原告每件复制品利润之积；（六）因被告侵权导致原告许可使用合同不能履行或难以正常履行产生的预期利润损失；（七）因被告侵权导致原告作品价值下降产生的损失；（八）其他确定权利人实际损失的方法。

权利人的实际损失的另外一个方面就是维权成本的损失，也就是为了调查和制止侵权行为及在版权侵权诉讼过程中所支出的调查费、鉴定费、律师费、交通费、材料费等必要支出的费用。这些相关费用是可以实际量化，也有具体的证据加以佐证的。这里面需要特别指出的是律师费支出，根据《最高人民法院关于审理著作权民事纠纷案件适用若干问题的解释》第二十六条的规定，“人民法院根据当事人的诉讼请求和具体案情，可以将符合国家有关部门规定的律师费用计算在赔偿范围内”。这是知识产权诉讼与其他民事诉讼颇为不同的地方，原告的律师费支出可以要求被告赔偿。

3. 以侵权人的获利确定赔偿额

版权资产作为一种重要的知识财产，与其他的生产要素相结合就可以产生巨大的经济收益，这是由法律赋予的专属于版权人的权利，他人未经权利人的许可，不得利用此权利获利，侵权人利用他人的财产权营利，其获利缺乏法律上的原因而构成不当得利①，应该予以返还，在司法实践中，根据其非法获利的数额而承担侵权赔偿数额，是一种比较简便的方法②。

采用侵权人因侵权所得利润的方法确定赔偿额，就需要以侵害人已经销售侵权作品并有收入为前提。权利人若无法证明侵权人所获得利益，则无法以此方法计算及请求赔偿。即使能够证明侵权人获得了利润，但从事侵权的成本高于获利，扣除成本会没有获利，则权利人的主张没有实际意义。所以如果侵权行为仅仅是对作品（制品）完成了复制，但尚没有进入市场销售，侵权人没有获得利润，其损害赔偿就不宜以获利确定赔偿额。

使用侵权获利来确定赔偿数额的关键是如何确定在获利中版权所占有的贡献，也就是是否所有的利润均是由版权贡献的，比如在销售计算机硬件附带赠送侵权软件的案件中，不加区分地将计算机硬件的销售利润认定为软件侵权利润，显然不妥。如何确定可扣除的成本与费用的范围，这关

---

① 《民法通则》第92条规定，“没有合法根据，取得不当利益，造成他人损失的，应当将取得的不当利益返还给受损失的人”。

② 有一个问题需要厘清，不当得利请求权，其行使只要是不当得利人的行为导致了不当得利，而权利人利益受损即可以请求不当得利的返还，无须考虑行为人的主观过错，这与损害赔偿确立的过错责任原则颇为不同，在对于帮助侵权人亦可能因为主观上没有过错而免除了赔偿责任，但是其行为亦已经从侵权行为中，获得了不当得利，是否应该返还，从法理上看，当无异议。对于侵权行为人的侵权行为，如果有获利，实际上权利人拥有着不当得利请求权和损害赔偿请求权，二者竞合，权利人可以择一行使，实践中通常均是以损害赔偿请求成讼，主要是权利人防止无法证明侵权人的获利情况，希望获得法院的法定赔偿判决，避免诉讼请求被驳回。

系到最终确定的侵权利润的数额与赔偿额的合理性。如果不作成本扣除，则实际上的侵权赔偿额高于其侵权获利，如果扣除得太多，侵权赔偿额又不合理地小于侵权的获利数额。这个度很难把握。

确认侵权所得最好的证据是侵权人的财务账册，但是权利人几无可能获取相关材料，理论上可以申请人民法院调取，但在实践中，许多法院宁愿最后以法定赔偿标准采取酌定的方案，也不愿意去现场调取相关文件。

4. 以许可费用确定赔偿额

现行《著作权法》第四十九条对损害赔偿计算方式中只规定了权利人的损失、侵权人违法所得以及法定赔偿，没有规定许可使用费。但《最高人民法院关于审理著作权民事纠纷案件适用法律若干问题的解释》第二十五条，将合理使用费作为侵权的赔偿计算依据之一。而《北京市高级人民法院关于确定著作权侵权损害赔偿责任的指导意见》将合理的许可使用费作为计算权利人实际损失的一种方法。《著作权法》修订草案送审稿也将合理使用费作为损害赔偿的计算方法。

对于作品的利用方式可以分为两种，一种是一般意义上的利用，就是从展现作品本身、传达作品本身的意义，以作品的形式满足公众精神需要为目的使用作品体现的价值。这主要是版权人自己或许可他人对作品进行复制、表演、通过网络传播、通过广播传播、翻译传播等，主要是依靠作品自身以实现其版权价值。该部分的许可费用可以根据使用作品产生的收益为基础和根据，按照一定的比例确定。比如摄影作品，如果将其收入著作中出版则可以参照摄影作品的稿酬计算许可费；文字作品，则可以采用稿酬加版税的方式计算许可费。

第二种利用作品推介其他商品或服务，利用的不是作品本身的价值而是将作品作为区分商品和服务来源的标识，或者是美化、推介、宣传商品或服务的媒介。前者如将他人的美术作品注册成商标或者是作品商品的装潢；后者将作品作为商品的装饰或者在商业广告中作为美化的因素使用。这些都不是利用作品自身的意义，而是将作品作为其他物的陪衬而存在，作品不是商品和服务获取收益的源泉或原因，所以，许可使用费应该依据市场的供需情况加以确定。

未经版权人的许可使用作品，版权人的直接损失就是应该收回的许可费用没有得到，以许可费的数额来确定赔偿额是有其合理性的。许多作品类型非常适合利用许可费确定赔偿额，比如文字作品、软件作品、音乐作品等。但是通过许可费方式确定赔偿额，应该充分考虑侵权性质和权利人的维权成本，否则根本无法填平其损失。

5. 法定赔偿

法定赔偿是指在难以完全准确确定版权人的实际经济损失、侵权人的侵权获利以及许可使用费的情况下，法律直接规定，由法院综合考虑侵权性质、情节等因素，运用自由裁量权，决定由侵权人承担 50 万元以下的赔偿。

法定赔偿是知识产权立法中的特殊规定，源于知识产权的非物质性，侵权难以被发现或者难以取得侵权证据，经常无法确定侵权造成权利人的实际损失或者侵权人的实际获利，在这种情况下，又不能不对侵权行为进行制裁，对侵权造成权利人的损失予以补偿。法定赔偿确保受版权侵害的权利人获得救济，遏制侵权行为，也降低了诉讼的成本支出，这些都是法律规定法定赔偿的意义所在。

依据《著作权法》第四十九条第二款规定，权利人的实际损失或者侵权人的违法所得不能确定时，由人民法院根据侵权行为的情节，判决给予 50 万元以下的赔偿。可见，适用法定赔偿的条件是侵权损失或侵权获利均无法确定时，人民法院可以酌情判决，只是在实践中究竟是由法官主动决定是否采用法定赔偿还是由权利人选择适用，各地法院的做法不一。但是总体上看，法定赔偿是版权审判中使用得最为广泛并占绝对地位的方法，其主要原因既有版权案件权利人举证的困难，也有法院审理过程中避免繁琐、追求效率的价值取向。

《最高人民法院关于审理著作权民事纠纷案件适用法律若干问题的解释》第二十五条第二款关于人民法院在确定赔偿数额时，应当综合考虑作品的类型、合理使用费、侵权行为性质、后果等情节。具体而言，需要考虑下列因素：①作品的类型；②作品的知名度与独创性，比如作品的类型，是电影作品还是美术作品、属于原创作品还是改编作品、是否属于知名作品等；③权利人可能遭受的损失，尽管没有证据证明确切的损失，应该考虑到可能的损失；④权利人对作品的使用与收益状况，包括对外许可情况，收取使用费的情况等；⑤行业内的通常的许可费或者国家规定的有关使用费标准，比如作品的行业稿酬标准；⑥侵权人对作品的使用和收益情况，包括侵权的时间长短、作品传播范围、对作品的侵权方式等；⑦侵权人的主观过错程度，侵权人是过失还是故意，是否应该知道其行为构成侵权，在权利人发出警告后是否及时停止侵权，是否多次侵权等；⑧侵权人是否采取了补救措施等。

对于适用法定赔偿的案件，关于权利人为维权所支付的合理开支应该如何处理，各地的法院做法不一。权利人为了维权通常需要支付调查费、律师代理费、公证费、认证费、差旅费、鉴定费等，有些原告将这部分支出单独作为一个诉讼请求提出，有些则不单独列出，仅仅作为证明损失的证据；但有些法院将这部分的费用支出与侵犯版权导致的直接损失一起酌定，有些法院则为原告提出的维权支出单独认定，判决中明确提出被告需要承担的合理支出的数额。实际上，对于维权支出已经属于权利人的确定的损失，一般均会有相关票据和支付凭证予以佐证，不属于法院适用法定赔偿的范围，应该依据证据的举证与质证情况，结合案件查明的事实，直接认定。

五、版权的违约责任的归责方式

对于我国民法中违约责任的归责原则，究竟是“过错责任”还是“无过错责任”，在学界颇有争议。《合同法》第一百零七条规定，“当事人一方不履行合同义务或者履行合同义务不符合约定的，应当承担继续履行、采取补救措施或者赔偿损失等违约责任。”并不考虑当事人的过错程度，仅以合同义务为标准，只要不履行合同义务或履行不符合约定的，则需要承担责任。但在《合同法》分则中对部分有名合同却又有所限制，需要考虑当事人违约的主观过错。总体上看，对于违约责任，我国法律应该是以“无过错责任”即以“严格责任”为原则，以“过错责任”为例外。

所谓的严格责任原则，是指不论违约方主观上是否有过错，只要不履行合同义务或者履行合同义务不符合约定，就必须承担违约责任，是以实际损害结果为要件的一种归责原则，其价值追求不是对过错的惩罚，而是对债权人损失的补偿，合同的一方当事人因对方的违约行为造成的损失有权得到合理补偿，从而避免了因过错责任原则的适用而产生的弊端。实行严格责任原则，免去了当事人证明有无过错的困难，有利于诉讼和仲裁。

《著作权法》第五十四条规定，“当事人不履行合同义务或者履行合同义务不符合约定条件的，应当依照《中华人民共和国民法通则》、《中华人民共和国合同法》等有关法律规定承担民事责任。”

六、版权的违约责任

在权利人运营版权资产的过程中，需要与其他人就作品委托创作、版权许可使用、版权转让、版权交换等项目缔结合同，以确定版权创作、版权贸易的具体细节。比如版权许可使用合同中可以具体分为：出版合同、表演合同、录制合同、播放合同、翻译合同等。相关的合同当事人应该依据合同的约定适当地履行合同义务。不履行合同义务或者不适当履行合同义务的，应该承担违约责任。

《著作权法》第五十四条规定，“当事人不履行合同义务或者履行合同义务不符合约定条件的，应当依照《中华人民共和国民法通则》、《中华人民共和国合同法》等有关法律规定承担民事责任。”依照《民法通则》《合同法》等法律规定，版权违约责任的承担方式主要有以下几种：

1. 继续履行

在一方当事人不履行或不适当履行合同义务时，另一方当事人有权要求违约方全面继续履行合同债务的责任形式。但继续履行也有限制，在当事人一方不履行非金钱债务或者履行非金钱债务不符合约定的，如果有下列情况之一的，则不能要求债务人继续履行合同债务：

（一）法律上或者事实上不能履行，比如委托创作的受托人丧失继续创作的能力时，事实上就不能要求继续履行；

（二）债务的标的不适于强制履行或者履行费用过高，比如表演合同，与表演者的人身有关，不能强制履行；

（三）债权人在合理期限内未要求履行的，属于无视自己的权益被侵害，法律自也无保护的必要。

2. 赔偿损失

指违约方依据合同的约定或者法律的规定承担的赔偿对方当事人所受

损失的责任。当事人一方履行合同义务或者履行合同义务不符合约定，给对方造成损失的，损失赔偿额应当相当于因违约所造成的损失，包括合同履行后可以获得的利益，但不得超过违反合同一方订立合同时预见到或者应当预见到的因违反合同可能造成的损失。也就是说赔偿范围可以包括间接损失。一般情况下，违约责任中赔偿损失不能包括精神损害赔偿。

3. 支付违约金

指当事人约定的或者法律直接规定的，在一方违约后向对方支付的一定数额货币的责任形式。同时，《合同法》第一百一十四条也规定：当事人可以约定一方违约时应当根据违约的情况向对方支付一定数额的违约金，也可以约定因违约产生的损失赔偿额的计算方法。约定的违约金低于造成的损失的，当事人可以请求人民法院或者仲裁机构予以增加；约定的违约金过高可以适当减少。当事人就迟延履行约定违约金的，违约方支付违约金后，还应当履行债务。

4. 定金责任

定金既可以作为担保方式，也可以作为一种民事责任方式。当事人可以约定一方向对方给付定金作为债权的担保。债务人履行债务后，定金应当抵作价款或者收回。接受定金的一方未履行约定的债务的，应当双倍返还定金。例如签订出版合同时，双方就可以约定出版者向作者支付一定的定金作为按期出版作品的担保，如果出版方不能按期出版该作品，则无权要求返还定金；如果作者不愿意出版其作品了，则应当双倍返还定金。当事人既约定违约金，又约定定金的，一方违约时，对方可以选择适用违约金或者定金条款。

七、侵权责任与违约责任的竞合

版权的侵权责任与违约责任是两种不同的民事责任，侵权责任是由法律规定不得侵害他人版权的注意义务，而违约责任则侧重于保护版权合同当事人的利益。在现实生活中，同一版权违法行为常常具有多重性、复杂性，同时符合《合同法》和《侵权行为法》中不同的责任构成要件，便产生了两种责任的竞合。

侵权责任与违约责任是两种不同性质的民事责任形态，可以从以下几个角度加以区分：（1）合同责任是因为违反了合同双方或多方的约定义务而产生的责任；侵权行为是违反法定义务而产生的责任。（2）违约行为所侵害的对象是一种相对权，仅因为不履行或不适当履行合同义务而侵害相对方的合同利益，而侵权行为所侵害的是一种绝对权，这是所有人都负有的不作为的消极义务。（3）侵权行为发生前，行为人与受害人之间不存在某种法律关系，而只是因为侵权行为的发生才使得双方发生了损害赔偿之债的关系；而对于违约行为而言，当事人双方事先必然存在一种合同关系。（4）违约损害赔偿仅限财产损失赔偿，而且因为违约造成的损失，并非都应当由违约方赔偿，只有那些违约方在订约时能够合理预见到的损失，才应当由违约方赔偿；而侵权损害赔偿，既包括财产损失，也可以包括人身伤害和精神损害，只要是因为侵权所造成的各种损失，无论是直接损失，还是间接损失，都应当由侵权行为人赔偿。

在版权领域，发生两种责任的竞合，其主要原因是双方先建立起一种合同关系，其中一方在履行合同时侵犯了《著作权法》规定的强行性义务，比如出版他人作品时侵犯了版权人的署名权、修改权和保护作品完整权等。可以分成两种情况，一种是所谓的“侵权性违约”，即侵权行为是造成违约的原因，比如，一方许可对方使用自己的作品，但是对方超出了许可使用范围，超出部分就属于侵权行为，同时也构成违约。另一种是“违约性侵权”，即是因为违约，造成了侵权后果。同样在版权许可使用合同中，合同明确约定，接受许可方必须在作品使用时明确署名，但受许可方并未署名，这也造成了侵权的后果。

从我国多年的司法实践来看，主要采取的是禁止责任竞合的制度。最高人民法院曾经下发的《全国沿海地区涉外、涉港澳台经济审判工作座谈会纪要》中，对于责任竞合问题已经明确作出规定：“一个法律事实或法律行为有时可以同时产生两个法律关系，最常见的是债权关系与物权关系的并存，或者被告的行为同时构成破坏合同和民事侵害。原告可以选择两者之中有利于自己的一种诉因提起诉讼，有管辖权的受诉法院不应以存在其他诉因为由，拒绝受理。”《合同法》第一百二十二条规定，“因当事人一方的违约行为，侵害对方人身、财产权益的，受害方有权选择依照本法要求其承担违约责任或者依照其他法律要求其承担侵权责任。”

违约责任与侵权责任在出现责任竞合的时候，究竟是适用违约责任还是侵权责任，受害人可以选择对自己最为有利的方式。两种责任的法院管辖、举证责任的分配、赔偿范围均有不同，当事人在采取不同诉因的时候，应该根据两者之间的不同点，择其优者而适用。比如涉及版权人身权的时候，应该尽量选择侵权责任，因为合同责任原则上不包括精神损害赔偿；而当合同有严格的违约金约定时，可以适用违约责任，减轻举证的责任。

第二节 证据的固定与保全

证据是指能够证明案件情况的各种事实。我国在《民事诉讼法》第六章“证据”中规定，经查证属实的当事人陈述、书证、物证、视听材料、电子数据、证人证言、鉴定意见、勘验笔录能够作为认定事实的根据。

在民事审判中，加速民事关系流转，保障民事交易安全，解决当事人之间的民事争议是法院的主要任务，当事人之间民事权利义务关系的发生、变更和消灭均源于一定的法律事实，这些事实发生在诉讼前，法官无法直接感知，但是法律事实发生时会形成并留下一定的材料或物品，会被别人所了解。无论是事实发生时留下的材料或物品，还是证人耳闻目睹的事实，都是客观存在。如果这些据以认定事实的证据是人为捏造的，法官就不能通过证据把握案件的真实情况。因此民事诉讼证据必须是客观存在的事实，客观性是它最本质的条件。证据必须与需要查明的案件事实有一定的联系，同时收集证据还需要有合法性，这包括收集程序的合法性和证据形式的合法性。

随着时间的推移和环境的变化，有些证据可能会随时灭失或者发生变化，从而影响证据证明力，导致在诉讼过程中面临不利的局面。因此需要通过一些方式，把这些证据及时固定下来，这样即使证据本身灭失或发生变化，也不会影响证据的证明效力。证据保全是民事诉讼中的一种非常措施，是为了防止可能因自然或人为的原因造成证据的灭失或损坏，而采取一些必要的措施对证据实行有条件的固定或保护。当然，必须要采取法律规定的方式进行证据的固定和保全，其证明效力才能有效保持。

一、版权登记

版权登记是一种重要的固定证据的方法，版权登记可以初步地确认权利归属人。依据《作品资源登记办法》的规定，版权登记是版权人或著作相关权利人向版权局申请登记，主要目的是解决版权归属造成的版权纠纷，并为解决版权纠纷提供初步证据；不论作品是否登记，作者或其他版权人依法取得的版权不受影响。所以，版权登记可以视为一种证据保全的方式。获得版权登记的作品版权可以作为版权资产纳入企业的资产目录，无须再进行更多的梳理程序；在版权的侵权诉讼中，提交版权登记证书，在对方没有相反证据的情况下，可以作为权利人享有相关权属的证据。

根据自愿原则，版权局依法对下列作品进行版权登记：软件；文字作品；口述作品；音乐、戏剧、曲艺、舞蹈、杂技艺术作品；美术、建筑作品；摄影作品；电影作品和以类似摄制电影的方法创作的作品（视听作品）；工程设计图、产品设计图、地图、示意图等图形作品和模型作品；法律、行政法规规定的其他作品。录音、录像制品的登记也参照《作品自愿登记试行办法》执行。

登记申请人应当是作者或者其他享有版权的公民、法人或者非法人单位和专有权所有人及其代理人。

根据分工，各省、自治区、直辖市版权局负责本辖区的作者或其他版权人的作品登记工作；国家版权局负责外国以及台湾、香港、澳门地区的作者或其他版权人的作品登记工作。

各地针对版权登记均制定了办事流程和办事指南，以广东省版权局的《作品著作权自愿登记办事指南》为例，进行作品登记时需要提供下列资料：

1. 广东省作品著作权登记受理表（1 份 1 页）；
2. 广东省作品著作权登记提交材料清单（1 份 1 页）；
3. 广东省作品著作权登记申请表（1 份 2 页）；
4. 作品著作权登记保证书（1 份 1 页）；
5. 非职务创作著作权确认书（个人作品填报）（1 份 1 页）；

6. 作品著作权归属证明（法人作品填报“法人作品著作权确认书”，1 页；职务作品填报“职务创作著作权确认书”，1 页；合作作品提交合作创作协议；委托作品提交委托协议）（1 份）；

7. 著作权人、作者身份证明（1 份）；

8. 作品著作权登记委托书（1 份 1 页）；

9. 代理人身份证明（1 份 1 页）；

10. 《作品登记证书》副本申请书（有申请副本证书填报）（1 份 1 页）；

11. 作品著作权登记加急申请书（有加急申请填报）（1 份 1 页）；

12. 封存作品样本申请书（有申请封存样本填报）（1 份 1 页）；

13. 其他材料（其他商标注册等证明材料，作品内容有涉及相关信息时需要提交）；

14. 作品说明书（填写作品主要内容、创作过程及独创性等）（1 份 1 页）；

15. 作品样本（纸质样品提交 A4 纸格式，单幅图片提交裁剪规格 13 cm × 15 cm，有申请副本证书提交一式三份图片，有封存作品样本申请的提交同申请数量相等的作品样本，样本一份贴于申请材料中作品样本页下方空白处，其他图片夹装在作品样本页上）（1 式 2 份）；

16. 版权交易委托协议书（有选择版权交易填报）（3 份 3 页）。

对于软件作品的登记需要按照国家版权局 2002 年颁行的《计算机软件著作权登记办法》进行登记，该办法规定，登记主管机关为国家版权局，具体由中国版权保护中心为计算机软件的登记机构。计算机软件登记的申请人应该是该软件的版权人或通过继承、受让或者承受版权的自然人或者其他组织。申请软件登记时，应当向登记机构提交：（一）按照要求填写的软件著作权登记申请表；（二）软件的鉴别材料；（三）相关的证明文件。

目前各地均有专业的代理机构从事版权登记服务，版权人可以委托代理机构进行登记。

二、版权的公证与认证

1. 版权公证

公证是公证机构根据自然人、法人或者其他组织的申请，依照法定程序对民事法律行为、有法律意义的事实和文书的真实性、合法性予以证明的活动。公证机关保全证据是指在诉讼开始之前，公证机关根据法人、公民或其他组织的申请，对与申请人权益有关的，日后可能灭失或难以提取的证据加以验证提取，以保持它的真实性和证明力的活动。“经公证的民事法律行为、有法律意义的事实和文书，应当作为认定事实的根据，但有相反证据足以推翻该项公证的除外。”① 所以在版权保护过程中，公证是最常使用的证据固定的方法。

依据《公证法》的规定，“自然人、法人或者其他组织申请办理公证，可以向住所地、经常居住地、行为地或者事实发生地的公证机构提出”（第二十五条）。“申请办理公证的当事人应当向公证机构如实说明申请公证事项的有关情况，提供真实、合法、充分的证明材料；提供的证明材料不充分的，公证机构可以要求补充。”（第二十七条）“公证机构对申请公证的事项以及当事人提供的证明材料，按照有关办证规则需要核实或者对其有疑义的，应当进行核实，或者委托异地公证机构代为核实”（第二十九条），“经审查，认为申请提供的证明材料真实、合法、充分，申请公证的事项真实、合法的，应当自受理公证申请之日起十五个工作日内向当事人出具公证书。”（第三十条）

在现行的《公证法》颁行之前，一直实施的是《中华人民共和国公证暂行条例》。依据“暂行条例”的规定，“公证处是国家公证机关”，行使的公权力；而《公证法》则规定，“公证机构是依法设立，不以营利为目的，依法独立行使公证职能、承担民事责任的证明机构。”（第六条）就前者而言，对于公证有异议，可以提起行政诉讼；而对后者而言，则仅仅是一种证明行为，仅仅是经过公证的证据具有较强的证明效力而已，如果公证书有错误可以向作出公证的机构申请撤销，而不能提起诉讼，人民法院

---

① 《公证法》第三十六条。

在审理具体案件时，有证据证明公证的事实有误的，可以否定公证书的证明效力。

与版权有关的公证主要有：

（1）作品生成时间公证；

（2）版权权属公证；

（3）版权权利授权公证；

（4）版权贸易合同公证；

（5）委托公证；

（6）侵权行为公证。

实际上，粗略看来，涉及版权的公证主要有两大类，一是有关版权人的权利状况以及在权利运营过程中需要的公证，主要解决的是证明权利的有效性，行为人权利的合法性问题，这些证据在权利人行使权利的时候可以具有证明的效力，而且涉及域外版权的诉讼时，依据《民事诉讼法》的规定，其权利人的身份和相关的授权文件、合同等文件，必须经过相关的公证和认证程序。

对于涉及版权的权利状况和授权公证，当事人需要向公证机构提出申请，依据公证机构的要求提交材料，包括关于权利来源的证明，因为版权属于自动取得，所以需要提交能够证明版权归属的文件：涉及版权作品的底稿、原件、合法出版物、版权登记证书、认证机构出具的证明、取得权利的合同等；在作品或者制品上署名的自然人、法人或者其他组织视为著作权人、与著作有关权益的权利人（有相反证据除外）①。其他需要提交的文件包括委托书、委托合同、权利转让合同、权利许可合同等所有能够证明法律关系存在的文件均需要向公证机关提交。

另一类涉及版权的公证是侵权公证，就是在权利人的版权受到他人侵害时，为了进行证据固定，需要对侵权人的侵权行为进行公证，保全证据，以便追究其侵权责任。证据固定，主要是为了避免证据灭失和侵权人的抵赖。许多情况下，侵权行为往往发生在某一时间和某一区域，比如侵权复制品的发行，一旦售卖完成，其侵权的行为即告终止，不及时固定证

---

① 《最高人民法院关于审理著作权民纠纷案件适用法律的若干问题的解释》第七条。

据，将来即使获得了侵权复制品，对方也可以抵赖，如果没有其他证据加以佐证，诉讼中权利人会面临败诉的风险。在互联网络时代情况更为严峻，网络侵害版权的行为如果不及时进行证据固定，侵权方一旦删除相关的网络数据、断开链接，要想证明其侵权的事实就变得异常艰难，甚至完全不可能。如果在相关证据尚存的时候，由公证人员对证据进行固定，那么即使侵权人删除网页、断开链接，其侵权的事实依然有证据佐证。早在1994 年 8 月 26 日，司法部、国家版权局就颁布《关于在查处著作权侵权案件中发挥公证作用的联合通知》，《通知》强调，“著作权行政管理部门在查处侵权行为时，要求申请人和有关当事人提供证据的，应当对证据进行证据保全公证。对于公证机构出具的有关证据保全的公证文书，著作权行政管理部门应当作为查处侵权案件时认定事实的根据。但有相反证据足以推翻公证证明的除外。”在具体的公证程序上，《通知》规定，“公证机构在办理版权证据保全公证时，有权根据当事人的要求和被保全对象的不同特点，采取购买或索取实物，现场拍照、摄像，询问证人、记录或录制证人证言等保全方式，全面、客观地反映真实情况。证据保全公证书应记明申请保全的时间、理由以及进行证据保全的时间、地点、方式等内容。保全证据时所拍摄的照片、录像带及实物、发票等，应在清单中列明。对于保全的物证、书证等，公证机构应加强保管措施，对于软盘、录音和录像带等应制作备份并定期复制，防止证据灭失。”

2. 版权认证与涉外证据的认证

所谓的认证，是指由国家法律认可的机构对证据的真实性所作出的证明。在版权领域，主要涉及到两个方面，一是版权认证，二是版权诉讼中的涉外证据认证。

（1）版权认证

关于版权认证，我国最早是为了打击音像领域的侵权盗版现象，保护权利人的合法权利，国家版权局于 1995 年发布了《关于对出版境外音像制品合同进行登记的通知》，加上此前发布的《关于对复制境外音像制品委托合同进行登记的通知》及其补充通知，确立了对引进境外音像制品进行登记认证的制度。在具体程序上，国内的音像出版单位（须经文化部核准有涉外音像出版权）在接受他人授权出版境外音像制品时（境外包括台湾、香港、澳门)，首先要与授权方签订出版合同。该合同可以是与境外音像制品的制作者直接签订的，也可以是与非音像制品制作者但对该节目享有权利的其他方签订的。如系后者，出版方还须让授权方出具获得原始权利人授权的证明。国内出版单位要将签订的出版合同报中国版权保护中心（合同如系外文，须附中文译本)，并填写中国版权保护中心制作的表格。中国版权保护中心收到出版单位提交的引进境外音像制品合同后，经过审核，确认材料齐全后，即进行节目认证。

目前，我国认可的域外版权的认证机构主要有：社团法人台湾著作权保护协会、香港影业协会、韩国著作权委员会（KCC)、日本唱片协会(RIAJ)、美国电影协会（MPA)、商业软件联盟（RSA)、国际唱片业协会(IFPI)、国际作者和作曲者协会联合会（CISAC)①。美国电影协会由华纳、迪士尼等七大电影公司组成，美国电影市场协会由独立制片人组成，这两个协会负责美国电影对华授权的版权确认工作。七大电影公司之外的电影美国电影协会将转给美国电影市场协会进行确认。香港影业协会负责港台地区影片对大陆授权的认证工作。国际唱片业协会负责全球范围内对中国音乐节目授权的认证工作。凡是美国电影市场协会、香港影业协会及国际唱片业协会会员公司向中国大陆进行授权的，各协会都可为授权公司出具统一格式的证书，由其交给被授权方，并将证书副本送国家版权局及中国版权保护中心。出版单位申请登记认证时只要提供了相应的证书，中国版权保护中心即予以确认。而对非会员公司的授权，出版单位因此不能提供证书的，中国版权保护中心还须将合同内容通知上述认证机构，由其确认授权是否真实有效。经过认证机构开具证书或确认无误的授权合同，中国版权保护中心将给予合同登记，发放合同登记号码，完成版权的认证程序。

1996 年 12 月，国家版权局专门颁发《国外著作权认证机构在中国设立常驻代表机构管理办法》，旨在加强对外版权的保护，加强对国外版权认证机构常驻中国代表机构的管理。

（2）涉外证据的认证

关于版权诉讼中的域外证据是指形成于我国领域外的证据，依据法律

---

① 据国家版权局官方网站：http://www.ncac.gov.cn/chinacopyright/channels/564.html。

规定，应履行相关的证明手续，主要是认证程序。认证是指由外交机关对公证文书上的有关签章进行证明的活动，其目的在于使一国公证文书能为使用国有关当局确信和承认。

最高人民法院《关于民事诉讼证据的若干规定》第十一条规定：

（1）“当事人向人民法院提供的证据系在中华人民共和国领域外形成的，该证据应当经所在国公证机关予以证明，并经中华人民共和国驻该国使领馆予以认证，或者履行中华人民共和国与该所在国订立的有关条约中规定的证明手续。

（2）当事人向人民法院提供的证据是在香港、澳门、台湾地区形成的，应当履行相关的证明手续。”

除了与我国订立条约国家中形成的证据可根据条约完成相关证明手续（譬如，国家间缔结了免除认证条约，域外证据就只要经过公证而无须履行认证手续）；或者在香港、澳门形成的证据通过委托公证人制度①办理，在台湾形成的证据经过公证并由台湾海基会提供有关证明材料之后，再经大陆地区的公证协会出具认证文件。在司法实践的大多数情况下，要求当事人就域外证据办理公证和认证是强制性的，是域外证据取得证据能力的必要前提，是域外证据合法的判定标准，域外证据的形式要件之一是必须履行公证和认证手续，违反该程序的规定会导致证据资格的丧失。②

域外证据的类型，主要指形成于中国法域外的所有证据，既包括书证、物证、视听资料、电子证据，也包括证人证言、当事人陈述以及当事

---

① 香港沿用英国的公证制度，而普通法系的英国没有“公证人”这专门职业。基于判例法习惯，没有统一的公证法律，公证人可由律师或其他执业者担任。在执业范围上很狭窄，通常只能见证当事人宣誓或签名，在可能的情况下辨别文件的真伪，一般不对文件内容的真实合法性负责。但由于这种形式的公证人历史悠久，业务国际性而非地区性，并且他们的名字及签名式样都在大部份领事馆及有关法院登记，所以又称为“国际公证人”。2002 年 4 月 1 日司法部制定的《中国委托公证人（香港）管理办法》对于委托公证人的资格和工作范围等作了规定。

② 这一观点在司法实践中，有所松动，在 2005 年最高人民法院发布的的《第二次全国涉外商事海事审判工作会议纪要》中规定：对当事人提供的在我国境外形成的证据，人民法院应根据不同情况分别作如下处理：（1）对证明诉讼主体资格的证据，应履行相关的公证、认证或者其他证明手续；（2）对其他证据，由提供证据的一方当事人选择是否办理相关的公证、认证或者其他证明手续，但人民法院认为确需办理的除外。对在我国境外形成的证据，不论是否已办理公证、认证或者其他证明手续，人民法院均应组织当事人进行质证，并结合当事人的质证意见进行审核认定。

人一方自行委托作出的鉴定结论，而勘验笔录应当由人民法院作出，因此不应当包括在域外证据的范围之内；在国内通过互联网采集的源自境外网站的信息证据，不应该属于域外证据。

三、证据保全

证据保全，就是对可能灭失的或者以后难以取得的证据在调查取证之前，法院根据申请人的申请或者依据职权，事先采取的证据保护措施。这里所说的“可能灭失”，是指证人可能因生病而死亡，或者物证、书证腐烂，被销毁；而所谓的“以后难以取得”，说的是虽然证据没有灭失，但如果不采取保全措施，以后取得该证据的成本会过高，难度会过大。证据保全的作用在于防止因为证据灭失，无法取得证据，从而造成审判上的困难，以保障当事人的合法利益。属于民事诉讼中的一种非常措施，是为防止可能因自然或人为的原因造成证据的灭失或损坏，而采取一些必要的措施对证据实行有条件的固定或保护。

最高人民法院《关于民事诉讼证据的若干规定》规定，证据保全的措施可以在起诉时采取，或者在受理诉讼后、开庭审理前采取，但不得迟于举证期限届满前 7 日。因情况紧急，在证据可能灭失或者以后难以取得的情况下，利害关系人可以在提起诉讼或者申请仲裁前向证据所在地、被申请人住所地或者对案件有管辖权的人民法院申请保全证据。现行的《著作权法》第五十一条规定，“为制止侵权行为，在证据可能灭失或者以后难以取得的情况下，著作权人或者与著作权有关的权利人可以在起诉前向人民法院申请保全证据”。2002 年，《最高人民法院关于审理著作权民事纠纷案件适用法律若干问题的解释》，规定人民法院受理“申请诉前停止侵犯著作权、与著作权有关权益行为，申请诉前财产保全、诉前证据保全案件”，当事人申请诉前证据保全的，“人民法院进行证据保全可以根据具体情况采取查封、扣押、拍照、录音、录像、复制、鉴定、勘验、制作笔录等方法”。因此，保全证据的方法，可根据证据的不同形式，采取不同的措施。例如，对书证，可以复制拍照；对物证，可以录像、拍照、制作勘验笔录；对证人证言，可以预先询问、制作笔录、录音、录像等，不管采取何种方法，均应客观、真实地反映证据情况。同时，人民法院在进行证据保全时，可以要求当事人或者诉讼代理人到场。这样既有利于保证当事人的行使诉讼权利，也有利于保证证据保全的客观性。

实践中，涉及版权诉讼中的证据保全很大一部分是对侵权行为的证据保全，比如对软件侵权用户的电脑进行清查，制作勘验笔录；对侵权复制品进行查封和扣押，这些证据都是权利人依靠自己的力量无法获取的证据，也无法通过公证的方式进行证据保全，只有申请人民法院进行证据保全。

法律规定，人民法院接受申请后，必须在四十八小时内作出裁定；裁定采取保全措施的，应当立即开始执行。当事人申请保全证据的，人民法院可以要求其提供相应的担保。申请人不提供担保的，法院可以驳回申请[①]。

2002 年颁行的《最高人民法院关于诉前停止侵犯注册商标专用权行为和保全证据适用法律问题的解释》第三条规定，“商标注册人或者利害关系人向人民法院提出诉前保全证据的申请，应当递交书面申请状。申请状应当载明：（一）当事人及其基本情况；（二）申请保全证据的具体内容、范围、所在地点；（三）请求保全的证据能够证明的对象；（四）申请的理由，包括证据可能灭失或者以后难以取得，且当事人及其诉讼代理人因客观原因不能自行收集的具体说明。”版权人申请诉前证据保全的，也应该参照此规定提交材料。

四、网络证据固定

对于发生于互联网的版权作品的发表、使用、传播等行为，如何进行高效快速的证据固定，以便权利人更好地行使版权，无疑是非常重要的。网络时代高发的版权侵权行为，具有隐蔽、易篡改、证据固定难度较大等特点。对于网络证据的固定，传统的方式是采取公证，需要由专人到公证处，在公证员面前，利用公证处的电脑上网，找到侵权页面，打印下来，装订成册，然后由公证处出具公证书对这一过程加以描述。这一传统的公证程序操作起来复杂，公证书发出的周期较长，公证费用也相对较高。在

---

① 《著作权法》第五十一条。

互联网信息时代，仅仅依靠传统的公证方式固定证据，犹如赶着牛车上高速，与信息技术所提供的条件完全不匹配，可以利用各种信息技术优势，开发出电子信息证据固定方式。

1. 时间戳技术

时间戳技术是随着信息网络技术的不断发展而出现的一种证据固定技术。

对于存在于互联网上的电子证据，要获得法院的采信必须符合《电子签名法》第五条的要求，一是“能够有效地表现所载内容并可供随时调取查用”；二是“能够可靠地保证自最终形成时起，内容保持完整、未被更改。但是，在数据电文上增加背书以及数据交换、储存和显示过程中发生的形式变化不影响数据电文的完整性”。符合这两个要素的，视为满足法律、法规规定的原件形式要求。而可信时间戳技术正可以满足这一要求。

时间戳（timestamp）是一个能表示一份数据在某个特定时间之前是已经存在的、完整的、可验证的数据，通常是一个字符序列，唯一地标识某一刻的时间。可信时间戳是由联合信任时间戳服务中心签发的一个电子凭证，用于证明电子数据文件自申请可信时间戳后内容保持完整、未被更改。

目前可信时间戳的建设是由我国中科院国家授时中心与北京联合信任技术服务有限公司负责的，并由后者对外进行有偿的时间戳认证服务。在司法实践中，这一认证模式经常受到质疑。实际上，关于证据的固定方式，依照现行法律并没有明确要求一定要采取某种特定的方式，只要符合法律规定的形式，能够证明案件的事实均可以作为证据使用，由人民法院对证据的真实性、合法性和关联性作出认定。现行的《民事诉讼法》明确地将“电子证据”规定为八种法定证据之一。

利用联合信任时间戳服务中心签发的时间戳电子凭证的权威性和可信赖性，我国电子认证服务机构颁发数字身份标识的有效性，解决了电子文件、电子数据易被无痕篡改、产生时间不确定、主体身份不明确等关系到电子证据法律效力的关键问题，可信时间戳技术与电子签名技术的结合有效地证明了什么人在什么时间固定了一个什么样的电子数据。可以确认：（1）在什么时间数据电文（电子文件）是已存在的；（2）保证数据电文

（电子文件）自申请时间戳后未曾做过任何修改，数据电文（电子文件）的完整性；（3）一旦时间戳提交成功，任何试图改变时间戳的行为是不可行的，具有不可否定性。

除了对互联网上已经存在的相关文件做时间戳认证之外，还可以利用移动客户端 APP 软件，对实际发生的待证事实通过拍摄、拍照、录音等方式形成的文件进行时间戳认证，扩展其使用领域。

中国版权协会也对时间戳技术保护版权加以充分肯定，并在行业内推荐使用，权利人可以有效地利用时间戳技术，有效地保护自己的版权。

目前，采用时间戳固定的电子证据，其效力已经得到国内法院的普遍认可。

2. 移动公证

“移动公证”电子证据服务平台是由风语者科技（北京）有限公司投资开发、运营的一款移动应用软件。属于第三方电子证据管理服务平台，提供整套的电子证据取证、存证和出证功能服务，是现实生活与公证业务无缝对接的功能性软件。主要功能包括：电子证据取证、电子证据存证、电子证据出证功能模块。

移动公证，主要是利用手机 APP 解决了手机便捷存证公证问题。采取手机取证 + 云端存储 + 出公证书模式，具有便捷、安全，后期可以申请公证机关的公证书。

用户将自己通过 APP 获取的录音、照片、录像、电子合同等证据上传至移动证据的保全系统，实现安全存储，相关数据在云端加密存储，整个过程由公证处监督。用户需要公证处出具公证书时，可以通过软件申请公证，上传资料，公证处在管理平台进行审核，如果符合出证要求时，则为用户出具公证书，下发至用户。

对于版权的保护而言，可以利用移动公证的便捷性将数字化的作品上传至公证平台，由移动公证对该作品加盖特定的公证戳，将作品的形成时间、位置、设备等原始信息固化加密存储，由移动公证出具《电子数据存证证明》，可以作为作品原创的证据。这一方法尤其对利用手机进行摄影、文字写作等创作方式具有极高的便利性。

3. 公证云

公证云是由厦门市鹭江公证处与厦门法信公证云科技公司联合开发，

采用电子证据公证解决方案，提供前期取证、中期存证以及后期出证的一站式证据服务。采用的方案是将云服务器置于公证处全程监管下，当事人固定的电子数据实时保管至公证处的云服务器，确保其作为证据的法律效力。

用户可以通过公证云平台所提供的各种取证手段比如手机 APP 软件进行取证，以一定的形式将无形的电子数据加以固定并保存在公证云平台的用户数据库内及公证机构监督的公证数据库内，以便在需要厘清事实时使用。公证云为用户提供了包括远程服务器录像保全、本地客户端屏幕录像保全、网页实时截图保全、电话录音保全、邮件（代理服务器）证据保全等多种电子证据保全形式，对电子数据（包括但不限于电子邮件、即时聊天记录、网页信息、网络行为、电话语音等）进行固定与提取，所有的证据保全方式均是自主的、无须平台人工干预的、全天候 24 小时进行，可以做到只要有网络覆盖的地方，就可以固定证据，而且整个固定过程将在公证云平台给予记录，使取证过程得以还原，从而体现证据的完整性。

当事人还可直接在线申请出证，通过互联网轻松申办公证业务，实现专业、便捷、高效、安全的一站式出证服务。

版权人在完成作品创作的时候将自己的作品上传至公证云，由公证云出具“存证戳”，可以作为自己的权属证明；在网上发现侵权行为之后，也可以按照公证云的要求，将相关的取证过程上传到公证云，或者申请公证机关出具公证书。

4. 存证云

存证云在电子证据保管和保证证据效力方面采取另一种模式。由厦门市美亚柏科信息股份有限公司开发，将第三方证据与司法鉴定无缝对接，提供电子数据前期规范取证、中期安全存证以及后期便捷出证的一站式综合服务，解决电子数据保全过程中遇到的取证手段有限、证据效力不高以及线下司法鉴定服务不够便捷的问题。

结合专用的录音存证宝、存证云客户端、随手拍客户端、云捕手网站取证客户端等可以对录音、录像、照片、网页等进行证据固定，相关的证据文件可以上传至存证云平台，平台会返回存证信息，以便需要时使用。

存证云与福建中证司法鉴定中心，可以对上传至平台的电子数据进行鉴定，出具鉴定报告，进而提高电子证据的效力。存证云用于版权保护具有巨大的技术优势，可以实现对版权作品的批量保护，成功地为互联网版权纠纷的解决提供电子证据取证、存证、出证的一站式服务，创造性地解决了权利人在维权诉讼时遭遇的取证成本高、证据效力低的难题。

存证云的运营方美亚柏科在互联网版权保护服务方面已能做到事前预防、事中监测、事后取证，并为多个行业和领域的版权人提供全面、专业的版权保护服务。设有专门的“数字知识产权保护平台”，并利用平台的维权搜索系统快速搜集信息，再通过互联网信息研判分析系统执行汇总信息、验证信息、分离信息的工作，从而实现了对涉嫌侵权网站的全天候实时发现，同时，借助“存证云”平台，对涉嫌侵权网站的侵权页面进行截图存证，为后续权利人可能采取的民事诉讼行动提供有力的证据支持。

第三节 诉讼禁止令

在版权被持续侵害或者有侵害风险的情况下，权利人可以通过申请诉讼禁止令的方式，以达到制止侵权或减轻侵权损失的效果，许多国家均有诉讼禁令的制度设计。诉讼禁止令，是指在诉讼过程中当侵权行为明显成立时，司法机关根据当事人的申请，责令侵权人实施某种行为或禁止其实施某种行为的诉讼制度。其目的是在实质争议解决前，防止侵权行为的重复或预期发生，避免权利人的损失。

一、诉前禁止令

诉前禁止令，又称临时禁令，指在诉讼开始前，人民法院应权利人的请求而发出的迫使侵权行为人临时停止侵权行为，其目的是为了制止即将发生的侵权行为，属于行为保全措施。临时禁令是我国在知识产权立法中为适应 TRIPS 协议的要求而增加规定的民事措施，其目的是在法院尚未诉讼开始之前，对版权人的合法权利提供“强保护”。

诉前禁止令是处理知识产权即发侵权的重要手段。所谓即发侵权，是指行为人侵权活动开始之前，权利人有证据证明某行为很快就会构成对自己知识产权的侵犯，或该行为的正常延续必然构成侵权行为，权利人可依法予以起诉。“即发侵权”则不要求有损害事实的发生；只要实施了侵权准备活动，就可认定为“即发侵权”，不以“损害事实的存在”为构成要件。

根据 TRIPS 协议第五十条第一款，对即将发生的侵权行为，权利人有权提出申请，“司法当局有权采取迅速有效的措施”，以“(1) 阻止任何侵犯知识产权的发生。(2) 制止侵权货物流入市场，或经海关检查扣留制止其进口或出口。(3) 保护侵权诉讼的证据，即诉讼保全”。根据这一规定，WTO 的成员应授权司法当局采取及时有效的临时措施，一是颁发临时禁令，以制止即将发生的侵权行为；二是采取证据保全措施，对可能灭失或者以后难以获得的证据可以采取紧急措施加以固定和保存。《著作权法》第五十条规定，“著作权人或者与著作权有关的权利人有证据证明他人正在实施或者即将实施侵犯其权利的行为，如不及时制止将会使其合法权益受到难以弥补的损害的，可以在起诉前向人民法院申请采取责令停止有关行为和财产保全的措施”。本条第二款还规定，人民法院在处理诉前禁止令的申请时，使用《中华人民共和国民事诉讼法》第九十三条至九十六条和第九十九条的规定。这是指旧民诉法，新民诉法对应的条文分别是第一百零一条至一百零五条和第一百零八条。

诉前禁止令还可以在侵权已经实际发生且侵权状态一直持续的场合，行为人已经侵犯权利人的版权，如果不马上加以制止，侵权的状态可能持续，侵权的损失可能进一步扩大，在这种情况下，也可以申请法院颁发诉前禁止令。

2015 年，因认为阿里音乐旗下的天天动听擅自传播其享有独家信息网络传播权的音乐作品，广州酷狗计算机科技有限公司（下称酷狗音乐）向法院申请诉前禁令，获得支持。此前，酷狗音乐同样以阿里音乐旗下的虾米音乐侵权为由，向浙江省杭州市余杭区人民法院申请诉前禁令，同样获得了支持。诉前禁令方式阻止了被侵权作品的传播，将对作品的损害程度和经济损失等在短时间内降到了最低。而且，由于颁发了诉前禁令，在案件实际处理过程中，权利人因此取得谈判的优势地位，容易与侵权人达成和解，能够高效地解决纠纷。

诉前禁止令有下列特点：1. 临时性。临时禁令则是在诉讼前，即在尚未进行实体审理之前，为防止著作权利人在终局判决之前遭受不可弥补损害的而给予的临时性救济措施。这样措施极可能因为实际审理的判决转为永久禁止令，也可能因为实际审理而被撤销。2. 预防性。临时禁止令的颁发并不以侵权行为的实际发生为条件，而是以可能对权利人的权利造成难以弥补的损害，比如对方已经做好了侵权的准备，这是属于“在侵权行为发生之前就对潜在侵权人的行为自由加以限制”的措施，可以很好地对权利人进行救济。3. 强制性。诉前禁止令具有强制执行的效力，一经法院作出，行为相对方就必须遵照执行。

版权人在向人民法院提起申请时，人民法院应该从下列几个角度进行审查，确定是否颁发诉前禁止令：1. 是否属于情况紧急，如果不进行诉前禁令，就会对权利人的权利造成难以弥补的损失。2. 权利人权利状况如何，是否有胜诉的可能性。3. 当事人双方的利益平衡，颁发禁止令是否会打破双方的利益平衡，比如侵权人将别人的摄影作品用作商品的外观装潢，商品在全国销售，如果法院应权利人的申请颁发诉求禁止令，停止相关商品的销售，就可能打破利益平衡。4. 公共利益，颁发禁止令是否会损害社会公共利益，例如，某软件被广泛用来传播侵权作品，损害权利人的版权利益，但也被公众进行合法的文件传播，如果颁发禁止令，就会损害公共利益。5. 申请人是否提供担保，申请人应当提供担保，不提供担保的，依法裁定驳回申请，申请人提供担保的目的，是对诉前禁止令可能发生的错误给对方造成损失时提供救济渠道，因为毕竟没有经过实体审理，有可能会发生最后申请人的诉讼请求不能成立的情形。

权利人申请诉前临时发出禁令的，应该向被保全财产所在地、被申请人住所地或者对案件有管辖权的人民法院（包括侵权行为地、侵权行为结果地人民法院）提出申请。权利人向人民法院提交的诉前禁止令申请书应当包含下列内容：申请人的基本情况，被申请人基本情况，申请事项（比如停止销售某作品，停止网络传播某作品等）；基本的事实与理由，包括申请人权利的权属证据（如底稿、原件、合法出版物、著作权登记证书、认证机构出具的证明、取得的权利的合同等[①]），被申请人侵犯版权情况及

① 《最高人民法院关于审理著作权民事纠纷案件适用法律若干问题的解释》第七条。

证据，不及时采取禁止令将会给申请造成无可挽回的损失的理由等；申请人签名或印章。

《中华人民共和国民事诉讼法》第一百零一条规定，“人民法院接受申请后，必须在四十八小时内作出裁定；裁定采取保全措施的，应当立即开始执行。申请人在人民法院采取保全措施后三十日内不依法提起诉讼或者申请仲裁的，人民法院应当解除保全”。所以，法院发出诉前禁止令之后，应该在法律规定的时间内提起诉讼或申请仲裁，否则司法禁令将会被解除。

二、诉中禁令

2013 年 1 月 1 日生效的《民事诉讼法》第一百条①规定，当事人可以在诉讼过程中向人民法院申请，在正式判决作出之前，要求对方当事人作出一定行为或者禁止其作出一定行为。第一百零一条规定，在提起诉讼或者申请仲裁之前，当事人亦可以向法院申请，要求被申请人作出一定行为或者禁止作出一定行为。

诉中禁令是已经进入了诉讼程序之后，原告发现：1. 侵权人行为在持续状态中，而且其侵权行为致使自己的损失继续扩大；2. 侵权人的行为可能会导致判决无法执行。这时候，原告可以按照《民事诉讼法》第一百条规定程序，向法院申请临时禁止令（诉中禁令），避免在法院审理和等待判决的过程中遭受更大的损失。诉中禁令作为一种行为保全措施，主要是限制当事人从事某种行为，以避免申请人更大的或无法救济的损失。人民法院接受申请后，对于情况紧急的，必须在四十八小时内作出裁定；裁定采取保全措施的，应当立即开始执行。诉中禁止令的裁定一旦作出，当事

---

① 《民事诉讼法》第一百条：“人民法院对于可能因当事人一方的行为或者其他原因，使判决难以执行或者造成当事人其他损害的案件，根据对方当事人的申请，可以裁定对其财产进行保全、责令其作出一定行为或者禁止其作出一定行为；当事人没有提出申请的，人民法院在必要时也可以裁定采取保全措施。人民法院采取保全措施，可以责令申请人提供担保，申请人不提供担保的，裁定驳回申请。人民法院接受申请后，对情况紧急的，必须在四十八小时内作出裁定；裁定采取保全措施的，应当立即开始执行。”

人均不得上诉，但可以申请复议①。

诉中禁令可以因当事人申请也可以是人民法院在必要时主动采取，在当事人申请保全时，可以责任申请人提供担保。诉中禁令一般是向人民法院采用书面方式提交书面申请，也可以在庭审中以口头方式提出，以口头方式提出的，人民法院应当记录附卷，并由申请人签字、盖章。申请书和笔录应当载明请求禁止令的原因，请求禁止令的具体内容。

第四节 版权交涉

所谓的版权交涉，是一方当事人因版权事务向另一方提出的协商，以解决问题的方法。

一、普通的版权交涉函与律师函

版权的交涉函是权利人自己或者是委托律师向侵权人或即发侵权人发出的警告函，其目的是敦促侵权人停止侵权和即发侵权人不要侵权。

由于版权因创作获得，缺乏必要的公示程序，许多作品经过多次流转，其权属证据往往湮没无踪，作品使用人看不出权属归谁所有，许多侵权行为可能因此发生。此时权利人就可以直接向侵权人发出版权交涉函，警告其停止侵权；在某一作品被广泛侵权使用的情况下，也可以报刊和网络媒体发布版权警告函件，声明作者的身份，警告侵权者停止侵权行为，否则将采取法律手段，往往可以起到迅速制止侵权的效果。

有时候，版权交涉函还可以起到迅速解决纠纷的作用。在权利人做好相关的证据保全之后，在向人民法院提起诉讼前，先向侵权人发出版权交涉函，要求就相关的侵权行为进行商谈，有些侵权人审时度势，往往会主动与权利人协商，以解决版权侵权纠纷，或者寻求获得版权使用的合法授权。

版权交涉函还有一种可以称为“版权质询函”，主要是权利人的版权

① 《民事诉讼法》第一百零八条规定：“当事人对保全或者先予执行的裁定不服的，可以申请复议一次。复议期间不停止裁定的执行。”

资产来源于版权贸易或者是通过企业并购等方式获得，对于获得版权资产之前的版权许可状态并不清楚，所以对于市场上的使用者，无法确定是否是经过合法授权的使用，为了不造成“误伤”，所以在制止侵权之前，发送“版权质询函”，要求使用者提供其合法来源的证据或说明。版权质询函的意义在于减少维权过程中的讼累，将合法的使用者先予筛选，使得维权具有更加针对性。但在发出“版权质询函”之前，应该做好证据保全和证据固定工作，免得侵权者接到函件后销毁相关的证据，给维权造成困难。

普通版权交涉函能够起到制止侵权的作用，是版权维权一种手段，并非进行诉讼维权必经程序，也不是认定侵权行为是否成立的依据。收到版权交涉函的侵权人是否停止侵权，可以作为其承担赔偿责任轻重的情节之一。

二、互联网版权侵权的通知函

面对日渐泛滥的网络版权侵权行为，利用通知函要求互联网信息服务提供者删除侵权作品、断开侵权链接、提供侵权人的信息，可以起到立竿见影的效果。

依据国家版权局颁行的《互联网著作权行政保护办法》第五条规定，版权人发现互联网传播的内容侵犯了自己的版权，可以向互联网络信息服务提供者或者其委托的其他机构发出通知，要求移除相关的内容。《信息网络传播条例》第五条规定，“对提供信息存储空间或者提供搜索、链接服务的网络服务提供者，权利人认为其服务所涉及的作品、表演、录音录像制品，侵犯自己的信息网络传播权或者被删除、改变了自己的权利管理电子信息的，可以向该网络服务提供者提交书面通知，要求网络服务提供者删除该作品、表演、录音录像制品，或者断开与该作品、表演、录音录像制品的链接”。而“互联网信息服务提供者收到著作权人的通知后，应当记录提供的信息内容及其发布的时间、互联网地址或者域名。互联网接入服务提供者应当记录互联网内容提供者的接入时间、用户帐号、互联网地址或者域名、主叫电话号码等信息”[1]，同时应该立即采取措施移除相关内容，否则应该承担法律责任。依据《信息网络传播条例》第二十三条规定，“网络服务提供者为服务对象提供搜索或者链接服务，在接到权利人的通知书后，根据本条例规定断开与侵权的作品、表演、录音录像制品的链接的，不承担赔偿责任；但是，明知或者应知所链接的作品、表演、录音录像制品侵权的，应当承担共同侵权责任”[2]。可见，通知函可以迅速地起到制止侵权的效果。

当然，互联网内容提供者，可以向互联网信息服务提供者和版权人一并发出通知，说明被移除内容不侵犯版权，这是所谓的“反通知”，可以抵消通知的效力——互联网信息服务提供者可以据此恢复被移除的内容。双方就此只能请求司法机关的介入处理。

版权人的通知应当包含以下内容：（一）涉嫌侵权内容所侵犯的版权权属证明；（二）明确的身份证明、住址、联系方式；（三）涉嫌侵权内容在信息网络上的位置；（四）侵犯版权的相关证据；（五）通知内容的真实性声明[3]。

互联网内容提供者的反通知应当包含以下内容：（一）明确的身份证明、住址、联系方式；（二）被移除内容的合法性证明；（三）被移除内容在互联网上的位置；（四）反通知内容的真实性声明[4]。

版权人的通知与互联网内容提供者的发通知没有上述内容的，视为未发出，而且均应采取书面形式[5]，书面方式应该包括：书信、传真、电子

---

① 《互联网著作权行政保护办法》第六条。

② 这就是所谓是避风港原则。《信息网络传播权保护条例》第二十二条规定，网络服务提供者为服务对象提供信息存储空间，供服务对象通过信息网络向公众提供作品、表演、录音录像制品，并具备下列条件的，不承担赔偿责任：（一）明确标示该信息存储空间是为服务对象所提供，并公开网络服务提供者的名称、联系人、网络地址；（二）未改变服务对象所提供的作品、表演、录音录像制品；（三）不知道也没有合理的理由应当知道服务对象提供的作品、表演、录音录像制品侵权；（四）未从服务对象提供作品、表演、录音录像制品中直接获得经济利益；（五）在接到权利人的通知书后，根据本条例规定删除权利人认为侵权的作品、表演、录音录像制品。

③ 《互联网著作权行政保护办法》第八条。

④ 《互联网著作权行政保护办法》第九条。

⑤ 《互联网著作权行政保护办法》第十条。

邮件等方式[①]。

第五节　版权民事诉讼

民事诉讼就是民事官司，是指当事人之间因民事权益矛盾或者经济利益冲突，向人民法院提起诉讼，人民法院立案受理，在双方当事人和其他诉讼参与人的参加下，经人民法院审理和解决民事案件、经济纠纷案件和法律规定由人民法院审理的特殊案件的活动。版权民事诉讼，就是当事人之间因为版权权属、侵权和版权合同等方面权益或利益发生冲突，向人民法院起诉，由人民法院立案审理，最后解决案件的过程。

一、版权民事诉讼的分类

1. 确认之诉

指原告请求法院确认其与被告之间是否存在某种民事法律关系的诉。针对版权诉讼而言主要是请求法院确认某项版权的是否归原告所有和确认原告的行为是否不构成侵权。

（1）版权的权属确认之诉

就是当事人请求人民法院依法确认特定的版权归谁享有的民事诉讼。版权与其他的民事权利一样，总是归属于特定的民事主体，由于版权因创作而产生，并未要求以登记、注册为获得权利保护的前置条件，所以出现版权权属争议很常见。这种纠纷既可能是单纯的版权确认之诉，也可能与版权的侵权诉讼、版权的合同诉讼交织在一起，需要法院对版权的权属作出裁判。

依据我国《著作权法》第十一条的规定，“著作权属于作者[②]，本法另有规定的除外。”可见作者是最为基本的版权原始主体，如果能够证明自己是作者，则可以确认自己对相关作品享有版权。确认作者的证据材料主要有：1. 手稿；2. 原件（底片）；3. 合法出版物；4. 版权登记证书；5.

---

① 《最高人民法院关于审理侵害信息网络传播权民事纠纷案件适用法律若干问题的规定》第十三条。

② 依据《著作权法》，作者可以是自然人，也可以是法人或其他组织。

版权认证文件等等。其他的还有：写作计划书、作品的构思文本、文件上传到网络的证据等等，只要能够创作过程和发表过程的所有的材料都可以作为作者的证据。

《著作权法》关于作者的身份有一个推定的制度设计。第十一条第四款规定，“如无相反证明，在作品上署名的公民、法人或者其他组织为作者”。《最高人民法院关于审理著作权民事纠纷案件适用法律若干问题的解释》第七条规定，“在作品或者制品上署名的自然人、法人或者其他组织视为著作权、与著作权有关权益的权利人，但有相反证明的除外”。最高人民法院将署名的权利推定扩大到邻接权的权利人。可以提交有署名的作品原件或合法出版物，则可以推定其作者的身份。对于上署以笔名或假名的情形，还需要权利人提供相应的证明。

《著作权法》关于权属的特别规定主要有：单位作品①版权归法人或其他组织所有（第十一条）；一般的职务作品归作者所有，但单位享有在其业务范围内优先使用的权利，且原则上无须支付使用费（第十六条）；演绎作品②的版权归演绎者享有（第十二条）；合作作品归合作者共同享有，能够分割使用的，作者对各自创作的部分单独享有版权（第十三条）；汇编作品的版权归汇编人享有（第十四条）；电影作品和类似以摄制电影的方法创作的作品版权归制片者③享有（第十五条）；如无特别约定，委托作品的版权归受托人享有（第十七条）。

版权还可以因继受而取得，需要提交相关的文件以证明权属。继受的方式主要有：以合同的方式受让而获得的版权，需要提交有关合同作为证据，必要时还需要提交出让人为版权所有人（持有人）的证据材料；因继承或者企业并购等方式获得的版权，需要提供有关继承的证据，比如遗嘱、继承公证书、判决书等作为证据；企业并购需要提交《并购协议书》、工商登记资料，如果对版权原始权属尚有疑义，还需要提交原始权利人享

---

① 实践中，对于这类作品的构成要件是：1. 由单位主持；2. 体现单位意志；3. 由单位承担责任。在《著作权法》中，单位系指法人和有关组织。

② 演绎作品是指以改变、翻译、注释、整理已有作品而产生的作品。

③ 制片者是视听作品的投资者，负责获得电影主管部门的批文，承担作品的市场风险，一般是“法人”，有时，需要依据出资人之间的协议来确定视听作品的版权人。视听作品的“制片者”一般署名为“出品单位”“出品人”。

有版权的证明。

（2）确认不侵权之诉

2009 年《最高人民法院关于当前形势下知识产权审判服务大局若干问题的意见》明确提出："完善确认不侵权诉讼制度，遏制知识产权滥用行为，为贸易和投资提供安全宽松的司法环境。继续探索和完善知识产权领域的确认不侵权诉讼制度，充分发挥其维护投资和经营活动安全的作用。除知识产权权利人针对特定主体发出侵权警告且未在合理期限内依法提起诉讼，被警告人可以提起确认不侵权诉讼以外，正在实施或者准备实施投资建厂等经营活动的当事人，受到知识产权权利人以其他方式实施的有关侵犯专利权等的警告或威胁，主动请求该权利人确认其行为不构成侵权，且以合理的方式提供了确认所需的资料和信息，该权利人在合理期限内未作答复或者拒绝确认的，也可以提起确认不侵权诉讼。"在国际上，知识产权不侵权确认之诉，是应对侵权诉讼被滥用的普遍手段，是侵权警告函收受方，进行主动反击的有力武器。

依据司法实践和最高法院的意见，版权确认不侵权的诉讼前提是接到了权利人版权警告函件，而被警告人主动请求该权利人确认其权利不构成侵权，权利人并没有在合理的期限内答复或者拒绝确认的，被警告人可以提起不侵权诉讼。比如某电影公司已经为拍摄电影做好了全部的准备工作，此时有权利人发来警告函件，称该作品的权利为其享有，如果拍摄将会侵犯其版权。电影公司停止拍摄，同时要求对方确认不构成侵权，但对方置之不理。此时，电影公司可以主动以发来函件的权利人为被告，请求人民法院确认拍摄电影不构成侵权。

2. 侵权之诉

侵权之诉是版权民事诉讼的主要部分，主要是因为行为人违反了《著作权法》的规定，侵犯权利人的版权，依法应当承担民事责任，权利人起诉至人民法院，请求人民法院依法调处的诉讼程序。

一般说来，版权侵权行为一下特征：一是侵害的对象是民事主体的版权，包括财产权和人身权。上述权利专属于版权人，其他负有不得侵害的法定义务。其他人实施《著作权法》第四十七、四十八条的行为侵犯了权利人的合法享有的权利。二是行为具有违法性。行为人使用他人版权作品的行为，如果具有阻却违法性的情节，比如属于合理使用、法定许可等情形，则尽管行为人使用了权利人的版权作品但不构成侵权。三是应当承担民事责任。由于行为人的侵权行为违反了法律的规定，应当承担相应的民事法律责任，主要是停止侵害、消除影响、赔礼道歉、赔偿损失等。

从具体的分类上看，版权侵权行为可以分为三类：利用型侵权行为、享用型侵权行为和妨碍型侵权行为[①]。利用型侵权行为是指未经《著作权法》的许可，又没有其他的法律依据，擅自以复制、发行、表演、放映、广播、汇编、信息网络传播、改编、翻译等方式使用他人作品的行为；享有型侵权是指违反法律规定，非法享有不应由其享有而应由版权人享有的版权的行为，比如侵犯他人的发表权，侵犯合作作者的署名权，假冒作者的署名等等；妨碍型侵权行为是指行为人实施不法妨碍、阻止版权人正常行使其权利，从而损害版权人利益的行为，例如丢失、毁损作品的唯一载体，使得版权人永远无法行使其版权。

3. 合同之诉

合同是当事人或当事双方之间设立、变更、终止民事关系的协议。版权合同则是指当事人之间就版权的使用、利用和版权的归属等方面确立民事权利、义务关系的协议。

以版权为主要标的的合同均可称为版权合同。《合同法》第四条规定，“当事人享有自愿订立合同的权利，任何单位和个人不得非法干预”，这表明我国法律保护缔约自由，各方依法订立的合同对缔约各方具有约束力。版权合同主要有“版权转让合同”、“版权许可使用合同”[②]、版权作品“委托创作合同”、“版权预约合同”、“版权投资合同”、“版权互易合同”、“版权信托合同”等等。

违约是指合同当事人完全没有履行合同或者履行合同义务不符合约定，应当承担违约责任的行为。一方当事人因对方违约而依法诉请人民法院保护的诉讼，属于违约之诉。版权合同的任何一方违约，均需要承担违约责任，依据《合同法》第一百零七条规定，“当事人一方不履行合同义

---

① 张耕：《知识产权民事诉讼研究》，法律出版社，2005年5月，第326页。

② 在版权许可使用合同之下根据具体的使用方式还可以作进一步的划分，比如出版合同、表演合同、印刷合同、网站使用合同等等。

务或者履行合同义务不符合约定的，应当承担继续履行、采取补救措施或者赔偿损失等违约责任”。而违约方不愿意承担违约责任的，另一方可以向人民法院提起诉讼，请求法院判令对方承担违约责任。

合同之诉还包括合同效力之诉，是指合同一方当事人对合同的效力提出质疑，请求人民法院确认合同无效或者请求行使撤销权以撤销合同的诉讼。

二、版权民事诉讼的管辖

民事诉讼的管辖，是指各级人民法院和同级人民法院之间，受理第一审民事案件的分工和权限。版权民事案件，应该遵守《民事诉讼法》及其相应的司法解释对管辖的一般规定，依法确定案件的管辖权。

1. 级别管辖

级别管辖是指人民法院系统内部划分上下级人民法院受理第一审民事案件的分工和权限。划分第一审民事案件管辖权的依据一般是案件标的、案件性质、难易程度、社会影响等因素。依据《民事诉讼法》第十七条至第十九条的规定，基层人民法院管辖第一审民事案件，法律另有规定的除外；具有重大影响和重大涉外案件由中级人民法院管辖，最高人民法院也可以确定某些案件由中级人民法院管辖；高级人民法院管辖在本辖区有重大影响的第一审民事案件；最高人民法院管辖在全国具有重大影响的案件和认为应当由本院审理的案件。

《最高人民法院关于审理著作权民事纠纷案件使用法律若干问题的解释》第二条明确规定，“著作权民事纠纷案件，由中级以上人民法院管辖，各高级人民法院根据本辖区的实际情况，可以确定若干基层人民法院管辖第一审著作权民事纠纷案件”。截止到 2015 年全国共有 165 个基层法院被指定具有一般知识产权民事案件管辖权。

2010 年 1 月，最高人民法院发布《关于调整地方各级人民法院管辖第一审知识产权民事案件标准的通知》，确定“高级人民法院管辖诉讼标的额在 2 亿元以上的第一审知识产权民事案件，以及诉讼标的额在 1 亿元以上且当事人一方住所地不在其辖区或者涉外、涉港澳台的第一审知识产权民事案件”。“经最高人民法院指定具有一般知识产权民事案件管辖权的基层人民法院，可以管辖诉讼标的额在500万元以下的第一审一般知识产权民事案件，以及诉讼标的额在500万元以上1000万元以下且当事人住所地均在其所属高级或中级人民法院辖区的第一审一般知识产权民事案件，具体标准由有关高级人民法院自行确定并报最高人民法院批准。”

2014年10月，《最高人民法院关于北京、上海、广州知识产权法院案件管辖的规定》确定由北京、上海知识产权法院管辖其辖区内的计算机软件民事和行政案件，广州知识产权法院管辖广东省辖区内（深圳市除外）的计算机软件民事和行政案件，广州知识产权法院还作为广州市辖区的其他版权案件二审法院；北京市、上海市各中级人民法院和广州市中级人民法院不再受理知识产权民事和行政案件。《最高人民法院关于知识产权法院案件管辖等有关问题的通知》规定，“知识产权法院所在市辖区内的第一审知识产权民事案件，除法律和司法解释规定应由知识产权法院管辖外，由基层人民法院管辖，不受诉讼标的额的限制。不具有知识产权民事案件管辖权的基层人民法院辖区内前款所述案件，由所在地高级人民法院报请最高人民法院指定具有知识产权民事案件管辖权的基层人民法院跨区域管辖。”“知识产权法院对所在市的基层人民法院管辖的重大涉外或者有重大影响的第一审知识产权案件，可以根据民事诉讼法第三十八条的规定提级审理。知识产权法院所在市的基层人民法院对其所管辖的第一审知识产权案件，认为需要由知识产权法院审理的，可以报请知识产权法院审理。”

2. 地域管辖

地域管辖是指确定同级人民法院对第一审民事案件的分工和权限。版权案件的地域管理应该遵守《民事诉讼法》有关地域管辖的规定。

版权诉讼的普通地域管辖是所谓的“原告就被告”。按照《民事诉讼法》第二十一条规定，“对公民提起的民事诉讼，由被告住所地人民法院管辖；被告住所地与经常居住地不一致的，由经常居住地人民法院管辖。对法人或者其他组织提起的民事诉讼，由被告住所地人民法院管辖。同一诉讼的几个被告住所地、经常居住地在两个以上人民法院辖区的，各该人民法院都有管辖权”。

版权合同诉讼的管辖是一种特殊的地域管辖，即以被告住所地及诉讼标的或者引起法律关系发生、变更、消灭的法律事实所在地为标准，确定管辖法院。根据我国《民事诉讼法》二十三条的规定，“因合同纠纷提起的诉讼，由被告住所地或者合同履行地人民法院管辖”。当事人订立合同时，应当明确合同的履行地，如果双方当事人按照合同约定的履行地实际履行了合同，可以根据合同履行地确定管辖法院，如果合同没有实际履行，当事人又都不在合同约定的履行地，则应当由被告住所地人民法院管辖。在实践中，大量的合同没有约定履行地点，要依据合同履行地来确定管辖法院，就要求对此作出判断：版权转让合同，以版权受让方作为合同履行地；版权、邻接权许可合同以实施该许可作为合同履行地；版权开发合同，应该以开发方所在地为合同履行地；借助于以信息网络方式订立的买卖合同，应该以买受方所在地或收货地为合同履行地[①]。双方在签订版权合同时可以按照合同双方的住所地、合同履行地预先选定发生争议时实际管辖的法院，这就是所谓的“协议管辖”。协议管辖不得违反《民事诉讼法》关于地域管辖和级别管辖的规定。

版权的侵权诉讼是知识产权民事案件中最为常见的类型，具有比其他案件更多的特殊性。因此版权侵权案件除了要遵守《民事诉讼法》关于管辖的一般规定外，还必须遵守最高人民法院有关司法解释作出的特别规定。《民事诉讼法》第二十七条规定，“因侵权行为提起的诉讼，由侵权行为地[②]或者被告住所地人民法院管辖”。而《最高人民法院关于审理著作权民事纠纷案件适用法律若干问题的解释》第四条规定，“因侵犯著作权行为提起的民事诉讼，由著作权法第四十六条、第四十七条所规定侵权行为的实施地、侵权复制品储藏地或者查封扣押地、被告住所地人民法院管辖。前款规定的侵权复制品储藏地，是指大量或者经常性储存、隐匿侵权复制品所在地；查封扣押地，是指海关、版权、工商等行政机关依法查封、扣押侵权复制品所在地”。“对涉及不同侵权行为实施地的多个被告提

① 最高人民法院关于适用《中华人民共和国民事诉讼法》的解释第二十条：“以信息网络方式订立的买卖合同，通过信息网络交付标的的，以买受人住所地为合同履行地；通过其他方式交付标的的，收货地为合同履行地。合同对履行地有约定的，从其约定。”

② 最高人民法院关于适用《中华人民共和国民事诉讼法》的解释第二十四条规定“民事诉讼法第二十八条规定的侵权行为地，包括侵权行为实施地、侵权结果发生地”。

起的共同诉讼，原告可以选择其中一个被告的侵权行为实施地人民法院管辖；仅对其中某一被告提起的诉讼，该被告侵权行为实施地的人民法院有管辖权。”（第五条）对于“侵害信息网络传播权民事纠纷案件有侵权行为地[①]或者被告住所地人民法院管辖。侵权行为地包括实施被诉侵权行为的网络服务器、计算机终端等设备所在地。侵权行为地和被告住所地均难以确定或者在境外的，原告发现侵权内容的计算机终端等设备所在地可以视为侵权行为地”[②]。

三、版权民事诉讼的诉讼当事人

1. 原告

只有享有诉权的自然人、法人或其他组织[③]才能以原告的身份提起民事诉讼。版权民事诉讼的原告一般由两大类，一是确认之诉和版权的侵权之诉的诉权归版权人及其相关权的权利人；二是合同之诉的诉权归版权合同的当事人。需要注意的是以下几类可能享有诉讼的主体。

版权独占被许可人。独占许可是指在一定的时间和地域内，权利人将特定版权的授权给某个特定的被许可人，被许可人享有该权利的垄断使用权，权利人自己也不享有使用权，也不能再许可给第三人使用。因为获得独占许可，被许可人是唯一能将相关权利投入商业使用并借以获利的人，故此，该权利一旦被侵犯，最受损失的是独占许可人，所以版权的独占许可人可以享有单独提起诉讼的权利。

版权排他被许可人。排他许可是指在一定的时间和地域内，权利人和被许可人均享有特定版权的使用权，但权利人不得将该权利在许可给第三人行使。参考其他知识产权门类法的规定，排他许可中被许可人提起侵权诉讼的诉权受到一定的限制，只有在权利人不行使诉权的时候，被许可人

---

① 最高人民法院关于适用《中华人民共和国民事诉讼法》的解释第二十五条规定，“信息网络侵权行为实施地包括实施被诉侵权行为的计算机等信息设备所在地，侵权结果发生地包括被侵权人住所地”。

② 《最高人民法院关于审理侵害信息网络传播权民事纠纷案件适用法律若干问题的规定》第十五条。

③ 其他组织是指合法成立、有一定的组织机构和财产，但又不具备法人资格的组织。例如领取执照的合伙企业、个人独资企业、法人分支机构等。

才可以单独提起诉讼。

版权普通被许可人，是指在一定的时间和地域内，权利人与被许可人均享有特定版权的使用权，权利人还可以将同样的权利许可给第三人。普通的被许可人，原则上没有诉权①。

版权的集体管理组织。依据《著作权集体管理条例》成立的版权集体组织，可以接受版权人的委托，管理版权人享有的版权或者与版权相关的权利。版权人需要以书面的方式与版权集体管理组织签订合同，明确作品的内容和管理的方式。版权集体管理组织可以自己的名义单独地行使诉权。

版权信托的受托人。依据《信托法》成立的版权信托，受托人可以作为版权的受让人以自己的名义行使诉权。

著作人身权的诉权在作者尚存时归作者行使，作者死亡时，其诉权归其继承人或者法定机构行使。

2. 被告

在民事案件中，被告是指侵犯原告利益，需要追究民事责任，并经法院通知其应诉的人。被告可以是自然人、法人或其他组织。同一个诉讼中，被告可以是一人也可以是多人。

在版权权属确认诉讼中，被告是与原告存在版权权属争议的人；在版权确认不侵权诉讼中，被告是向原告发出版权警告函（质询函），但对于原告提交有关资料后，没有在合理的时间内就是否侵权作出答复的人；在合同诉讼中，被告是合同另一方或几方的当事人；在侵权诉讼中，被告被认为是侵权行为的实施人。

确定侵权诉讼的侵权人经常有很大的困难，权利人发现了自己的作品被侵权人使用，有时候确定侵权行为人很困难，需要利用一些技巧将真正的侵权人“挖”出来，如果没有办法准确地获知真正的侵权人，可以确定为侵权行为提供帮助的人，比如网络空间提供者，侵权行为发生场所使用人、所有人等等：

---

① 但这一原则在司法实践中已经被突破，《天津市高级人民法院侵害信息网络传播权纠纷案件审理指南（试行）》（津高法［2017］275号）第八条规定，“著作权普通许可使用合同的被许可人经著作权人明确授权自行提起诉讼的”，人民法院应该受理。

（1）商品上使用，没有明确标识生产者时，商标权人[1]可以被认定为实际生产者，可以认定为侵权人，有时需要将商品的售卖人一起列为被告。

（2）网站上使用，应该以网站的开办者[2]作为侵权行为人。

（3）微博上使用，应该以微博的开办者为侵权人，有时需要将微博运营商同时列为共同被告，以确认微博的开办人。如果是经过微博运营商认证过的微博开办人，一般可以直接确认其身份。

（4）微信公众号上使用，应该以公众号的开办者为侵权人，必要时可以列微信服务的提供者为被告。

（5）在建筑物表面张贴，无法查清具体行为人时，可以列建筑物业的所有人、使用人为被告。

（6）广告上使用，广告主和广告的发布者均可以列为被告。

（7）展会、博览会的侵权行为，无法确认具体的行为人，可以将展会的组织者列为共同被告。

有些被告在判决中会被免除赔偿责任，但是通过将他们列为共同被告，真正侵权者往往无法抗辩自己是行为的实施者。

3. 第三人

民事诉讼第三人是指对他人争议的诉讼标的有独立请求权，或者虽无独立的请求权，但案件的处理结果与其有法律上的利害关系，而参加到原告、被告已经开始的诉讼中进行诉讼的人。对原告、被告争议的诉讼标的认为有独立请求权，或者案件处理结果可能与其有法律上的利害关系，这是第三人参加诉讼的根据。

在司法实践中，第三人参加诉讼，可以由人民法院通知也可以自己主动要求加入。比如，原被告双方就某版权的归属提起诉讼，第三人认为该版权实际上是属于自己的，可以主动要求参加诉讼，提出一个新的诉讼请

---

① 2002年最高人民法院《关于产品侵权案件的受害人能否以产品商标所有人为被告提起民事诉讼的批复》说，任何将自己的姓名、名称、商标或者可资识别的其他标识体现在产品上，表示其为产品制造者的企业或个人，均属于《中华人民共和国民法通则》第一百二十二条规定的“产品制造者”和《中华人民共和国产品质量法》规定的“生产者”。

② 相关信息可以在工信部网站上查询。

求以对抗原告诉求和被告的抗辩，这就是所谓的“有独立请求权的第三人”；而有些争议结果与第三人有关，例如版权的转让合同争议中，其结果就与被许可人密切相关，但被许可人并无独立的请求权，可以列为“无独立请求权的第三人”。

4. 诉讼代理人

民事诉讼的中诉讼代理人是指以当事人的名义，在一定权限范围内，为当事人的利益进行诉讼活动的人。现行《民事诉讼法》第五十八条的规定，下列人员可以在版权诉讼中被委托为诉讼代理人：（一）律师、基层法律服务工作者；（二）当事人的近亲属或者工作人员；（三）当事人所在社区、单位以及有关社会团体推荐的公民。这一规定比起此前的民诉法对于诉讼代理人的身份作出了明确的限制，与当事人之间没有身份关系的普通公民不再有资格担任诉讼代理人，这是出于严肃诉讼活动，打击所谓“黑律师”的非法经营的目的而在立法层面上作出的安排。

版权诉讼属于知识产权诉讼的一种，专业性较强，版权诉讼在调查取证、证据组织、诉讼策略的制定、庭审辩论等环节与其他的普通诉讼案件不同，专业的律师和法律服务工作者具有较大的优势。国家在制度设计上也考虑到这一点，鼓励版权诉讼当事人委托律师处理相关案件。《著作权法》第四十八条作了原则性的规定：“侵犯著作权或者与著作权有关的权利的，侵权人应当按照权利人的实际损失给予赔偿；实际损失难以计算的，可以按照侵权人的违法所得给予赔偿。赔偿数额还应当包括权利人为制止侵权行为所支付的合理开支。”《最高人民法院关于审理著作权民事纠纷案件适用若干问题的解释》第二十六条对此作了细化的规定，“著作权法第四十八条第一款规定的制止侵权行为所支付的合理开支，包括权利人或者委托代理人对侵权行为进行调查、取证的合理费用。人民法院根据当事人的诉讼请求和具体案情，可以将符合国家有关部门规定的律师费用计算在赔偿范围内”。

诉讼当事人委托诉讼代理人参加诉讼活动的，“必须向人民法院提交由委托人签名或者盖章的授权委托书。授权委托书必须记明委托事项和权限。诉讼代理人代为承认、放弃、变更诉讼请求，进行和解，提起反诉或者上诉，必须有委托人的特别授权”。来自国外或者境外的授权文件还需要履行相关的公证认证手续。[1]

四、版权民事诉讼的证据组织

俗话说，“打官司就是打证据”，证据在诉讼程序中处于核心地位，诉讼当事人的所有的诉讼请求和抗辩都建立在证据的基础上，法院对于诉讼程序的推进也有赖于对证据的使用，最终的判决实际上是建立在证据所构筑的“法律事实”基础之上的。

1. 证据的“三性”

所有的“证据”在被法院接纳作为查明事实的依据之前只能称为“证据材料”，要获得“证据”的资格需要具备下列条件：

首先是合法性要求。证据必须由案件当事人以按照法定程序提供，或者由法定机关、法定人员按照法定的程序调查、收集和审查。同时，①必须要有合法的形式。依据《民事诉讼法》第六十三条的规定，民事证据有八种，即当事人的陈述；书证；物证；视听资料；电子数据；证人证言；鉴定意见；勘验笔录。不属于上述证据形式的材料，不得被采纳为证据。②证据获取必须合法。法律规定证据取得方法必须合法，是为了保障他人的合法权利不至于因为证据的违法取得而受到侵害。比如采取非法侵入他人计算机系统而获得的证据，即违反了法律的禁止性规定，侵害了他人的合法权利。③证据要经过一定诉讼程序。比如参加诉讼的各方的质证和法院的认证的过程，才能最终被采纳为最终的证据。

其次是真实性要求。真实性就是指证据的客观性，证据必须能够反映真实的案件事实，而不能是伪造和变造，客观性是诉讼证据的最基本的特征，真实性有瑕疵的证据，不能作为定案依据。

再次是关联性要求。证据必须是与案件所要查明的事实存在逻辑上的联系，从而能够说明案件事实，与待证事实没有关联材料不能被认为是证据。

合法性、真实性、关联性一般被称为证据的“三性”，也是双方对证据进行质证的三个焦点。

---

① 《民事诉讼法》第五十九条。

2. 举证责任分配

所谓的举证责任，是指在诉讼中应该由谁来担负提出证据，并用证据来证明事实的责任。原则上，民事案件当事人，对自己提出的主张有收集或提供证据的义务，也就是“谁主张，谁举证”，这是关于举证责任的一般原则。有时候法律或者法官会打破这样的制度设计，进行举证责任的再分配，这就是所谓举证责任的倒置。举证责任对于案件的胜诉实际上起到至关重要的作用，有法谚云“举证责任之所在，即败诉之所在”。被法律或法庭课以举证责任的当事人，如果在法院指定的期限内无法提交证据，则其主张的事实将被否定。

在版权诉讼中的举证责任倒置有很多，最为常见的是两种，一是来源于法律的直接规定，即《著作权法》第十一条规定，“如无相反证明，在作品上署名公民法人或者其他组织为作者”。这就将相反证明的举证责任分配给争议另一方当事人。二是对于侵权诉讼中最难以查明的侵权人的获利情况，如果原告提出了侵权获利的估计依据，同时申请被告提供相关财务账册以证明侵权获利情况，作为被告承担赔偿责任的依据，这原本是权利人的举证义务，但法院为了保护权利人的权利，可以将该举证责任分配给侵权人，如果其不在法院指定的时间内提交财务账册，则法院可以直接依据原告估算作为赔偿依据。

3. 恰当的举证

版权诉讼案件根据案件的类型不同，各方的当事人可以按照己方的控告或抗辩的目的进行举证。

一般而言，原告的证据在立案时可以向法院提交，也可以在立案时提交主要证据，其他材料在法院指定的举证时限内补充提交；被告的证据应该在法院指定举证时限内向法院提交。有些证据当事人及其诉讼代理人无法自行获得的，可以申请法院调查和收集，实践中也可以由法院出具调查令由当事人或诉讼代理人自行调取，主要是三类证据：属于国家有关部门保存并须人民法院依职权调取的档案材料；涉及国家秘密、商业秘密、个人隐私的材料；当事人及其诉讼代理人确因客观原因不能自行收集的其他材料。对于易于灭失和以后难以取得的证据材料，当事人还可以依据《民事诉讼法》第八十一条和《著作权法》第五十一条的规定，采取证据保全措施。该经采取证据措施获得的材料可以作为查明案件事实的证据。

恰当的举证。诉讼当事人为了证明自己的主张，需要提供恰当的证据，做出恰到好处的举证。“恰当”是指所提交的证据符合证据规则的“三性”要求，能够证明待证事实，同时，有时相关联的证据很多，均可以证明待证事实，未必都要向法院提交，从数量上讲，既不能太多，也不能太少，要刚刚好即可。多了，增加各方的讼累；少了，无法确证事实，最终影响自己的诉讼利益。

五、民事诉讼的和解与判决

诉讼和解，是民事诉讼的当事人在诉讼过程中自主协商达成协议，解决纠纷、终结纠纷的行为。这是诉讼当事人行使和处分自己的诉讼权利和实体权利的行为，有利于节约司法资源，只要不违反法律规定，不侵犯公共利益和公序良俗均应该受到尊重。

司法实践中，法院立案或开庭之后，已经做了充分的证据披露，有时候相关案件的判例很容易搜集到，所以对于案件判决的结果双方均有预期，此时侵权人具有较强的和解意愿。司法实践中，版权民事诉讼大部分均是以诉讼和解或者在法庭的主持调解后，双方达成和解协议[①]，案件得以快速了结，有许多的版权侵权的系列案件，也是在侵权诉讼之外，权利人与侵权人之间最终达成了和解协议，许多案件不用再起诉到人民法院。对于版权诉讼以和解的方式解决，对权利人和侵权人而言都是有利的。首先，双方通过诉讼和解可以建立其互信的关系，促进侵权人从权利人处取得合法使用的授权；其次，双方和解结案，权利人可以尽快获得赔偿，而无须等待判决后在依靠强制执行获得赔偿，减少了麻烦；再次，双方和解结案，不需要对被告的侵权行为作出定性，在诉讼文书全部上网的今天，可以有效地保护侵权人的名誉。

如果双方分歧较大，法院会依照庭审所查明的事实依法作出判决，该

---

① 具体实践中，法院有以下几种方式，有的是法院以调解撤诉的方式解决，即双方达成调解协议并履行后，原告可以直接申请撤诉；有的是法院出具《民事调解书》的方式，对于被告不按调解书履行时，原告可以申请法院强制执行；还有的是在法院双方达成调解协议并即时履行后，法院直接记入庭审笔录中，不再出具《民事调解书》。

判决对诉讼的当事人均有约束力。

第六节 版权纠纷的调解与仲裁

一、版权调解

广义而言，调解，是当事人之间发生民事权益纠纷，由第三方出面，从中规劝输导，促使各方互谅互让从而解决争端的一种方式。《著作权法》第五十五条规定，“著作权纠纷可以调解，也可以根据当事人达成的书面仲裁协议或者著作权合同中的仲裁条款，向仲裁机构申请仲裁。”说明立法上将调解作为解决版权纠纷一种手段加以规定。在知识产权侵权案件激增的现实状况下，使用各种非诉讼的方式化解矛盾解决纠纷具有迫切的需求。

2017 年，最高法院发布了《知识产权侵权司法大数据专题报告》，该《报告》选取了 2015—2016 年民事一审审结案件进行了统计分析。《报告》中指出，两年来审结的知识产权侵权案件总数为 1.2 万余件，且 2016 年案件数同比增长 41%之多；此外，案件多集中在广州、北京、江浙沪等经济发达的城市或地区。《报告》显示，2015—2016 两年全国版权侵权案件在知识产权案件中占比 50.2%，约 6000 件。从趋势上看，越来越多的版权案件汇集到法院，许多基层法院的知识产权庭的每名法官一年要审理上百件案，大多数案件属于案值较低，案件比较简单，在司法审判阶段也是大多以调解结案。

所以，如果在启动司法审判程序之前，双方当事人能够有机会坐下来就解决相关问题进行商谈，可以将许多矛盾化解于无形。总体上看，调解的优势有如下几个方面：

1. 灵活快捷

调解没有固定的程序安排，也没有场地与方式的限制，调解人居中让争议的双方发表意见，提出彼此的诉求，由调解人促进双方解决矛盾，化解纠纷，具有很高的效率。反观诉讼程序，需要原告组织材料到具有管辖权的法院起诉，而且版权案件作为知识产权案件的一种，基本上都会适用普通程序，一审为六个月审结，二审为三个月，如果其中再有一些延长审限的情况，一年左右能拿到生效判决都是很正常的情况。所以通过调解来解决版权纠纷比起民事诉讼更加快捷高效。

2. 易于执行

经过调解达成的协议，一般容易履行，有些协议还可以即时清结，避免诉讼完结之后还不得不启动执行程序。

3. 降低成本

知识产权诉讼因其专业性较强，许多权利人并不容易把握，所以经常需要委托专业的律师处理，这就需要额外地支出律师费用，还要承担公证费、诉讼费、甚至是邮寄的费用等。而通过调解解决问题，则不需要花费更多的费用，可以有效地降低维权成本。

4. 利于合作

“和为贵”这一儒家思想深深渗入中国人社会生活的方方面面，造成中国人内心对于诉讼有着天然的反感。中国人从心底里不愿意打官司，尤其不愿意坐上被告席。有一个说法，“一场官司十年仇”，无端地惹上官司，因版权纠纷诉至法院，总会令人内心感到不快。在这样的情绪下，很难做到平心静气地商谈合作问题。而通过调解则不会有这样的副作用，反而可以促进双方建立一种合作关系，既可以化解纠纷，又增加了合作伙伴，实在是有利而无弊。

版权调解可以分成几种形式，分别是行政调解、行业协会调解、人民调解、调解中心调解等。

1. 行政调解

所谓“行政调解”，是指国家行政机关根据法律规定，对属于国家行政机关职权管辖范围内的民事纠纷，通过耐心地说服教育，使纠纷的双方当事人互相谅解，在平等协商的基础上达成一致协议，从而合理地、彻底地解决纠纷矛盾。可以进行版权调解的是国家及地方的各级版权行政管理部门。

版权行政调解主要解决各种版权争议主体之间的版权纠纷，可以由一方当事人向版权行政机关书面提起行政调解的申请，然后由版权行政机关向对方当事人（被申请人）下达行政调解通知书，如果被申请人愿意参加行政调解，可以在指定期限内提交答辩状，否则视为不同意参加行政调解，则此程序自动终止，当事人可以另行循其他途径解决。经过行政调解后，双方达成协议的，可以制作调解书。但调解书一般没有强制执行效力，一方反悔的，另一方可以向人民法院提起诉讼。双方达成的协议可视为有效的民事合同，对双方具有约束力①。

行政调解也应在查明事实、分清是非、明确责任的基础上，说服当事人互谅互让，依照法律、法规及有关政策的规定，让双方当事人自愿达成协议解决争端。因此，合法和自愿是调解必须遵守的原则。

2013 年 12 月底，江苏恒顺醋业股份有限公司因三家企业的产品用的瓶标贴图画侵犯了其版权而向江苏省镇江市版权局新闻出版和版权处申请行政调解，镇江市版权局随后给涉嫌侵权的企业发送了行政调解通知书，开始调解并不顺利，涉嫌侵权的企业对侵权行为并不认可，在版权局的多番调解下，还邀请了当地的行业协会的领导参与调解，最后，三家企业承认侵权事实，“恒顺醋业也考虑到行业发展现状和整体和谐，最终撤回了 10 万元的民事赔偿要求，只要求这三家企业立即停止继续使用其拥有版权的 4 类瓶标贴，销毁库存侵权标识并在规定时间内召回市场上所有这 4 类标贴的产品。”调解取得了非常好的效果，恒顺的法律顾问说：“我们的目的也是让他人停止侵权，但通过行政调解，前后不到一个月时间，完全免费，这个目的也达到了，还省了一大笔诉讼费用，大大节约了维权成本。恒顺曾经在海内外打过多起专利官司，这也是首次用版权来维护自身权益，以极小的维权成本获得了良好的维权效果。”② 这是行政调解发挥定纷止争、化解矛盾的巨大作用，企业面对自己的版权被本地同行业的企业侵害时，有时顾及面子难以维权，选择行政调解方法，可以既达到要求对方停止侵权的效果，也不至于因诉结怨。

2. 行业协会调解

行业协会是一种民间自治性组织，依据自己的章程依法登记成立，属于社团法人。国内与版权相关的各类协会很多，比如各级版权保护协会，

---

① 当然权利方可以在民事合同设定一定的条件，比如对方不按期支付赔偿款则己方可以排除合同的约束，可以直接以侵权向人民法院提起诉讼。

② http://ip.people.com.cn/n/2014/0221/c136655-24427585.html

或者版权专门协会，前者如广东省版权保护协会，后者如中国作家协会、中国音乐著作权协会等，这些协会一般都会有对于会员之间和会员与非会员之间的版权争议进行调解的职能。

行业协会出面对存在于会员之间的调解具有地位上的优势，争议的双方均是协会的会员，认同协会的理念，由协会组织双方协商，化解矛盾更容易取得效果。而对于会员与非会员、个人或单位的版权争议，也可以利用会员对协会的信任，一方面维护会员的利益，积极斡旋，另一方面也基于理性判断，打消会员的不切实际要求，使得双方有机会达成和解。

比如中国文字著作者协会自成立以来，积极为会员的版权纠纷提供调解服务，有许多版权的侵权纠纷就是在协会的积极调解下得以解决。如俄罗斯文学专家王景生的译作《复活》被某出版社选中后，出版社在译者未签合同的情况下，擅自出版。经文著协两次调解，最终以出版社支付标准每千字 80 元稿酬的两倍解决纠纷。中央编译局 29 位译者的一部译作，被出版社擅自更换出版社出版三次的版权纠纷，经调解，最终以出版社以税后每千字 70 元的赔偿而和解①。

3. 人民调解

所谓的人民调解，是指人民调解委员会通过说服、疏导等方法，促使当事人在平等协商基础上自愿达成调解协议，解决民间纠纷的活动②。人民调解委员会是依法成立的调解民间纠纷的群众性组织。人民调解委员会既可以接受当事人的申请调解，也可以主动调解。版权的纠纷当然通过人民调解委员会进行调解。

2013 年 8 月 8 日，广州市司法行政部门核准备案成立广州市版权纠纷人民调解委员会，这也是全国第一家版权纠纷人民调解机构。成立之初，该委员会即对两家公司的软件侵权纠纷进行调解，促使侵权人迅速停止侵权，实现软件正版化③。广东省版权保护联合会版权纠纷人民调解委员会是经广东省版权局批复、广州市司法局同意，并于 2017 年 5 月 27 日获广

---

① http://www.ncac.gov.cn/chinacopyright/contents/4509/241759.html

② 《中华人民共和国人民调解法》第二条。

③ http://roll.sohu.com/20131012/n388013557.shtml

州市司法局正式授牌成立。成立不久，该委员会就接受执法机关的推荐，处理一起美术作品图案侵权的纠纷的处理，经过两次调解，促使双方化解了纠纷[①]。

人民调解是一项有中国特色的社会主义法律制度，植根于我国的传统并被证明是解决基层矛盾的重要途径和有效方法。版权领域的各种纠纷也可以通过人民调解的方式进行解决。由于人民调解委员会是一种群众性组织，对调解双方而言，具有亲和性，调委会所做的工作容易为双方所接受。

4. 调解中心

调解中心是由行政机关与司法机关联合建立的一种版权纠纷诉调对接的机制，主要是为了化解版权纠纷高发，各地法院审判压力剧增的窘境。最高人民法院于2010年6月印发了《关于进一步贯彻“调解优先、调判结合”工作原则的若干意见的通知》，倡导强化案件调解，注重矛盾化解，并要求各级法院在案件审理中，坚持合法自愿原则，对依照法律可以调解、根据案情能够调解、调解处理效果更好的案件，首先选择调解方式解决纠纷。

2010年5月，在上海市版权局主导下，上海版权纠纷调解中心成立。上海市版权局和上海市高法经过充分调研和反复磋商，就共同建立版权纠纷调解联动机制达成共识。双方采取切实措施促进多种版权纠纷解决方式的相互配合和相互协调，以推动建立健全版权纠纷诉讼与非诉讼相衔接的矛盾纠纷解决机制。为此，上海市高法下发了《关于开展著作权纠纷委托调解工作的意见（试行）》，对上海市法院委托上海版权纠纷调解中心调解版权纠纷案件的工作原则、范围、阶段、期限和诉调衔接等内容作了明确规定。双方约定，无论是在“诉前”“审前”，还是“判前”，经双方当事人同意，法院都可以将纠纷委托或者邀请上海市版权纠纷调解中心进行调解。上海版权纠纷调解中心从2010年成立到2015年，累计收案799件，结案693件，结案率为87%；着手调解571件，调解成功345件，成功率

---

① http://www.gdcopyright.org.cn/hnews_view.aspx? n_id=445

为60%，法院委托调解239件，占全部案件来源的30%，调解成功139件，成功率为58%①。

随后，借鉴上海的做法，在许多大城市建立了类似的结构，将调解工作与诉讼程序有效地对接起来。比如，2010年10月26日，中国作家协会与北京市高级法院合作签约，并成立了中国作家协会著作权纠纷调解委员会，在制度上促进了版权纠纷的调解工作②。

二、版权仲裁

《著作权法》第五十五条规定，“著作权纠纷可以调解，也可以根据当事人达成的书面仲裁协议或者著作权合同中的仲裁条款，向仲裁机构申请仲裁。”

所谓仲裁是指由双方当事人协商一致将争议提交（具有公认地位的）第三者，由该第三者对争议的是非曲直进行评判并作出裁决的一种解决争议的方法。仲裁与诉讼和审判不同，仲裁需要双方自愿，也不同于普通的调解程序，可以看成是一种特殊调解。仲裁一般是当事人根据他们之间订立的仲裁协议，自愿将其争议提交由非司法机构的仲裁员组成的仲裁庭进行裁判，并受该裁判约束的一种制度。版权仲裁是指依据书面的版权协议或者版权合同中的仲裁条款，或者版权争议发生后，争议双方同意将有关争议提交给机构处理，并且愿意接受仲裁裁决的约束。

选择仲裁程序解决版权的争议，相较诉讼模式，有下列优势：

---

① http://www.shanghai.gov.cn/nw2/nw2314/nw2315/nw18454/u21aw1090271.html

② 双方签订的合作协议内容主要包括四方面：一是建立著作权专业问题咨询机制。中国作协建立著作权咨询专家库，由著名作家、评论家、资深编辑、知识产权专家、律师组成。北京市法院在审理涉及文学作品的著作权案件中，可向专家进行咨询，由专家对案件提出专业性意见，供法院参考，确保案件审判质量。二是建立协助调解、有效化解著作权纠纷机制。中国作协成立著作权纠纷调解委员会，北京市法院在审理涉及文学作品的著作权案件中，邀请作协著作权纠纷调解委员会成员共同参与诉讼调解工作，化解纠纷。三是建立民主监督机制。北京高院邀请中国作家协会组织专家对北京市法院的知识产权审判工作进行监督，定期听取专家意见和建议，促进知识产权司法保护水平进一步提高。四是建立法律服务机制。中国作家协会面临文学作品著作权保护中的疑难问题，可向法院咨询，由法官结合法律规定和司法实践进行讲解；双方共同组织著作权保护的研讨活动；法院可委派资深法官向作家们介绍著作权保护的法律知识和典型案例等。(http://www.sipo.gov.cn/sipo2013/mtjj/2011/201111/t20111111_630429.html)

1. 程序灵活

由于仲裁充分体现当事人的意思自治，仲裁中的诸多具体程序都是由当事人协商确定与选择的，因此，与诉讼相比，仲裁程序更加灵活，更具有弹性。仲裁是一种相对宽松的解决纠纷的方式，使当事人心平气和地化干戈为玉帛。双方当事人在一种缓和的气氛中解决纠纷，既有利于纠纷的解决，又利于当事人今后的业务往来和合作。同时，仲裁可以使当事人享有更多的选择权，充分体现其意愿。当事人可以依法约定仲裁事项、选择仲裁机构、仲裁地点、使用的语言等，也可以选择自己信赖的仲裁员，当事人还可以就开庭审理、证据的提交和意见的陈述等事项达成协议等，对于审理的方式也可以采取比较灵活的方式，比如网上开庭，双方远程登录网络平台，在网上进行开庭审理，这都是诉讼远远不及的地方。因此，仲裁充分体现了对当事人自治权的充分尊重，当事人也更愿意接受最后的仲裁结果，版权纠纷的解决方案也因此更易为双方共同遵守，仲裁有利于实现解决纠纷的最佳效果。

2. 便于保护商业秘密

仲裁以不公开审理为原则。有关的仲裁法律和仲裁规则也同时规定了仲裁员及仲裁秘书人员的保密义务，因此当事人的商业秘密和贸易活动不会因仲裁活动而泄露。而诉讼程序则基本上是以公开审理为原则，不公开审理为例外：法律只是对于某些当事人隐私、涉及未成年人案件和涉及商业秘密、国家秘密之类的案件可以实行不公开审理。而许多版权案件并不能以商业秘密为由，要求进行不公开审理。

3. 解决纠纷迅速

仲裁实行一裁终局制，仲裁裁决一经仲裁庭作出即发生法律效力，当事人不得就该案件再向人民法院提起诉讼。这使得当事人之间的纠纷能够迅速得以解决。而诉讼程序则相对比较复杂，实行两审终审制，一方对于判决结果不满可以上诉一次。如果按照审理的法定的审限审理案件，拿到最终的判决经常需要一年左右的时间。

4. 无地域管辖限制

民事诉讼程序必须按照《民事诉讼法》关于管辖的规定，到具有管辖权的法院提起民事诉讼，否则法院不能受理诉讼。而仲裁程序则无地域管辖的限制，只要双方在合同中明确地约定了具体的仲裁机构，仲裁申请就会被受理。

5. 仲裁有利于裁决的域外承认与执行

仲裁裁决虽然可能在裁决作出地被法院裁定撤销或在执行地被法院裁定不予承认和执行，但这种情形是非常有限的，根据1959年6月7日生效的《承认及执行外国仲裁裁决公约》（简称《纽约公约》，我国于1987年4月22日加入）规定，除非当事人证明有第五条①规定的五项情形之一的，各缔约国必须承认各执行外国仲裁裁决，被申请执行的法院可以必须承认和执行。通过仲裁解决来自不同法域的当事人之间的版权纠纷，其裁决结果可以比司法判决更容易得到域外法院的承认和执行。

仲裁需要当事双方有仲裁协议或合同有仲裁条款存在，否则，仲裁委员会（仲裁中心）就没有管辖权。这一要求对于版权贸易和版权许可合同中当事人可以预先选择仲裁的方式，而对于侵权类的纠纷，双方往往已经是无法进行私下和解，对于侵权的赔偿等事项要双方达成仲裁协议，往往比较困难，所以目前仲裁机构处理的版权纠纷大多是合同纠纷。

近年来，国内版权纠纷仲裁解决在实践上发展很快。在原先的仲裁机构如中国国际经济贸易仲裁委员会处理知识产权纠纷的基础上，中国有许多大城市已经设立专门的知识产权仲裁机构，比如2006年2月15日，厦门仲裁委员会成立了国内首个知识产权仲裁中心；2007年4月15日，武汉仲裁委员会知识产权仲裁院正式成立；2008年4月25日，广州仲裁委

① 第五条第一款规定：裁决唯有于受裁决援用之一造向声请承认及执行地之主管机关提具证据证明有下列情形之一时，始得依该造之请求，拒予承认及执行：（甲）第二条所称协定之当事人依对其适用之法律有某种无行为能力情形者，或该项协定依当事人作为协定准据之法律系属无效，或未指明以何法律为准时，依裁决地所在国法律系属无效者；（乙）受裁决援用之一造未接获关于指派仲裁员或仲裁程序之适当通知，或因他故，致未能申辩者；（丙）裁决所处理之争议非为交付仲裁之标的或不在其条款之列，或裁决载有关于交付仲裁范围以外事项之决定者，但交付仲裁事项之决定可与未交付仲裁之事项划分时，裁决中关于交付仲裁事项之决定部分得予承认及执行；（丁）仲裁机关之组成或仲裁程序与各造间之协议不符，或无协议而与仲裁地所在国法律不符者；（戊）裁决对各造尚无拘束力，或业经裁决地所在国或裁决所依据法律之国家之主管机关撤销或停止执行者。

员会知识产权仲裁中心正式成立；2008 年 10 月 29 日，上海知识产权仲裁院正式成立；2010 年 12 月 9 日，重庆知识产权仲裁院正式成立；2011 年 7 月 11 日，广州知识产权仲裁院正式成立；2015 年深圳仲裁委员会知识产权仲裁院成立。这些仲裁机构的仲裁员一般由高校专家、政府部门管理人员、律师、资深法官等组成，具备丰富的实践经验和较高办案水平。但是，由于多数的知识产权仲裁院成立时间不长，很多当事人对仲裁解决版权纠纷以及对这些仲裁机构还不甚了解，特别是在一些涉外版权纠纷案件中，中国当事人普遍对运用仲裁解决争议知之甚少，往往任由外方当事人选择国外的知识产权仲裁机构解决争议。

自从互联网技术出现以后，人们大量的社交活动都是通过互联网完成的，互联网已经极大地改变了人们版权作品的利用方式，网络的版权争议也越来越多。为了因应这一变化，网络仲裁应运而生，成为解决网络版权争议的一种新的手段。

根据《中国广州仲裁委员会网络仲裁规则》（以下简称《网络仲裁规则》）第二条的规定，网络仲裁是指运用互联网等网络技术资源为纠纷当事人提供仲裁服务的争议解决方法。可见，网络仲裁（亦可称为线上仲裁）与线下仲裁在仲裁原理、仲裁程序、仲裁运行机制等方面并无实质性差异。网络仲裁同传统的仲裁相比较其主要的区别就在于两种程序进行所依托的方式不同，网络仲裁程序是以网络为媒介，其主要或者说是全部的程序都需要在互联网上进行和完成，大部分的仲裁环节可以通过仲裁机构专门搭建的网络平台完成。诸如仲裁申请的提交、仲裁协议的提交、证据资料的提交、证明文件的提交，以及当事人与仲裁员、对方当事人之间沟通，甚至是案件的审理以及裁决的作出等，都可以通过仲裁机构的网络平台得以实现。

目前许多网络购物平台比如淘宝网，均有网络纠纷的仲裁机构，处理交易的双方网购纠纷，也会处理因知识产权侵权的投诉。通过网络销售的货物标的额通常较小，不值得双方当事人投入大量金钱和时间成本去解决，而网络仲裁可以节省争议各方的交通成本、时间成本和其他成本，为争议双方提供了一种经济的救济方式。网络仲裁的争议各方当事人、仲裁员或仲裁庭等可以位于不同的地区甚至是不同的国家，当事各方可以通过特定软件提交证据材料，开庭审理，高效而快捷，可以充分地发挥互联网的优势。

许多传统的仲裁机构也在试水网络仲裁方式，这一新事物目前还处在探索阶段。

第十二章　数字版权的技术保护

随着互联网和数字化技术的高速发展，版权作品的使用方式从传统以复制、发行为核心的利用方式，转变为以信息网络传播为核心的利用方式。网上交易的繁荣，每时每刻不停地传播着电子书、数字音乐、数字电影、图片作品、游戏和软件作品，数字出版方兴未艾，这一切使得传统的版权保护模式已经不能满足数字内容版权保护的需要，版权的权利人必须利用数字技术筑起堤坝，使用技术措施以防范作品被随意获得、随意复制、随意传播。

第一节　保护技术措施与权利管理信息

技术措施和权利管理信息，均是《著作权法》明确规定的，用以保护作品（制品）和标识作品的相关权利，如果破坏或绕过技术措施，或者删除、改编权利管理信息，均违反《著作权法》，构成侵权，法律专门予以规制。

一、技术措施

所谓的技术保护措施，是版权人为了防止其他人未经授权而接触或使用其作品而在作品上采取的技术防范措施。《信息网络传播权保护条例》第二十六条对此的定义：“技术保护措施是指用于防止、限制未经权利人许可浏览、欣赏作品、表演、录音录像制品的或通过信息网络向公众提供作品、表演、录音录像作品的有效技术、装置或者部件。”所以说，版权保护的技术措施，也就是版权人以技术手段主动采取措施，保护和管理自己的版权，防止他人的侵权行为。美国对技术措施的定义是“任何能有效地控制进入受版权保护的作品并能有效地保护版权人权利的措施”。而欧盟则认为“是设计用于阻止侵犯版权以及与数据库有关的特殊权利的设备、产品或方法”。技术措施在计算机软件作品的版权保护中被广泛采用，也就是我们常见的软件加密。

粗略而言，版权的技术保护措施主要分成两大类，第一类是防止复制：也就是阻止复制作品的措施和设备，在它的支持下系统可以组织用户进行某些被限制的行为。其中最有代表性的就是“SCMS”系统（serial copy management systems，串行拷贝管理系统），该系统的最大特点就在于它不仅可以控制作品的第一次复制，而且可以控制作品再次被复制。复制是作品最为传统的使用方式，也是最为常见的侵权行为，如果能够限制作品被复制，将能够最大限度地保护作品。第二类技术是防止他人未经许可接触作品。这主要是因为互联网技术的快速发展，作品一旦在网络上传播，版权人就很难加以控制，即使找到作品的使用人，往往也可以用合理使用制度加以抗辩，使得权利人的维权举动难以奏效。所以权利人有理由采取技术措施，限制作品的接触和获得，只有经过作者允许的人才能获得作品。这一类措施包括要求登记、加密、密码系统，可以用数字化手段对作品进行加密，并且可以装载归纳作品内容、识别作者身份的信息以及与作品使用相关的信息。

对于权利人设置的技术保护措施，实践中经常被侵权人通过避开或破坏的方式进行破解，使之失去作用。比如外挂和私服是计算机网络和游戏服务中经常出现的问题，这样的做法会构成故意避开或者破坏技术措施的行为①；有的时候侵权人还会将别人的软件解密后提供给其他人，如番茄家园侵犯微软的 windows 系统软件案件，就是侵权人洪磊关闭了微软在软件中设置的激活程序，供网友大量下载安装，最后被法院认定构成了侵犯著作权罪。

权利人设置的技术保护措施还受到法律的保护，《著作权法》第四十

---

① 国家版权局在 2004 年的一份答复中，对于网吧下载提供外挂程序是否构成破坏技术措施的问题作过回答：“网吧下载‘外挂’程序并向顾客提供，或者明知下载‘外挂’程序系顾客利用网吧服务器分配的空间所为，却不制止并继续向他人提供的，属于《著作权法》第四十七条（六）、（七）禁止的未经著作权人或者与其著作权相关的权利人许可，故意避开或者破坏权利人为其作品、录音录像制品等采取的保护著作权或者与著作权有关的权利的技术措施，未经著作权人或者与著作权有关的权利人的许可故意删除或者改变作品、录音录像制品等的权利管理电子信息的侵权行为。”

八条规定："未经著作权人或者与著作权有关的权利人许可，故意避开或者破坏权利人为其作品、录音录像制品等采取的保护著作权或者与著作有关的权利的技术措施的，要承担民事责任，行政责任和刑事责任；法律、行政法规另有规定的除外。"《信息网络传播权保护条例》第四条规定，"为了保护信息网络传播权，权利人可以采取技术措施。任何组织或者个人不得故意避开或者破坏技术措施，不得故意制造、进口或者向公众提供主要用于避开或者破坏技术措施的装置或者部件，不得故意为他人避开或者破坏技术措施提供技术服务"。否则将可能受到民事制裁①、行政处罚，严重的可以追究刑事责任②。

二、权利管理信息

"权利管理信息"是一种版权法予以保护的特殊信息。《世界知识产权组织版权条约》第十二条第二款将权利管理信息定义为：识别作品、作品的作者、对作品拥有任何权利的所有人的信息，或有关作品使用的条款和条件的信息，和代表此种信息的任何数字或代码，各该项信息均附于作品的每件复制品上或在作品向公众进行传播时出现。我国的《信息网络传播权保护条例》第二十六条将权利管理电子信息定义为"说明作品及其作者、表演及其表演者、录音录像制品及其制作者的信息，作品、表演、录音录像制品权利人的信息和使用条件的信息，以及表示上述信息的数字或者代码"。

权利管理信息保护是现代版权制度中的一个重要内容。权利管理信息的主要作用在于标明权利人、声明权利以及公示作品的使用条件。权利管理信息并非是数字网络环境下特有的信息，在纸媒中也会将关于版权的归属和版权人的信息附着在作品之上。但是在数字网络环境中，权利管理信息却有着更为重要的作用，可以将有关许可的获得、版税的支付以及其他的作品个性化的信息都附着在作品上，便于确定权属和认定侵权。

权利人经常通过利用数字技术在作品上嵌入的数字水印和数字指纹的

---

① 《著作权法》第四十八条第六项。
② 《信息网络传播权保护条例》第十八、十九条。

方式，在作品的每一个副本上留下权利管理信息。其主要作用是确定权利归属和追踪侵权使用人。

数字作品上的权利管理信息可以被侵权人使用技术手段删除和改变，但是权利管理信息受到法律的严格保护。《信息网络传播权保护条例》第十八条规定，“故意删除或者改变通过信息网络向公众提供的作品、表演、录音录像制品的权利管理电子信息，或者通过信息网络向公众提供明知或者应知未经权利人许可而被删除或者改变权利管理电子信息的作品、表演、录音录像制品的，为侵权行为，可能被课以行政处罚，严重的追究刑事责任。”《著作权法》第四十八条（第七项）也作了同样的规定。

第二节 数字版权管理技术

版权数字管理（即 DRM，也称数字权利管理）是利用先进的信息技术，在提供数字化和网络化信息服务的同时，有效地阻止对这些信息的非法使用和拷贝，以达到保护数字产品版权的目的。其核心思想是通过各种技术手段，通过用户许可证等方式控制用户对文件的访问、变更、共享、复制、打印、保存等操作，从而实现在媒体内容的整个生命周期内对其进行永久保护的目的，保护版权人及内容提供商的版权利益[①]。

DRM 是在网络及数字化的环境下，借助加密与封装技术、PKI 认证、权限管理技术等，保护版权人利益的一种综合性技术体制。数字版权管理技术，使得版权主体获得对版权对象（作品、制品等）的控制权，在保证合法的具有权限的用户对数字出版物正常使用的同时，保护创作者和拥有者的版权，防止非经权利人许可的使用，进而保证版权资产的拥有者获得相应的收益。

DRM 涵盖了数字出版的每一个环节，使得作品的每一个传播环节均可以利用数字版权管理技术得到有效的管控。常用的 DRM 系统主要有三大模块：内容服务器（Content server）、许可证服务器（License Server）、客

① 张文俊、倪受春、许春明：《数字新媒体版权管理》，复旦大学出版社，2014 年 6 月，第 38 页。

户端（Client）。其中内容服务器主要存储需要保护的各类作品，是内容的数据库，与内容相关的信息和对内容进行安全处理的 DRM 打包工具也在存放在这个服务器中；这一模块主要实现对数字内容进行加密、插入数字水印等处理，并将相关的数据打包成可以对外分发销售的数字产品，生成内容的密钥和各类信息发送给许可证服务器。许可证服务器中包括权利数据库、内容密钥数据库、用户身份标识数据库、DRM 许可证生成器，可以生成并对外分发数字许可证，还可以实现用户的身份认证、触发支付等金融交易事务。这样可以保证只有经过合法（付费）许可的用户可以获得打开数字内容的密钥，进而可以获得和使用相关作品。客户端一般包括 DRM 控制器和数字内容使用工具，负责收集用户身份标识等信息，控制数字内容的使用。用户通过客户端向许可证服务器申请许可证，获得访问加密作品的密钥。

数字版权作品可以通过 DRM 系统获得保护，限制非法用户获得作品的机会，促进数字化市场的发展。DRM 系统还可以支持用户分享所购买的数字内容就数字权利，支持将数字内容转移到另外一台设备或永久地转移给其他用户，使得用户可以更换数字内容设备，可以专卖、赠送、出租或者出借数字内容，使得版权内容的价值链得以延伸。

DRM 系统可以将版权作品（内容）的提供者、版权作品（内容）传播者、最终用户（作品使用者）通过网络有机地联系到一起。内容服务器可以接纳几乎不限制数量的作品的注入，其数据库检索功能，可以让用户从浩瀚的数据海洋中发现想要的作品，然后就选中的作品向许可证服务器提出许可申请，同时在线触发支付程序，链接金融服务平台，在支付相关的许可费用之后，服务器发给可以获得作品的密钥①，用户就可以利用客户端软件打开数据包，获得所需要的作品。有时用户获得的许可证是与客户端软件捆绑在用户计算机上，并且不能共享②。

---

① 所谓密钥是一种参数，它是在明文转换为密文或将密文转换为明文的算法中输入的数据，有点儿像打开房门的钥匙。

② 不同的 DRM 系统之间通常采用不同的加密方式和不同的文件格式，使得其自己的 DRM 系统仅仅支持自己的文件格式和编码格式以及各自专用的多媒体保护办法，使用者在不同的系统的上有时不得不购买同一数字内容的多个版本。

有些 DRM 系统，在许可证服务器上还会设有会员数据库，将一些购买会员服务的用户资料分类存放，按照等级颁发不同的版权许可证，持有不同版权许可证可以获得不同密钥，以获得和打开相应的作品（类型）。

DRM 系统还可以将分销商纳入一并进行管理：分销商接受出版者的邀约，与出版者订立销售许可合同，要求 DRM 系统颁发分发许可证；分销商下载许可证生成器并激活，注册获得身份标识；分销商的许可证生成器向出版者的服务器传送分销商身份信息和内容信息；出版者的许可证生成器通过分销商的标识库对其身份认证，然后根据分销商的要求生成分发许可证，分销商根据分发许可证的要求进一步形成分发消费许可证，最后向终端客户进行销售。

第三节　DRM 系统版权保护的相关技术

DRM 系统离不开有效的技术保护措施，所有的技术措施或为防范作品被非法复制，或为防范作品被非法传播，或为监控作品的使用。离开了版权保护技术，DRM 将无从谈起。

一、加密技术

加密是密码学研究的重要范畴。对于数字版权作品的数据加密，就是以加密的格式来存储和传输作品，使用加密的算法，只要破解者不知道被加密作品的密码，就不可能解读所下载的文件数据。理论上看，所有的加密技术都可以被破解，只是破解的难度不同，版权保护的任务就是增加破解的难度，让破解者花费在破解上的成本比他破解这个资源的获利还要高，这样就使破解变得毫无意义：使用盗版软件比购买正版软件要花费更多的钱，盗版将会消失。

数字版权作品的加密主要有两个方面，一是多媒体的保护，主要是加密电影、音乐、音频、视频、流媒体文件；另外一类是加密文档，如 Word、Excel、PDF 等，包括各种软件作品。经过加密的内容，即使被用户下载保存，如果没有得到可以解密的密钥也仍然没有合法授权，其内容也无法被读取，从而严密地保护了内容的版权。

二、数字签名

数字签名，又称为电子签章，是一种类似写在纸上的普通的物理签名，但是使用了公钥加密领域的技术实现，用于鉴别数字信息的方法。“数字签名的设计思想等同于手写签名，即将签名者的身份与其签署的消息绑定，表示某人已对某消息进行了签字。任何的验证者均能验证消息确实为签名者所签署，而伪造一个合法用户的签名是困难的。数字签名是实现数字通信中可认证性、完整性和不可否认性的重要技术。”①

数字签名技术可以应用在数字版权网络授权使用和数字版权贸易等场合，可以保证数据传输的安全和确认网络交易方的身份，保证交易的安全与便捷。

三、数字水印

数字水印技术是将一些标识信息（即数字水印）直接地嵌入数字载体（包括多媒体、文档、软件等）之中，但不影响原载体的使用价值，也不容易被人的知觉系统（如视觉或听觉系统）觉察。这样，可以将一些隐秘的信息比如作者、出版者、被许可人信息都隐藏在载体中，通过检索这些信息，可以判断载体是否被篡改。

数字水印主要有以下特点：

1. 安全性（Security）。数字水印的信息是安全的，难以篡改或伪造，同时，应当具有较低的误检测率，当原内容发生变化时，数字水印应当随之发生变化，从而可以检测到原始数据的变更。

2. 隐蔽性（Invisibility）。这是指数字作品中嵌入数字水印而不会引起作品明显的质量下降和视觉效果的明显变化。

3. 鲁棒性②（Robustness）。该特性主要适用于鲁棒水印，在经历多种无意或有意的信号处理过程后，数字水印仍能保持部分完整性并能被准确

---

① 冯柳平编著：《数字版权保护技术及其应用》，电子工业出版社，2013 年 8 月，第 61 页。

② 鲁棒是 Robust 的音译，也就是健壮和强壮的意思，它是在异常和危险情况下系统生存的关键。比如说，计算机软件在输入错误、磁盘故障、网络过载或有意攻击情况下，能否不死机、不崩溃，就是该软件的鲁棒性。

鉴别。

4. 敏感性（Sensitivity）。该特性适用于脆弱水印。经过分发、传输、使用过程后，数字水印能够准确地判断数据是否遭到篡改。进一步可判断数据篡改位置、程度甚至恢复原始信息。

按照水印的特性可以分成鲁棒数字水印和易损数字水印。前者主要用于在数字作品中标识版权信息，利用这种水印技术在多媒体内容的数据中嵌入创建者、所有者的标识信息，或者嵌入购买者的标识信息（比如序列号）。在发生版权纠纷时，创建者或所有者的信息用于标识数据的版权所有者，而序列号可以用于追踪违反协议而为盗版提供多媒体数据的用户。后者主要是用于完整性的保护，当内容发生改变时，这些水印信息会发生相应的改变，从而可以鉴定原始数据是否被篡改。按照水印所附载的媒体，可以分为图像水印、音频水印、视频水印、文本水印以及用于三维网格模型的网格水印等。

四、数字指纹

数字指纹是将不同的标志性识别代码——指纹，利用数字水印技术嵌入到数字媒体中，然后将嵌入了指纹的数字媒体分发给用户。发行商发现盗版行为后，就能通过提取盗版作品中的指纹，确定非法复制的来源，对盗版者进行起诉，从而起到版权保护的作用。比如，多媒体指纹是指将用户指纹密码以不可见的方式嵌入多媒体（图像、语音、视频）。当某个用户将其拷贝非法的传播到外界，版权所有者就可以通过提取拷贝中的指纹来追踪非法用户。

数字指纹与数字水印的有所不同，数字水印对于每一个作品的副本，嵌入的水印信息是相同的，而数字指纹针对不同的购买者嵌入的内容是不同的，这样一旦发现非法复制，内容提供者就会从数字产品中提取用户的数字指纹，并根据这些信息对非法复制和传播者进行追踪。所以，数字指纹体制主要由两部分构成，一部分是用于向拷贝中嵌入指纹并对带指纹拷贝进行分发的拷贝分发体制；另一部分是实现对非法分发者进行跟踪并审判的跟踪体制。上述两部分往往通过发行商、用户之间的一系列协议实现。数据分发体制主要处理数据的分发过程，包括数字指纹的编码和指纹的嵌入，发行商将获得的用户信息按照一定的规则进行编码并嵌入到发行商将要出售的作品复制件中，而用户直接得到带有其指纹的复制品或由发行商将带有指纹的复制品分发给用户，同时发行商和用户得到有关的交易记录。而追踪体制处理盗版跟踪过程，包括对盗版数据进行指纹提取和指纹跟踪。不诚实的用户可能会直接分发他所得到的复制品，也可能与其他用户联合获得新的复制品后再分发。无论如何，非法复制品中都会留下参与非法活动用户的指纹信息。所以，一旦发行商发现了非法的复制品，他可以运用相应的指纹提取技术即指纹解码技术，并运用跟踪算法跟踪非法复制或传播者。

数字指纹技术在版权保护方面有广泛的应用前景，它可用于在线出版业方面，如电子图书馆的构建；随着数字电视和数字广播的发展，也可用于保护付费数据。

五、侵权追踪技术

通过互联网的非法传播、分发数字媒体的盗版行为侵害了权利人的版权利益，如何监控数字商品的盗版行为，实时了解版权产品的现状，是保护数字版权的重要一环。作为版权管理和保护的补充手段，利用网络爬虫和扫描技术，可以查找并统计用户自身需要保护的内容在互联网上被盗版和非法传播的情形。方便在线持续监测，实时精准地掌握在线盗版情况，通过智能扫描，一旦发现有侵权行为，所有与此相关的数据就会被记录在后台数据库中，并发送到指定的客户文件夹，然后对所有收集到的信息进行访问和检索，生成相应的报告。

国家新闻出版广电总局新闻出版重大科技项目“数字版权保护技术研发工程”，建成了目前我国唯一的由政府主导的第三方公共服务平台，可以为新闻出版单位和公众提供从注册、交易到侵权追踪的全流程版权保护技术服务。“该工程实现了多项技术突破，如数字内容分段控制技术，可实现作品的按章、节、页进行版权保护；媒体指纹技术，可以高效和唯一地识别并提取一个作品的特征信息，实现即使无作品也可进行作品的侵权追踪和确权，满足出版单位电子书不离开出版单位即能享受版权保护服务的需求；自适应多媒体数字水印技术，可实现在不影响原始文件可观性、完整性的情况下，对文本、图像、视频和音频等进行不同类型作品嵌入相应版权信息等。”①

---

① 原载《人民日报》（2016年12月22日12版），转引自 http://legal.people.com.cn/n1/2016/1222/c42510-28968725.html。

参考书目

上编：

郑成思：《知识产权论》，法律出版社，2003 年 10 月。

郑成思：《版权法》，中国人民大学出版社，2009 年 7 月。

汤宗舜：《著作权法原理》，知识产权出版社，2005 年 7 月。

吴汉东：《知识产权多维度解读》，北京大学出版社，2008 年 1 月。

吴汉东、胡开忠等：《走向知识经济时代的知识产权法》，法律出版社，2002 年 10 月。

冯晓青：《知识产权法哲学》，中国人民公安大学出版社，2003 年 3 月。

[美] 保罗·戈斯汀：《著作权之道——从古登堡到数字点播机》，金海军译，北京大学出版社，2008 年 11 月。

[美] 兰德斯、波斯纳：《知识产权法的经济结构》，金海军译，北京大学出版社，2016 年 9 月。

[美] 魏特曼编：《法律经济学文献精选》，苏力译，法律出版社，2006 年 1 月。

[荷] 约斯特·斯米尔斯、玛丽克·范·斯海恩德尔：《抛弃版权：文化产业的未来》，刘金海译，知识产权出版社，2010 年 9 月。

万鄂湘主编：《国际知识产权法》，湖北人民出版社，2001 年 10 月。

吴伟光：《著作权法研究：国际条约、中国立法与司法实践》，清华大学出版社，2013 年 9 月。

曲三强：《窃书就是偷：论中国传统文化与知识产权》，知识产权出版社，2006 年 5 月。

李明山主编：《中国古代版权史》，社会科学文献出版社，2012 年 11 月。

李明山主编：《中国当代版权史》，知识产权出版社，2007 年 4 月。

李雨峰：《枪口下的法律：中国版权史研究》，知识产权出版社，2006年8月。

卢海君：《版权客体论》，知识产权出版社，2011年1月。

李琛：《知识产权法关键词》，法律出版社，2006年6月。

皇甫晓涛：《版权经济论》，光明日报出版社，2016年1月。

杨延超：《作品精神权利论》，法律出版社，2007年4月。

祝海军：《人格要素标识商业化利用的法律规制》，法律出版社，2009年6月。

联合国教科文组织：《版权法导论》，张雨泽译，知识产权出版社，2009年1月。

中国版权协会编：《版权的力量》，北京大学出版社，2015年4月。

本书编委会：《中国版权产业的经济贡献（2009年—2010年）》，中国书籍出版社，2015年3月。

蔡翔、王巧林等：《版权与文化产业国际竞争力研究》，中国传媒大学出版社，2013年12月。

刘洁：《邻接权归宿论》，知识产权出版社，2013年8月。

周晓冰：《著作人格权的保护》，知识产权出版社，2015年1月。

梅术文：《著作权法上的传播权研究》，法律出版社，2012年3月。

吴伟光：《数字技术环境下的版权法危机与对策》，知识产权出版社，2008年10月。

郑重：《数字版权法视野下的个人使用问题研究》，中国法制出版社，2013年8月。

谌远知：《文创产业中商品化权与知识产权研究》，经济科学出版社，2012年12月。

国家版权局版权管理司编：《著作权法执行实务指南》，法律出版社，2013年1月。

龙井瑢：《新媒体时代的版权与技术》，陕西师范大学出版总社，2016年2月。

张今：《版权法中私人复制问题研究：从印刷机到互联网》，中国政法大学出版社，2009年1月。

丛立先：《网络版权问题研究》，武汉大学出版社，2007 年 1 月。

吕炳斌：《网络时代版权制度的变革与创新》，中国民主法制出版社，2012 年 3 月。

宋海燕：《中国版权新问题：网络侵权责任、Google 图书馆案、比赛转播权》，商务印书馆，2011 年 6 月。

梅术文：《著作权法上的传播权研究》，法律出版社，2012 年 3 月。

中央文化企业国有资产监督管理领导小组办公室编：《国有文化企业发展报告（2015）》，经济科学出版社，2015 年 12 月。

《中国版权年鉴》编委会编：《中国版权年鉴·2015》，2015 年 12 月。

中编：

申长雨主编：《迈向知识产权强国之路：知识产权强国建设基本问题研究》，知识产权出版社，2016 年 6 月。

王志刚：《出版企业版权战略管理》，社会科学文献出版社，2012 年 1 月。

冯晓青：《企业知识产权战略》，知识产权出版社，2015 年 4 月。

王黎萤：《中小企业知识产权战略与方法》，知识产权出版社，2010 年 1 月。

徐家力：《高新技术企业知识产权战略》，上海交通大学出版社，2012 年 11 月。

杨旦修：《中国电视剧产业发展研究》，暨南大学出版社，2015 年 8 月。

邹举：《电视内容产业的版权战略》，社会科学文献出版社，2015 年 11 月。

欧阳宏生等：《电视综艺节目的版权客体界定就侵权认定》，中国广播电视出版社，2015 年 12 月。

［美］爱德华·杰·艾普斯坦：《制造大片：金钱、权力与好莱坞的秘密》，宋伟航译，台海出版社，2016 年 6 月。

［美］杰森·斯奎尔编：《电影商业》，俞剑红、李苒、马梦妮译，中国电影出版社，2011 年 6 月。

陈焱：《好莱坞模式——美国电影产业研究》，北京联合出版公司，2014 年 4 月。

金冠军、王玉明：《电影产业概论》，复旦大学出版社，2012 年 4 月。

［美］大卫·J·莫泽：《音乐版权》，权彦敏、曹毅搏译，西安交通大学出版社，2013 年 4 月。

曹畅：《视听内容的产业链开发》，中国传媒大学出版社，2016 年 8 月。

北京市新闻出版局、北京市版权局编：《版权产业创新——图书出版业科学发展的探索与实践》，科学出版社，2009 年 9 月。

丁汉青：《传媒版权管理研究》，中国人民大学出版社，2017 年 6 月。

聂振华：《视频分享网站著作权侵权问题成案研究》，法律出版社，2012 年 10 月。

翟真：《新闻作品版权研究》，知识产权出版社，2015 年 4 月。

刘海明：《报纸版权问题研究》，中国社会科学出版社，2013 年 10 月。

郑文明、杨会永、刘新民：《广播影视版权保护问题研究》，法律出版社，2013 年 3 月。

戴建华：《中国影视新媒体发展创新研究》，中国传媒大学出版社，2014 年 1 月。

严波：《现场直播节目版权问题研究》，法律出版社，2016 年 6 月。

彭玲：《动画创意产业》，东方出版中心，2009 年 1 月。

赵小波：《中国动漫产业转型研究》，经济科学出版社，2016 年 1 月。

昝胜锋、王书勤：《动漫产业：新型业态与盈利模式》，山东大学出版社，2011 年 5 月。

魏玉山主编：《2013—2014 中国动漫游戏产业年度报告》，中国书籍出版社，2015 年 6 月。

西门孟：《游戏产业概念》，学林出版社，21008 年 12 月。

余春娜、孔中编：《动漫产业分析与衍生品开发》，清华大学出版社，2016 年 1 月。

王玉林、冯晶：《数字媒体的版权管理与控制》，科学出版社，2011 年 6 月。

王家新、刘萍等：《文化企业资产评估研究》，中国财政经济出版社，2013 年 9 月。

向勇等：《文化产业无形资产价值评估理论与实务》，北京大学出版社，2016 年 5 月。

姚林青：《版权与文化产业发展研究》，经济科学出版社，2012 年 9 月。

中央文化企业国有资产监督管理领导小组办公室编：《文化产业发展典型 60 例》，经济科学出版社，2012 年 12 月。

赵晶媛：《文化产业与管理》，清华大学出版社，2010 年 3 月。

蓝色智慧研究院：《文创时代：北京市文化创意产业的发展与创新》，中国经济出版社，2016 年 9 月。

姜汉忠：《版权洽谈完全手册》，世界图书出版公司，2015 年 1 月。

［美］埃里克·亚当斯、罗威尔·克雷格、玛莎·莱斯曼·卡兹等：《知识产权许可策略》，知识产权出版社，2014 年 4 月。

刘洁：《我国著作权集体管理制度研究》，中国政法大学出版社，2014 年 4 月。

宿迟、梅松主编：《文化创意知识产权典型案例评析》，法律出版社，2016 年 6 月。

来小鹏：《版权交易制度研究》，中国政法大学出版社，2009 年 7 月。

［英］莱内特·欧文：《中国版权经理人实务指南》，袁方译，法律出版社，2004 年 1 月。

陈向聪：《信托法律制度研究》，中国检察出版社，2007 年 4 月。

高凌云：《被误读的信托——信托法原论》，复旦大学出版社，2010 年 3 月。

赵廉慧：《信托法解释论》，中国法制出版社，2015 年 9 月。

下编：

王迁、王凌红：《知识产权侵权研究》，中国人民大学出版社，2008 年 12 月。

孟祥娟：《版权侵权认定》，法律出版社，2001 年 12 月。

冯柳平：《数字版权保护技术及其应用》，电子工业出版社，2013 年 8 月。

石必胜：《数字网络知识产权司法保护》，知识产权出版社，2016 年 11 月。

戴士剑、刘品新主编：《电子证据调查指南》，中国检察出版社，2014 年 7 月。

王亮、刘晓丹等：《数字版权管理导论》，经济管理出版社，2011 年 6 月。

王迁：《网络环境中著作权保护研究》，法律出版社，2011 年 3 月。

史辉：《网络著作权制度研究：权利保护、限制与交易》，金城出版社，2017 年 1 月。

范晓波：《知识产权的价值与侵权损害赔偿》，知识产权出版社，2016 年 9 月。

温旭主编：《知识产权业务律师基础实务》，中国人民大学出版社，2014 年 9 月。

司晓：《网络服务商知识产权间接侵权研究》，北京大学出版社，2016 年 12 月。

张耕：《知识产权民事诉讼研究》，法律出版社，2004 年 5 月。

后　　记

作为在版权咨询与版权保护领域工作多年的执业律师，我们经常与各种类型的文化企业打交道，耳闻目睹许多企业对自己优质版权资产的运营漠然视之，不能因应时代的变迁，固步自封于旧有的生产模式，任由价值巨大的版权资产沉没，令人颇有舍本逐末、买椟还珠之叹。有感于斯，我们搜集资料，研究相关问题，遂著成此书，希望对相关文化企业版权管理运营及保护工作有所助益。

囿于自身学识的不足，拙作难免浅陋粗疏，寄望于方家赐教。本书参考了很多专家、学者的研究成果，谨此致谢。同时还要感谢的是和我们一起从事版权保护工作的律师团队成员，他们是：谢儒浩、李宝刚、易凯铭、曹广福、伍春风、林援及、曾绮丹、萧丹玲、秦裕超、周小艳等；特别感谢广州市律师协会版权法律业务专业委员会的全体同仁，没有大家的鞭策与鼓励，就没有这本书的问世；最后还要感谢南方报业传媒集团的戴学东先生、周山丹女士为此书的顺利出版提供的便利。

著者志于羊城